本书得到如下课题(项目)资助和支持：
国家自然科学基金重点课题(No:71333010)
上海市政府咨询课题(No:2016-GR-08)
上海市科委重点课题(No:066921082)
上海市政府重点课题(No:2016-A-77)
上海交通大学安泰经济与管理学院出版基金

技术、制度与低碳农业发展

范纯增　著

上海财经大学出版社

图书在版编目(CIP)数据

技术、制度与低碳农业发展/范纯增著.—上海:上海财经大学出版社,2021.11
　ISBN 978-7-5642-2923-8/F.2923

　Ⅰ.①技… Ⅱ.①范… Ⅲ.①节能-农业经济发展-研究-中国 Ⅳ.①F323

中国版本图书馆CIP数据核字(2018)第006107号

□ 责任编辑　刘光本
□ 责编电话　021—65904890
□ 责编电邮　lgb55@126.com
□ 封面设计　贺加贝

技术、制度与低碳农业发展
范纯增　著

上海财经大学出版社出版发行
(上海市中山北一路369号　邮编200083)
网　　址:http://www.sufep.com
电子邮箱:webmaster@sufep.com
全国新华书店经销
江苏凤凰数码印务有限公司印刷装订
2021年11月第1版　2021年11月第1次印刷

700mm×960mm　1/16　14.25印张(插页:2)　226千字
定价:68.00元

内容提要

　　本书基于技术对低碳农业的作用原理,首先着力分析了制度与低碳农业发展,探讨了技术与制度互动支持低碳农业发展的基本机制。然后从国际视角比较分析了世界各国农业碳排放水平、农业碳源类型及排放结构,探讨了农业发展的碳排放动力与低碳农业发展的潜力,继而对集成技术支持下的低碳农业综合绩效与成本效益进行了评估。最后通过对低碳农业发展关键因素的分析,提出通过建构有效的技术—制度—产业范式促进低碳农业长效发展的战略对策。

　　本书可以作为区域与产业经济、技术经济、生态经济、环境经济等领域高校师生、科技工作者及相关领域实务与管理人员的参考用书。

前　言

　　20世纪以来,全球变暖问题日益加剧。资料显示,在过去100年中,地表平均温度上升了0.85℃,导致气候暖化的重要原因是温室气体(GHG)排放的不断增多。如果当前气候变化趋势持续下去可能带来如下不利影响:极端天气增加,降雨模式改变等危及家庭、农业、工业等部门的水源和水供应。如果升高2～4℃,预计世界粮食产量减少,引发地区性劳动生产率降低和粮食危机;人类健康风险因升温与热浪导致的传染病的传播和循环系统的疾病的频发而增加;干旱与土壤退化及海平面上升带来的土地资源流失必然导致环境移民大量出现;许多国家的农业、林业和渔业都直接或间接受到气候变化的不利影响。气候变暖作为一个安全风险问题在不断损害着人类赖以生存的生态系统。为了避免人类对气候系统造成干扰,该将全球气温上升控制在不超过工业革命前2℃范围(WBGU,1995,2008[①])。

　　因此,减少温室气体排放、控制地球温度上升已成为国际社会的共识,但减排的进展缓慢。按照《巴黎协定》的目标,即使各国减排承诺全部加起来,要达到将升温控制在2℃的目标,挑战巨大。因此,世界范围内各类产业经济活动必须关注GHG减排。

　　过去300年因农业活动造成全球有机碳损失量达到90PgC(900亿吨),累计排放量占到人类活动释放到大气中CO_2当量的25%(Rozanov,1990)[②]。联合国粮农组织在《2016年粮食及农业状况》中提出,全球农业(包括林业、渔业和畜牧生产)排放了超过20%的温室

---

① WBGU. Scenario for derivation of global CO_2 reduction targets and implementation strategies. statement on occasion of the first conference of the parties to the framework convention on climate change in Berlin[R]. Bremerhaven. 1995:18—40. WBGU. World in transition: Future Bioenergy and sustainable land use[M]. Earthcan,London,2008:123—154.

② Rozanov B. G. Human impacts on evolution of soils during various ecological conditions of the world[C]. Trans 14th tntren Congr soil Sci,plenary papers. Contents and authr Index,1990:53—62.

气体。IPCC 2007 年报告认为"农业源温室气体排放占全球人为排放的 13.5%,是第二大来源"(IPCC,2007)。根据 IPCC 2014 年报告,农业 GHG 排放占人为 GHG 排放总量的 30%[1],其中水稻栽培阶段的 GHG 排放占全球农业 GHG 排放总量的 10%[2]。

根据 IPCC 第五次评估报告,2010 年全球温室气体排放 495 亿吨 CO_2 eq,其中 CO_2、CH_4、N_2O 和其他分别占 73%、20%、5% 和 2%。从 2001 年到 2011 年农业 CO_2 排放从 47 亿吨上升到 53 亿吨,增加 14%[3]。"农业、林业、牧业和渔业的排放量在过去五十年里几乎翻了一番,如果不加大减排力度,到 2050 年或将再增加 30%"(FAO,2014)。

有鉴于此,世界农业亟须步入新型的生态、低碳和高效的现代农业发展期,即低碳农业经济时代,为人类的 GHG 减排或者说为遏制温室气体排放方面做出贡献。

而减排温室气体一方面需要加强管理,通过管理技术创新,提高既有低碳技术的使用效率。另一方面加强低碳技术研发,促进低碳农业技术进步,依靠更加先进的技术促进农业温室气体减排。

当前的相关研究主要分为三类:第一类基于既定的制度背景并预测未来可能的变化趋势,使用实验或政府间气候变化专门委员会(IPCC)的因子等估算农业的减排潜力或减少配额。一些研究估计了农业的全球温室气体减排的技术潜力(如 Cole et al.,1997;Falloon et al.,2004;Brink et al.,2005;Beach et al.,2008)。根据 Benbi(2013)估计,到 2030 年,全球农业温室气体减排技术潜力估计量为 5.5~6.0 $GtCO_2$ eq/年。Lal(2004,2011)的研究结论是只要滥用化肥农药和管理不善得到纠正就可能带来土壤在全球范围内超过 1.2 亿~1.3 亿吨的土壤碳汇以及土壤质量和作物产量的提高。还有一些研究集中在区域层面土壤碳汇的潜力(例如 McCarl et al.,2000;Liebig 2006;Yan

---

[1] Intergovernmental Panel on Climate Change. Climate Change 2014: Mitigation of Climate Change: Working Group Contribution to the Fifth Assessment Report of the Intergovernmental Panel on Climate Change[M]. London, Cambridge University Press,2014:145—166.

[2] 蒋琳莉,张露等. 稻农低碳生产行为的影响机理研究——基于湖北省102户稻农的深度访谈[J]. 中国农村经济中国农村观察,2018(4):1—16.

[3] 中国工程院生物碳汇扩增战略研究课题组. 生物碳汇扩增战略研究[M]. 北京:科学出版社,2015:23.

et al.,2007；Fitton et al.,2011；MacLeod et al.,2011；Moran et al.,2011；Aertsen et al.,2013)。这些估计重点在大尺度的粗略计算,并通过考虑土壤、作物、能源、作物残留、肥料和农药等关键因素,从技术、制度的现状和基本趋势中获得预估结果。

第二类是依据农业碳①减排估算和实验证据,研究低碳农业政策和制度问题。例如,Norse(2012)分析了低碳农业的发展途径。史密斯等人(2001)探讨了在世界不同地区缓解农村温室气体、气候和非气候政策以及未来农村温室气体减排潜力的制约因素和障碍。Schneider 等(2007)模拟了变更耕作制度下的二氧化碳减排政策,如施肥减少、粪肥管理改善和植树造林等。他们认为,如果碳价格足够高,能源作物种植可以作为重要的温室气体减排手段。Auld 等(2014)对 165 项经验性后期研究进行了系统的综述。这些研究的政策内容及其科学性,是以既有的技术和制度为基础,也将成为重塑低碳农业政策和制度的重要参考。

第三类研究主要侧重于报告和分析温室气体减排实验(例如,Cerri et al.,2004；Kong et al.,2005；Kroodsma 和 Field,2006；Kukal 和 Benbi,2009；Pathak et al.,2011；Kulak et al.,2013；Wan et al.,2013；Poeplau 和 Don.,2015；Powlson et al.,2016)。这些研究通常比第一类和第二类的研究更为准确。因为它们通常指定一个实验环境,包括时间、地点、土壤、气候、温度和耕作条件及其低碳技术与制度安排。而且这些研究注重探讨一种低碳技术的影响,综合低碳技术的有效性及其制度安排在文献中尚未充分讨论。在像中国这样的发展中国家,将一些低碳技术纳入同一个农业实验可能更为有效,对于粗放的农业更是如此。

可见目前低碳农业发展主要关注减排 CO_2 的技术和政策,而对于政策的基础——制度和基于制度及其变迁的制度—技术—低碳农业发展绩效的研究较少。而低碳农业发展具有长期性,将伴随着制度变迁而发展,良好的低碳农业经济制度是激发低碳农业技术创新,推动低碳农业发展的长效力量。

因此,本研究旨在探讨如何综合可行技术,设立低碳农业制度,在

---

① 此处的农业碳减排及本书中农业碳排放是指按照温室效应水平,用 CO_2 当量计量的农业温室气体的减排,而温室气体主要计量 CO_2、N_2O 和 CH_4。

技术—制度的互动范式下形成促进低碳农业发展的长效机制,实现低碳减排、农产品增产与食品安全等多重发展目标。这样,探讨如何通过政策与制度建设,保证低碳农业技术研发、集成、高效、可持续地发展,可以满足现代低碳型可持续发展农业的要求,也能为温室气体的减排、缓解全球气候暖化做出贡献。

目　录

内容提要/1

前言/1

第一章　低碳技术促进低碳农业发展的机理/1
  1.1　农业生态系统碳排放的影响因素分析/1
  1.2　低碳农业发展需要低碳技术的支持/3
  1.3　不同低碳农业技术对低碳农业发展的效应/5
  1.4　低碳技术集群与低碳农业发展维度/14

第二章　制度与低碳农业发展/18
  2.1　制度及其一般原理/18
  2.2　低碳农业需要持续的技术创新和制度的长效保障/28
  2.3　低碳农业发展急需技术与制度的互动支持/33
  2.4　国际国内低碳农业政策与制度发展的历程/37

第三章　低碳农业发展中制度与技术的互动机制/44
  3.1　制度与技术互动支持低碳农业发展的机制/44
  3.2　技术与制度支持低碳农业发展的模式/51

第四章　农业碳排放的国际比较与碳源碳汇结构分析/61
  4.1　农业碳排放总量及其密度的比较分析/61
  4.2　农业碳排放结构的国际比较/84
  4.3　农业碳源碳汇及地区结构分析/87

第五章　中国农业碳排放的动力、技术效率与低碳潜力/105
　5.1　农业碳排放动力分析/105
　5.2　农业碳排放的技术效率分析/116
　5.3　农业发展的低碳潜力及差异化分析/124

第六章　技术集成与低碳农业发展的综合绩效与成本效益/134
　6.1　低碳农业发展的关键维度及效应/134
　6.2　低碳农业的基本效应/137
　6.3　低碳农业的综合绩效分析：以东滩低碳农业园为例/140
　6.4　低碳农业的成本—效益分析/150

第七章　低碳农业发展的制度保障与战略/159
　7.1　低碳农业发展的技术与制度制约分析/159
　7.2　制度与技术互动支持低碳农业发展的有利条件分析/166
　7.3　技术与制度互动支持低碳农业发展的战略构想/171

第八章　技术与制度互动支持低碳农业发展的机制与对策/183
　8.1　技术与制度耦合促进低碳农业发展的机制/183
　8.2　促进技术与制度互动共同支持低碳农业发展的政策建议/184

附录一/192

附录二/197

参考文献/202

后记/217

第一章　低碳技术促进低碳农业发展的机理

1.1　农业生态系统碳排放的影响因素分析

　　农业是基于动物和植物的生长发育规律,利用生物机体的生命力,主要依靠人工培育,把外界中的物质和能量转化为生物产品,以满足社会需要的一种生产经济活动。它是人类社会赖以生存的基本生活资料的来源,是一切社会的经济基础。经济在农业生产过程与自然的再生产过程中密切交织在一起,土地是农业的特殊生产资料。农业发展的规模、速度和水平,深刻地影响着其他国民经济部门的发展。一般而言,广义的农业包含种植业、林业、畜牧业、副业和渔业,狭义的农业仅指种植业。[1] 本书主要讨论种植业,但在一些地方也顾及畜牧业部门。

　　影响农业碳排放(农业碳排放是指用 CO_2 当量衡量的温室气体的排放,包括 CO_2、CH_4 的 CO_2 当量、N_2O 的 CO_2 当量等)的因素系统十分复杂,包括土壤条件、作物种类、气候、土地利用方式、生产方式与水平、全球气候变化等(见图1—1)。一般情况下,农业碳排放与土壤温度、湿度等正相关;土壤碳排放与大气温度、地表温度正相关;当温度不是显著限制因子时,土壤碳排放与土壤湿度正相关[2],土壤PH

---

[1] 朱道华.农业经济学(第四版)[M].北京:中国农业出版社,2002:1—30.
[2] 董玉红,欧阳竹.有机肥对农田土壤二氧化碳和甲烷通量的影响[J].应用生态学报,2015,16(7):1303—1307.

值、生态电位也影响土壤碳排放,土壤有机碳含量、土壤等级则影响作物生长过程中的固碳能力。

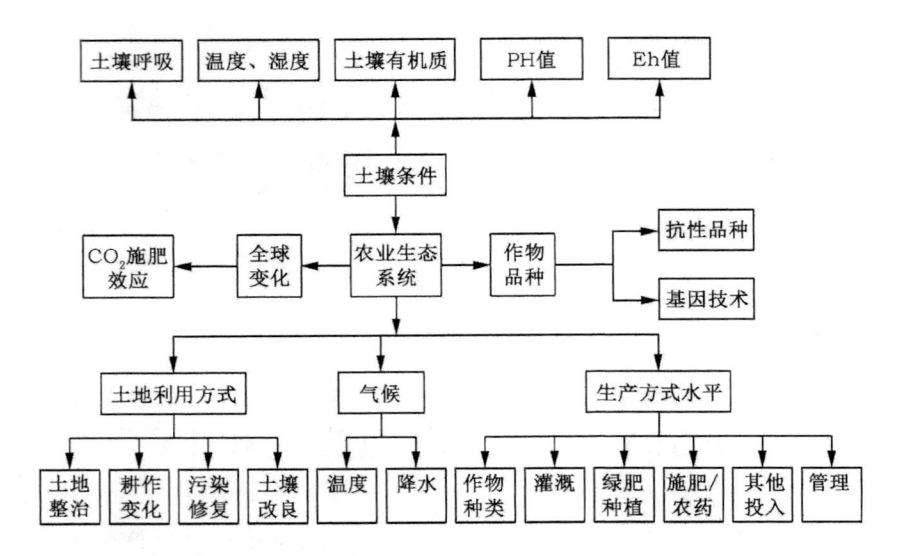

图1—1 生态系统碳减排的影响因素[①]

Eh值即氧化还原电位,可用来衡量溶液的氧化性和还原性的反应强度。[②] 在一定条件下,每种土壤都有其Eh值。Eh值的高低受氧化体系(如氧体系、铁体系、锰体系、氮体系、硫体系及有机体系)等的支配,即受土壤通气性好坏的控制。土壤通气性好坏决定了Eh值的高低。如果土壤的通气良好,土壤的氧化作用较强,Eh值则较高;如果土壤通气较差,土壤的还原作用较强,Eh值则较低。土壤物质的转化和养分的有效性深受Eh值的影响。[③] 同时,Eh值也是排放GHG的重要指标:土壤Eh值较小时,CH_4排放强度可能增加;土壤Eh值较大时,N_2O排放强度可能增加。

农业生态系统的碳排放既包括自然排放,如土壤呼吸,也包括人

---

① 唐红侠,韩丹等.农林业温室气体减排与控制技术[J].北京:化学工业出版社,2009:77.

② 唐红侠,韩丹等.农林业温室气体减排与控制技术[M].北京:化学工业出版社,2009:70—87.

③ 唐红侠,韩丹等.农林业温室气体减排与控制技术[M].北京:化学工业出版社,2009:70—87.

为干预形成的排放,如耕作所造成的土壤碳排放的加剧、化石燃料燃烧带来的直接或间接的碳排放。

根据《IPCC清单指南》,农业系统碳源/碳汇包括四个部分:生物碳库(地上和地下生物量)、死亡有机物质碳库(枯死木及枯枝烂叶)、土壤碳库及生物质燃烧产生的非 CO_2 GHG(包括 CH_4 和 N_2O)。[①]

从农业经济活动看,农业系统排放 GHG 可以分为直接来源和间接来源。前者包括作物的呼吸、土壤排放及非 CO_2 排放等,后者包括农业经济活动中投入引致的排放,如使用化肥、农药、农膜及用于播种、灌溉、收割过程的化石能源(柴油、火电、汽油等)引致的排放。

1.2 低碳农业发展需要低碳技术的支持

1.2.1 低碳农业

农业活动中,一方面,农作物利用光合作用,吸收 CO_2,释放氧气(O_2),产出期望型农副产品;另一方面,农作物及人类农业活动必然通过作物呼吸释放非期望"产品"——CO_2。同时,由于能源、化肥等农资投入对土壤的干预及对既有平衡的农业生态结构的改变,带来大量的 CO_2、CH_4、N_2O、CO、SO_2 等 GHG 排放。

本书所使用的农业碳排放是指农业引致的 CO_2、CH_4、N_2O 等 GHG 排放的总和,在对不同 GHG 数量加总时,将 CH_4、N_2O 等 GHG 按照其对气候暖化的效能,以 CO_2 当量计入。本书除特殊说明外,农业碳排放量是指农业排放各种 GHG 以 CO_2 当量计量的总和。

低碳农业是指在一定投入量或更少投入的情况下,产生较常规农业更少的碳排放,却生产出更多的绿色期望型农副产品及生态品,并获取更高的经济效益、生态效益和社会效益的新兴农业活动。它具有技术密集、资金密集等特点,是一个创新活力与潜力十分强大的部门,有着自身的技术与制度互动支持范式,是未来农业的制高点。

[①] 刘硕,李玉娥等.中国森林、农田和草地温室气体计量方法[M].北京:科学出版社,2015:65.

1.2.2 低碳农业技术

技术是科学在有用的艺术中的应用[1],它包含于生产过程和组织中,可以用来拓展人们解决问题的能力。技术具有广泛的含义。埃吕尔认为,技术是"在一切人类活动领域中通过理性得到的就特定发展状况来说具有绝对有效性的各种方法的整体"。[2] 技术是解决问题的诀窍或原理方法,表现为人们依靠既有事物构造新事物或者改变既有事物性能和功效的方法。通常情况下,技术需要借助设备、设施、工艺流程、燃料原料、产成品等不同的载体表达,并通过明确的计量方法、标准、规范、指标等有效表达其先进水平及适用范围。具有现代意义的技术直到1829年才出现。[3]

本书中的低碳农业技术是指各种可以用来直接或间接减少或去除农业碳排放的知识、经验、诀窍、工具和方法等。

基于当前的技术水平和管理水平,农业生产不但无法从总体上形成净碳汇反而成为碳源,排放的 GHG 总量超过了全球人为 GHG 排放总量的1/8。要想减少农业碳排放,仅靠加强管理其效应有限,最终还得依靠技术创新。

低碳农业技术是在遵循自然规律的基础上减少单位农产品释放 GHG 的技能。低碳农业技术需要遵从系统原理,从节约投入减少间接的 GHG 排放,到加强生产过程管理减少直接的土壤 GHG 排放,从减少化石能源使用并加强秸秆利用,减少因二者燃烧而释放的大量 GHG,到促进作物生长和粮食等农产品产量提高,增加碳汇,每一个环节都应关注。利用这些技术,经过农业生产过程,最终达到减少 GHG 排放的方式可归结为如下几个类型:依靠投入节约技术,形成轻碳投入;依靠种子工程、药肥高效工程、农地土壤培育工程及农产品稳产、增产的高固碳产出技术,藏碳于农产品;依靠绿肥、免耕、少耕技术和秸秆还田技术,藏碳于土;依靠低碳化的水田与旱田管理、轮作等种植技术减少土壤 GHG 释放;依靠其他低碳技术,如碳交易技术、技术

---

[1] Bigelow J., Elements of technology[M]. Hilliard, Gray, Little and Wilkins, 1831:21.
[2] Ellul, J., The Technological society[M]. Random House Inc. NewYork, 1967:4—7.
[3] Klein, M., The Genesis of Industrial America[M]. Cambridge University Press, 2007:1870—1920.

补贴政策,促使 GHG 减排高效并充满激励。这些技术既包括"硬的"实体技术,也包括"软的"管理技术和制度。土壤碳库损失量的 60%～70%可以通过合理利用这两类技术重新固定。[①]

1.3 不同低碳农业技术对低碳农业发展的效应

如前所述,低碳农业技术是指能减少农业 GHG 排放和促进农作物吸收 CO_2 的技术,包括节约投入型技术,如节水节能的滴灌和微灌技术、配方施肥和有机肥配施技术、秸秆还田技术、免耕少耕技术、低药防病虫害技术、生物农药和物理防虫害技术、稻田管理技术、轮作和休耕技术、清洁能源替代技术、作物高产技术、反硝化技术、绿肥种植技术等。

1.3.1 农业耕作技术

研究发现,农田有植被或作物生长比退化土地和撂荒地的 CO_2 排放通量[光合作用固碳－生态系统呼吸(包括植物自身呼吸及动物食用植物呼吸)＝净生态系统交换量(NEE),即生态系统碳通量]高,但传统高碳化的耕作技术带来了大量的 GHG 排放。传统耕作方式容易破坏土壤有机碳库,致使大量有机碳释放到空中,污染大气。农业保护性耕作技术着眼于减少土壤侵蚀、减少蒸发和养分流失、减少人力与物力的投入,以改善和保护土壤结构,增加土壤肥力,提高劳动生产率,达到高效、低耗、低碳和可持续发展的目的。

保护性耕作技术已成为世界范围内广泛应用的低碳和可持续发展农业技术,其核心技术分为少耕、免耕技术。少耕技术是根据土地和作物的特点,减少耕作频次及深度,同时保证作物稳产和高产的技术。免耕技术是指农作物收获后到再种植前,不进行任何的耕作与地表处理(零耕作),或仅做打破犁底层、疏松土壤的地表处理,以增加降水渗入与积蓄、防止土壤板结所实施的动土量很小的条形耕作。条耕

[①] 中国工程院生物碳汇扩增战略研究课题组.生物碳汇扩增战略研究[M].北京:科学出版社,2015:42.

的动土量一般在行宽的 1/3 左右。在农业耕种中,条耕占的比例更高,完全免耕(零耕作)的情况是很少的,所用机具多为少耕机、条耕机等。①

实验表明,尽管免耕技术会增加杂草,但耕作机械使用频率降低可以有效保护土壤有机碳库,减少化肥、柴油等化石能源使用,减少碳排放量达 879kghm^2/a。② 美国采用免耕技术后 30 年里能截留碳 45~280Tg。有鉴于此,一些国家已开始推行免耕技术。如英国规定免耕土地必须占耕地的 15%~18%。③

1.3.2 农业机械技术

农业机械技术是指农业机械器具的功能、效率水平和原理的综合应用。农业机械技术的使用需要能源驱动,也需要人员操作和管理。

农业机械技术发展的基本趋势是省时省力、自动化程度不断提高,适用范围和对象更加广泛,制作的物料轻碳化,作业速度提高,精准程度提高,能耗降低。它主要包括种植机械技术(如气吸式播种机械技术、气吹式播种机械技术、精量播种机械技术、移栽机械技术等)、种子加工机械技术、植保机械技术(如田间农药喷雾技术、园林喷雾技术等)、农副产品加工机械技术(如农产品加工技术、秸秆还田技术等)及啤酒花加工机械技术(如普通颗粒加工技术、浓缩颗粒加工技术、异构型颗粒加工技术、酒精萃取浸膏技术、CO_2 浸膏加工技术、CO_2 萃取浸膏加工技术等)等。今天,这些技术正向着更加自动化、高效率、耐用和节能环保的方向发展,迎合了低碳农业的要求。

1.3.3 灌溉技术

灌溉技术主要包括灌溉测报技术、灌溉管理自动化技术、滴灌技

---

① 梁立赫,孙东临.美国现代农业技术[M].北京:中国社会科学出版社,2009:1—10.

② 李波.中国农业碳减排问题研究——以农地资源利用为例[M].北京:人民出版社,2013:195.

③ 唐红侠,韩丹等.农林业温室气体减排与控制技术[M].北京:化学工业出版社,2009:103.

术、间歇滴灌技术、喷灌技术等,其基本发展趋势是节水、废水的再利用及灌溉的污染减少。节水灌溉技术,可以节约灌溉能耗,保护农业生态,因此低碳是其应有的属性。以色列的经验表明,滴灌技术比传统的大水漫灌节水 30% 以上,使水肥利用率提高到 80%~90%[1],同时可减轻土壤板结和盐碱化,节约传统灌溉沟渠占地,使农田单产成倍增长。不仅如此,合理灌溉还有利于 N_2O 的控制。实验证明,农田干湿交替和烤田可以使 N_2O 排放分别增加 23 倍和 47 倍,同时减少 CH_4 排放,即 N_2O 和 CH_4 交替升降。[2]

目前,中国农业中大水漫灌仍然占很大比重。在我国国民经济各部门中,农业是第一用水大户,占全社会用水的 55%,但农田灌溉用水的有效利用系数仅为 0.532,远低于发达国家的 0.7~0.8。我国每升水的产粮能力仅为 1kg,而发达国家一般在 1.2~1.4kg。[3] 为此,我国在《水污染防治行动计划》中提出:"要通过对大型灌区、重点中型灌区的节水改造,力争到 2020 年全国节水灌溉工程面积达到 7 亿亩左右,农田灌溉水有效利用系数达到 0.55 以上。"《农田水利条例》(2016 年 7 月 1 日实施)进一步提出:"要采取财政补助等方式鼓励单位和个人投资购建节水灌溉设备、设施,加强对农田水利的规范管理,释放节水减排碳排放的巨大潜力。"

1.3.4 农业化学肥料技术

化肥是引起土壤重金属超标,对土壤生态造成污染和破坏的重要因素。1987 年,上海市环境监测中心联合华东师范大学和上海农科院对上海土壤背景值进行的调查表明,土壤中的氟、钒、砷、铜、铬、镍、汞、镉、钴、铅、锌、硒、锰 13 种元素,砷之外的其他 12 种元素的背景值均明显高于全国平均水平,土壤中汞和镉的含量分别是全国平均水平

---

[1] 韩清瑞,高祥照.以色列、土耳其节水农业发展状况与启示[J].中国农业信息,2014(2):11—13.
[2] 李明峰,董云社,耿元波,等.农业生产的温室气体排放研究进展[J].山东农业大学学报(自然科学版),2003,34(2):311—314.
[3] 李平衡.我国农业水资源利用存在的问题及对策分析[J].农村经济与科技,2016,27(1):39—42.

的 2.42 倍和 1.52 倍。① 2008 年,孟飞和刘敏的研究表明,上海农田土壤中 As 平均含量呈降低趋势,而其余重金属含量在不同程度地增加,除 Pb 含量没有超过国家《土壤环境质量标准》(GB 15618-1995)二级标准限值外,其余 6 种重金属元素在土壤中的含量均不同程度地超过国家二级标准临界值,Zn、Cd、Cr 的平均含量分别达到 106.2mg/kg、0.196mg/kg 和 85.6mg/kg,远高于其背景值 86.10mg/kg、0.132mg/kg 和 75.0mg/kg,②这与大量施用污染灌溉水及过量使用磷肥、农药等有关。

从发达国家的经验来看,肥药减量技术及减量化投入是世界发展的基本趋势。美国 1950—2000 年化肥使用呈不断上升趋势,而近十年开始不断下降。1982 年美国化肥使用为 86.7 千克/公顷,1999 年为 112.3 千克/公顷,2000 年以来保持在 160 千克/公顷左右,2017 年下降到 126 千克/公顷。③ 中国粮食亩产较高,但需要高投入支持,需要大量使用化学肥料。目前,中国施肥量比美国和加拿大分别高 67% 和 30%,化肥使用量在 21.9 千克/亩(328.5 千克/公顷),是美国的 2.6 倍、欧盟的 2.5 倍,小麦亩产也分别比它们高 60% 和 70%④,这自然引致了大量的碳排放。

从碳排放密度来看,中国水稻生产的碳排放密度 1961 年为 2.1734 CO_2 eq/kg,2014 年为 1.0877 CO_2 eq/kg;非水稻粮食生产的碳排放密度 1961 年为 0.1749 CO_2 eq/kg,1983 年为 0.3251 CO_2 eq/kg,2014 年为 0.2045 CO_2 eq/kg。2015 年,中国三大粮食作物(玉米、小麦、水稻)的化肥利用率为 35.2%,比 2013 年化肥利用率提高了 2.2 个百分点,相当于减量尿素施用 100 万吨,减少燃煤 100 万吨,减少氮排放 47.8 万吨。中国单位耕地产量比印度高 100%,比日本高 25%,减少成本 18 亿元。⑤

---

① 上海环境保护志编委会.上海环境保护志[EB/OL](2003-04-03).http://www.shtong.gov.cn/Newsite/node2/node2245/node4480/node60144/index.html.
② 孟飞,刘敏,崔健.上海农田土壤重金属含量的空间分析[J].土壤学报,2008,45(4):725-728.
③ 王克.农资市场期待"大户时代"[J].中国经济周刊,2017(34):70-71.
④ 农业部种植业管理司.农业转方式取得积极进展 化肥农药利用率稳步提高[EB/OL](2016-03-10).http://www.moa.gov.cn/xw/bmdt/201603/t20160310_5047698.html.
⑤ 农业部种植业管理司.农业转方式取得积极进展 化肥农药利用率稳步提高[EB/OL](2016-03-10).http://www.moa.gov.cn/xw/bmdt/201603/t20160310_5047698.html.

农业化学肥料技术分为精准施肥技术、液态肥技术(将灌溉和施肥结合的技术)、农业废弃物处理与环保技术(将畜禽粪便进行科学管理的技术、农作物秸秆利用技术等)。这类技术发展的趋势表现为使用结构日趋合理,使用量逐步减少。如美国 NPK 肥比例较为稳定,散装和液体化肥增加。20 世纪 60 年代以固体袋装化肥为主,占 51%,散装化肥和液体化肥占 49%,21 世纪初固体袋装化肥、散装化肥和液体化肥比例变为 10∶50∶40。肥料施用技术主要包括配方施肥、卫星定位施肥、科学施肥时间及施肥方法(氮肥深施、使用包装塑料、消化抑制剂)等。肥料技术的发展趋势表现为在提高产量的同时更加注重施肥与质量、环境及人类健康的关系,研究也由肥料—土壤—作物三者之间的关系,向着肥料—土壤—植物—动物—人类食物链平衡的方向发展,由降低化肥再储存、运输和使用中的费用,向高浓度和复合化、缓效与叶面喷施方向发展。化肥使用影响 N_2O 排放,多使用尿素、复合肥、沼渣等长效肥可以减少 N_2O 排放。化肥使用深度在 6~10cm 可以提高肥效,减少 N_2O 排放。当然,使用 N_2O 抑制剂如苯甲酸、氢醌、双氰胺等,抑制作用明显。总之,新型农业肥料技术重视化肥施用后的趋向以提高肥效,减少损失,重视土壤肥力的保持与提高,重视农业可持续发展,是高效、减量和环境友好型的农业低碳技术,可以促进农业的低碳化进程。

1.3.5 农药技术

当前,世界低碳农药技术向着高效减量、生物技术替代、结构优化、低毒高效、易施的方向发展,并注重研究通过管道输送的液态肥与杀虫剂、杀菌剂配合,与除草剂、生长调节剂配合的多功能施用方法。目前,由于生物技术的使用和耕地的减少,美国农药使用下降,除草剂、杀虫剂和除菌剂比例为 60∶35∶50,遗传工程产品在农药市场中的份额超过专利产品[1]。欧洲发达国家也基本类似。与之相比,中国则有着不小的差距。尽管 2015 年相对 2013 年农药使用下降了 1.6%,减少农药使用量 1.52 万吨,相当于节约了 8 亿元投入,对减少碳排放和改善土壤环境、提高农副产品质量起了很大的作用,但农药

---

[1] 梁立赫,孙东临.美国现代农业技术[M].北京:中国社会科学出版社,2009:28—38.

利用率很低。[1] 该年欧美发达国家玉米、小麦等粮食作物的农药利用率在50%～60%,而我国农药利用率只有36.6%。[2]

1.3.6　土壤改良技术

土壤改良技术是以提高农作物的产量和质量为基础的技术,包括土壤腐殖质的增量、有机碳的增量与保持、土壤酸碱度和盐渍化治理技术、土壤侵蚀和沙化防护、土壤毒化或破坏后的修复和恢复技术、减少机械作业中对作物和土壤压实带来的不良影响等,通过藏碳于土、藏碳于粮的方式实现低碳化。该技术还注重作物固氮技术的发展。如欧盟农业政策CAP 2014—2020年中的三大低碳农业措施之一,就是种植不低于5%的生物固氮作物,增强地力,减少化肥使用。

1.3.7　农业生物技术

农业生物技术主要指依靠转基因技术及生物自身繁殖、生长和对病虫害的抵抗能力,进行生物育种和生物农药研制的工艺流程等,包括生物育种、生物农药技术和生物病虫害防治技术等。此外,人们还可以通过生物技术培育N_2O、CH_4等排放量小的新品种。[3] 农业生物技术是人类当前及未来发展的重要技术领域。由于其前沿性和新生性,农业生物技术的性能、缺陷及对人类健康的影响存在很大的不确定性。如玉米、大豆、马铃薯、水稻、番茄、亚麻、甜菜、南瓜、木瓜、油菜等转基因品种,对改良土壤、提高土壤有机质、提高作物产量从而达到固碳效果起了重要作用,但其对人类健康的影响现在还无法确定。

生物农药是农业生物技术应用的重要表现,是直接利用生物活体

---

[1] 吴向辉,何难.农业部首次公布化肥、农药利用率数据[EB/OL](2017-11-16). https://m.nongyezhishi.com/article/44140.html.

[2] 农业部种植业管理司.农业转方式取得积极进展 化肥农药利用率稳步提高[EB/OL](2016-03-10). http://www.moa.gov.cn/xw/bmdt/201603/t20160310_5047698.html.

[3] 唐红侠,韩丹等.农林业温室气体减排与控制技术[M].北京:化学工业出版社,2009:102—103.

或生物代谢过程中产生的物质或从生物体提取物质作为防治病虫草害的农药,可分为生物化学农药、微生物农药、植物源农药、转基因生物、天敌生物等。其中,微生物农药是通过含有细菌、真菌、病毒等活性成分的原生动物及藻类等微生物来杀灭病虫害的农药;生物化学农药是通过天然活性成分对农作物害虫产生灭杀作用的农药;植物农药则是通过在植物中加入遗传物质产生杀虫作用的农药。[1] 生物农药具有毒性小、用量少、效率高、对环境友好等特征,已成为当前及未来的发展趋势。发展农业害虫天敌技术,可以有效降低化学农药使用量。

综上所述,农业生物技术可以减少投入引致性碳排放,增加作物固碳能力,提高作物产量,推动低碳农业发展。

1.3.8　农业信息技术

农业信息技术是指包括 3S 技术(RS、GIS、GPS)、计算技术、自动化技术和网络技术等高科技在内的现代技术,它可以促使农业生产精确化,实现对其的动态评估、实时跟踪和动态监控。

物联网及互联网技术是农业信息技术的重要组成部分,它们通过网络支持,对农业产业链实施全方位的显化、决策和经营,是当前及未来农业发展的必备技术。对农业来说,要实现减碳、高效益、低污染和低消耗,需要对其生产过程进行动态评估和监控,农业信息技术不可或缺。近年来,互联网技术不断成熟,云计算技术的提升和成本下降推动了大数据产业的兴起。在互联网+低碳农业不断深化的进程中,大数据产业+低碳农业展示了信息技术对低碳农业发展的巨大潜力。

1.3.9　清洁能源技术

在农业生产活动中,清洁能源技术包括以下四个方面的新技术:

第一,农作物秸秆的热解气化技术、秸秆碳化技术、秸秆固化成型技术等;

第二,秸秆沼气技术、秸秆及人畜粪便沼气生发技术、沼气发电技

---

[1]　王倩,陈剑钊.中美生物农药登记管理的差异分析[J].河南农业,2017(9):28.

术、玉米薯类等乙醇制造技术、黄连木等生物柴油制作技术等；

第三，太阳能光伏发电及小型水电和风电等技术；

第四，对农业生产过程各个环节进行优化以提高能源利用效率的农业节能技术。

这些技术的开发可以汲取生物质能源，利用风能、水能和太阳能，提高化石能源的利用效率，从而替代或减少农业生产过程中化石能源的使用。

1.3.10 碳汇增强技术

农作物生长需要吸收 CO_2。生物产量越高，农产品内涵的碳分就越高。可以通过育种技术、测土配方施肥技术和现代科学管理技术等提高农作物的单产和总产，促进农作物内涵式低碳技术的发展。

1.3.11 栽培技术

通过选择合适时间、合理墒情和适宜抑制剂，减少碳排放。如水稻半旱栽培比常规栽培减少 CH_4 31％～43％，而水稻产量无差异（周毅，1993[①]）；使用抑制剂，如在土壤中使用施脲酶、双氰胺、氢醌等，可以明显抑制水稻生产中 CH_4 的排放。

1.3.12 技术集群

低碳技术大多是针对农业产业链的某一环节设计的，而农业产业链的诸多环节都具有排放温室气体的基本特征，仅强调某一环节必然带来碳泄露，无法实现低碳农业的减排目标，需要同时使用农业产业链多环节的低碳技术，让低碳技术成群出现、集成显现，从而显示低碳农业技术及其效果，减少碳泄露。要加强低碳农业发展，就必须重视和加强低碳农业规划及科学低碳农业制度的构建，强力推动低碳农业技术的研发和综合集成，通过构建低碳农业集群技术创新生态系统，从根本上推动和保持低碳农业的持续发展。

---

① 唐红侠. 韩丹，等. 农林业温室气体减排与控制技术[M]. 北京：化学工业出版社，2009：101.

1.3.13 不同农业技术措施所产生的低碳效果

表1—1显示,不同农业技术产生的低碳效果存在明显差异,农田管理、有机质土壤管理、土壤修复、有机肥管理和生物质能源等领域的农业技术几乎都对促进低碳农业产生积极影响。

表1—1　　　　　农业减排措施及其效果[①]

措施	项目	减排效果 CO_2	CH_4	N_2O	净排放 认同度	证据
农田管理	农艺	+		+/-	√√√	√√
	化肥	+		+	√√√	√√
	耕作与农业废弃物管理	+		+/-	√√	√√
	农业水资源管理(灌溉/排涝)	+/-		+	√	√
	粮作管理	+/-	+	+/-	√√	√√
	农林	+		+	√√	√
	休耕与土地利用方式改变	+	+	+	√√√	√√√
有机质土壤管理	避免从湿地引流	+	+		√	√
土壤修复	土壤侵蚀控制,有机质及土壤肥力修复	+		+/-	√√√	√√
有机肥管理	改进存储和处理措施		+	+/-	√√	√√
	厌氧消化处理		+	+/-	√√	√
	提高农肥使用效率	+		+	√√	√√
生物质能源	能源作物、沼气、农业废弃物等	+	+/-	+/-	√√√	√√

注:+表示碳排放减少,-表示碳排放增加,+/-表示效果不确定或不明显。通过温室气体 CO_2 当量,对碳减排效果的可信度进行评估。其中,认同度指不同文献数据间的相同度("√"越多,认同度越高);证据是指支持效果评估的相关数据的数量。

耕作与农业废弃物管理、避免从湿地引流、改进存储和处理措施、厌氧消化处理等技术有利于促进农业 CH_4 减排,科学使用化肥、提高肥效、休耕与土地利用方式改变有利于农业活动中 N_2O 的减排。这些技术的净排放认同度较高,证据比较充足,是低碳农业发展的核心支撑。但耕作与农业废弃物管理、农艺、粮作管理、农林管理、土壤侵

---

① Smith, P. D. Martina, Z., Cai, D. G., et al. Agriculture in climate change 2007: Mitigation[R]. Contribution of Working Group Ⅲ to the Fourth Assessment Report of IPCC, Cambridge University Press, Cambridge, United Kindom and New York, NY, USA., 2007.

蚀控制,有机质及土壤肥力修复,改进存储和处理措施,厌氧消化处理,生物质能源的开发等,在减少农业碳排放的同时也会增加碳排放,其净减排效应存在一定的不确定性。

1.4 低碳技术集群与低碳农业发展维度

1.4.1 生态—低碳技术与生态农业

生态型低碳农业以生态系统的健康发展为基础,主要关注农业经济活动中农药和化肥的减量使用,减少过度使用土地,关注土壤的养分平衡和碳氧平衡。它力求在不破坏生态系统的前提下,让农业生产出尽量多的农副产品,提供相关的生态服务。有机产品生产技术体系的构建是生态型低碳农业的重要组成部分,包括健康栽培技术、栽培管理技术、施肥技术、防虫技术、收获技术、有机农业基地建设和非有机农业转化为有机基地技术。

1.4.2 有机—低碳技术与有机农业

有机低碳农业发展方式着眼于农产品的低碳发展,即农业活动产生的农副产品必须符合有机农产品的标准。为此,农业生产的土壤环境、生产方式、管理模式、收割方式及农产品的包装、加工等必须符合有机农业的技术规范。其低碳机理表现在,有机农业要求不使用或少使用化学农药和化肥,土壤不能污染而且需要富含重要的元素,种植、加工等环节不能带来污染。可见,该维度主要从减少投入环节来间接或直接降低温室气体排放。

1.4.3 物质能量循环——低碳技术与循环农业

物质能量循环型低碳农业充分尊重农业生态系统中植物库—土壤库之间的物质和能量的流动与平衡(见图1—2),着眼于农业系统的健康与安全,需要考虑资源、能源的节约和综合利用。

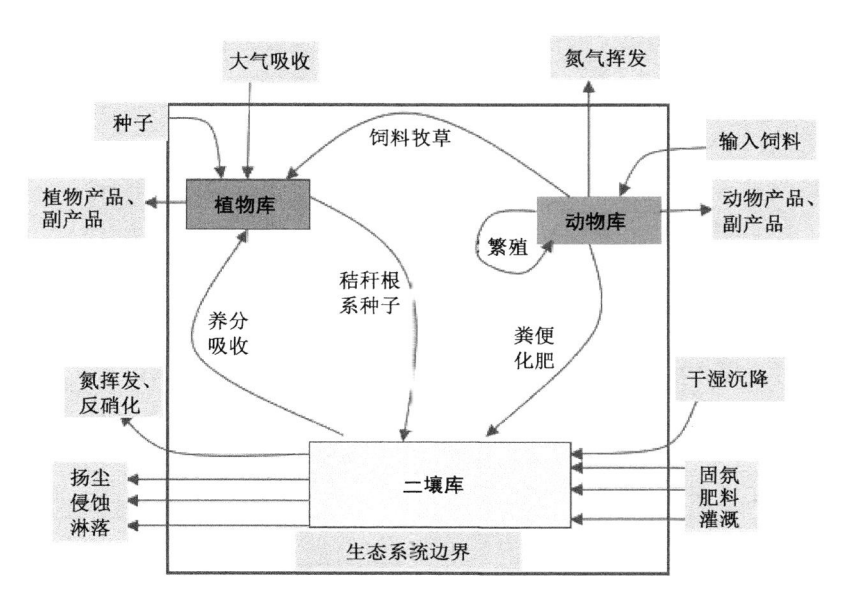

资料来源:骆世明.生态农业的模式与技术[M].北京:化学工业出版社,2009:18.

图1—2　农业生态系统流动示意图[①]

如崇明循环经济规划中,农业经济循环是其重要内容。规划涉及农业循环的内容包括农作物秸秆综合利用率、畜禽粪便资源化利用率、农业灌溉水有效利用系数、化肥施用强度、农药使用强度、土壤内罗梅指数、无公害食品认证等指标。政府的绿色采购政策、资源节约与环保投入占财政支出的比重等,都与循环农业有着密切的关联(见表1—2)。

表1—2　　　　　　崇明循环经济指标

指标分类	序号	指标	单位	2014年现状	2020年目标
综合利用	1	农作物秸秆综合利用率	%	82.9	>95
	2	畜禽粪便资源化利用率	%	84	95
	3	农业灌溉水有效利用系数	—	0.745	0.745
	4	城镇污水集中处理率	%	85	>85
	5	农村生活污水集中处理率	%	—	75%
	6	生活垃圾资源化利用率	%	28.8	80

---

① 骆世明.生态农业的模式与技术[M].北京:化学工业出版社,2009:18.

续表

指标分类	序号	指标	单位	2014年现状	2020年目标
生态环境保护	7	化肥使用强度	千克/公顷	342	300
	8	农药使用强度	千克/公顷	8.5	8
	9	生态保护地面积比例	%	—	83.1
	10	农田土壤内梅罗指数	—	0.56	0.7
	11	自然湿地保有率	%	73.78	43
	12	骨干河道水质达到Ⅲ类水域比例	%	—	95
	13	人均公共绿地面积	平方米	13	15
	14	占全球种群数量1%以上水鸟种数	种	—	≥10
	15	森林覆盖率	%	21.6	28%
	16	非化石能源占一次能源消费比重	%	23	30
	17	可再生能源发电装机容量	万千瓦	19.66	40—50
	18	新建民用建筑中绿色建筑比例	%	11.56	100
循环型社会文化培育	19	水资源开发利用率	%	49.1	60
	20	节水器普及率	%	81.7	90
	21	二级及以上能效家电产品市场占有率	%	62	67
	22	政府采购绿色产品比例	%	21.9	25
	23	资源节约和生态环保投入占财政支出比例	%	4.33	5
	24	生态文明知识普及率	%	—	90%以上
	25	公众对环境满意率	%	—	>95
经济	26	经济增长率	%	7.9	7%以上
	27	乡村旅游直接收入年均增长率	%	12.5	10%以上
	28	第三产业增加值占GDP比重	%	41.6	>60
	29	无公害食品认证	%	30	90(30)

资料来源：根据《崇明统计年鉴》《生态岛规划》《循环经济规划》和《"十三五"规划》（电子版）[1]整理。

---

[1] 崇明县政府. 崇明县"十三五"循环经济发展规划（电子版）[EB/OL]（2016-03-21）. http://www.shcm.gov.cn/cm_website/html/DefaultSite/shcm_zwgk_ghjh_zxjhgj/Info/Detail_173797.html.

1.4.4　低碳集成技术支持下的低碳农业

无论是生态型低碳农业、循环型低碳农业还是有机型低碳农业的支持技术,都不是单一技术,而是多种、多类环境友好型技术。深入发展低碳农业,需要依靠低碳农业的技术集成。

1.4.5　农业可持续型技术与可持续发展下的低碳农业

可持续发展农业主要关注代内和代际平衡,强调从地方角度出发推动可持续发展。虽然低碳是重要目标,但在地方和国家的短期农业发展规划中不一定是核心目标。但对长期或超长期可持续发展趋势而言,低碳农业是必然的目标和要求。

总之,低碳农业是创新农业发展模式的战略制高点,是新形势下转变农业发展方式、实现农业可持续发展的必然选择。对低碳农业进行研究,总结出可操作的低碳农业发展技术规程和管理模式,并在实践中率先推行,对实现农业供给侧改革目标和农业在可持续发展原则下的转型升级具有重要意义。

第二章 制度与低碳农业发展

2.1 制度及其一般原理

2.1.1 制度的内涵

制度是"要求成员共同遵守的、按照一定程序办事的规程"。[①] 在具体的研究过程中，由于侧重点和视角的不同，不同学者有着不同的界定。拉坦（Ruttan V. W.）[②]认为制度是用来支配特定行为模式与相互关系的一系列行为准则的总和。新制度经济学家将制度看作在一个特定群体内得以确立并实施的行为规则，这套行为规则抑制着个人可能出现的机会主义行为，使人的行为变得较有可预见性。[③] "制度是确定和限制了人们选择的集合。"[④]

马凌诺斯基（Malinowski Bronislaw）[⑤]认为制度是一个有组织、有目的的活动体系，包含价值系统、参与人、群体规范、物资装备、活动本身和制度功能六个方面的内容。

---

① 夏征农. 辞海[M]. 上海：上海辞书出版社，1989：210.
② 姜林. 解析中国合作金融制度变迁[D]. 西南财经大学硕士论文，2006.
③ 罗必良. 新制度经济学[M]. 太原：山西经济出版社，2005：84.
④ 诺斯. 制度、制度变迁与经济绩效[M]. 上海：上海三联出版社，1994：9—18.
⑤ 马凌诺斯基著，费孝通译. 文化论[M]. 北京：华夏出版社，2002：28.

舒尔茨(Theodore W. Schultz)[①]认为制度是关于社会、政治与经济行为规则的总和,至少包括四个方面:①降低交易费用的制度;②影响生产要素所有者之间配置风险的制度;③提供职能组织与个人收入联系的制度;④确立公共品和服务的生产与分配框架的制度。

布朗(A. R. Radcliffe)[②]从个人如何凝结为社会的角度出发,认为制度是一个社会建立的公认的规范体系,是关于社会生活某些方面的行为模式。

康芒思(John R. Commons)[③]认为制度是"集体行动控制个体行动的方式",是"遵循同一规则的交易活动的集合"。

谭崇台[④]认为,制度的重要功能在于"塑造人们的思维与行为方式,提供并在某种程度上创造和扩散信息",促成"社会共识或一般性的认识基础,从而减少不确定性和风险,帮助人们估计其他人可能的行为进而矫正自己的行为"。

赛尔(John R. Searle)[⑤]认为,制度是"制度规则"及其支撑着的社会生活中既存的各种建制结构的综合体,其中被法典化的规制就是制度,其余的规制为习惯和惯例。

赫尔维茨和肖特(Schotter,1981)从博弈论角度出发,认为制度是"博弈各方能够选择的行动及参与人决策的每个行动组合所对应的物质结果";是社会群体内用于解决或协调某类问题的一套行为规则,是群体内的共识。如果群体内每一个人遵守该规则,同时承认其他人也遵守这一规则,那么就可以形成解决该类协调问题的唯一均衡解;如果某些人不遵守该规则,并认为其他人也不遵守该规则,这时人们得到的收益会远远低于共同遵守规则。[⑥]

青木昌彦(Aoki Masahiko)认为,制度是关于博弈如何运行的共有信念的一个自我维系系统,其本质是均衡博弈下的显化和内在特质的一种浓缩表征,这一表征被全部相关参与人感知,被认为与自己的策略相关。如此一来,制度就以一种自我实现的方式制约着参与者的

---

① 盛洪.新制度经济学在中国的应用[J].天津社会科学,1993,(2):25.
② 布朗.社会人类学方法[M].北京:华夏出版社,2002:15—16.
③ 康芒思.制度经济学[M].北京:商务印书馆,1981:77—89.
④ 谭崇台.发展经济学的新发展[M].武汉:武汉大学出版社,1999:8—10.
⑤ Searle,J. R., The construction of social reality[M],New York,the Free Press,1995:5—6.
⑥ 肖特.社会制度的经济理论[M]上海:上海财经大学出版社,2003:11.

策略互动,使行动具有共识性方向和目标,避免大量无谓内耗。同时,这些参与者的实际决策又反过来更新和创造着新的制度,如此周而复始,螺旋式演进。①

上述学者对制度的定义尽管因侧重点和视角不同,对制度内涵的理解存在差异,但其核心内容大致包含如下四个方面的内容:

①制度具有限制社会行为主体交往中的任意行为和机会主义行为的功能。

②任何制度都是人们的利益及其选择的结果,因此制度与人的行为、动机之间存在着密切的内在联系。

③制度通过某些激励或惩罚机制发挥效能,它的作用对象是针对某一部分人共同拥有的群体,不针对某一个人或针对任何人,其效果是引导、监督、规范人们的行为走向合理的轨道②。

④制度的有效性直观地表现为有效"政策束"和秩序共识。③ 制度是人选择的,比技术重要,是不断博弈和交易的结果。

2.1.2 制度的功能

2.1.2.1 激励功能

激励是引起一个人做出某种行为的某种东西。④ 因为制度可以规定人们的行为选择,所以制度函数体现出成本收益差异,从而对人们的行为选择形成不同程度的激励效应。制度函数具有多重激励维度。对某一种制度函数而言,它依靠一系列的激励因素(如明晰的产权、收益率、外部性的内部化、互助相容、共同的目标等)能够形成大致相同的激励方向,在一定条件下能够提供持续的激励动力。道格拉斯·诺斯(Douglass C. North)认为:"有效率的经济组织是增长的关键因素。有效率的经济组织需要建立制度化的设施,并确立财产所有权,把个人的经济努力不断引向社会性的活动,使个人收益率不断接近社会收

---

① 青木昌彦.比较制度分析[M].上海:上海远东出版社,2001:53—58.
② 罗必良.新制度经济学[M].太原:山西经济出版社,2005:84.
③ 罗必良.新制度经济学[M].太原:山西经济出版社,2005:75—101.
④ 曼昆.经济学原理(微观分册)(第六版)[M].北京:北京大学出版社,2012:120—187.

益率。社会应该为人们提供持续的、制度化的激励机制。"[1]激励以个人追求利益最大化为前提,有效的制度可以促使每个人不断努力、不断创新。

2.1.2.2 经济功能

为经济服务是制度的首要功能,任何制度必然具有其特定的经济价值。[2] 这种经济功能和价值主要表现在如下几个方面:

首先,降低交易成本。交易是经济活动的基本特征和基本活动。市场的不确定性和潜在交易对手的数量多寡等交易要素及人的要素(谈判双方为了利益而陷入谈判僵局的人的个性特点,可以分为有限理性和机会主义)是构成交易成本的决定因素。有效的制度可以使交易双方获得使行为有序化的信息,降低市场的不确定性,抑制个人的机会主义行为倾向,从而降低交易成本。人们争夺资源、扩充自己的市场势力、遏制竞争对手等非生产性努力,必然带来较高的交易成本。而有效的制度会降低资源配置的不确定性,减少不公平的竞争,保持或提高经济的有序化程度,降低交易成本。

其次,促进与优化合作,提高合作收益。从起源看,制度本质上是人类社会分工不断深化过程中经过无数次博弈而达成的一系列契约的总和,它为人们在广泛的社会经济活动中的竞争与合作提供了基本框架,可以规范人们之间的相互关系,减少信息成本和不确定性,显化互补性及合作的收益性,促进合作经济的发展。

再次,降低风险成本。良好的制度可以帮助人们对自己的经济行为形成合理的预期,减少不确定性,降低风险。在产权制度不清晰的环境里,人们对自己的经济行为、收益和财产缺乏安全感,常常造成经济混乱。资源滥用、过度消费等短期化行为,都与现行产权制度不清晰、保险功能较弱、风险过高有关。

又次,减少外部性功能。外部性是一个人的行为对旁观者福利无补偿的影响。[3] 在外部性发生的情况下,私人成本、私人收益与社会成本、社会收益必然存在差异。多数外部性的产生是由于产权制度缺失或羸弱。碳排放及许多环境问题(如生态环境的破坏或服务功能退

---

[1] North,D. C. ,Institutions,institution change and economic performance,Cambridge and New York:Cambridge University Press,1990:48.
[2] 盛洪. 新制度经济学在中国的应用[J]. 天津社会科学,1993,(2):25.
[3] 曼昆. 经济学原理(微观分册)(第六版)[M]. 北京:北京大学出版社,2012:201.

化)是由负外部性引起的。建立排他性的产权制度可以实现外部性的内部化,解决外部性问题。解决外部性问题的制度思路是通过产权的清晰界定和严格的产权保护与约束制度,降低成本,促使外部成本内部化;或者在产权清晰界定的基础上引入市场价格机制,界定谈判双方的责、权、利,促进外部利益的内部化,从而调动理性经济人的积极性,让其自身的利益和社会利益一致,激发其发展低碳经济、绿色经济和生态环境友好型经济的自觉性。

最后,调整利益分配功能。只要制度不同,其对应的利益分配结构就存在差异。产权制度的不断调节,促使利益的分配结构不断改变。因此,产权制度及其不断变化成为社会整体利益初次分配和再次分配的基本依据和调整杠杆。

2.1.2.3 约束功能与信息功能

制度约束人们行为选择的"空间"。依靠监督、违约成本和道德自律,可以遏制机会主义,减少不确定性,保障秩序的顺畅运行。日常社会生活中,制度可以引导和约束人们的行为,使人们明白应该做什么、应该如何去做、不应该做什么。肖特认为,"惯例和制度本身也是一种为经济当事人提供大量信息的有效的信息装置"。巴泽尔(Yoram Barzel)认为制度是一种公共知识,为人们的行为选择提供一种公共信息与知识,并使行为主体一定程度上获得其他行为主体的预期行为信息。

2.1.2.4 增进秩序的功能

秩序的建立需要人与人之间相互信任,而制度可以建立人与人之间的互相信任。因此,制度最关键的功能是增进秩序。柯武刚认为,建立秩序是制度的首要功能。一旦秩序产生,必然带来社会行为主体之间的信赖和信任,从而减少合作交易成本。有时候,制度可以通过奖励性规则来实施,但大多借助于惩罚性规制来实现。缺乏惩罚的制度是无效的,也即无用的。[①]

2.1.3 制度的需求与供给

制度需求产生的动因是没有制度或者既有制度的老化和失效。

---

① 柯武刚.制度经济学[M].北京:商务印书馆,2000:112—118.

当缺乏制度时,构建新的制度对相关利益者通常意义深远。当既有制度框架下相关利益集团无法获取潜在的利益时,同样产生了对制度创新和新制度的需求,但只有当新制度能够促使相关主体利益集团获得潜在的收益大于制度变革的成本时,新制度的需求才被适时采用并真正付诸实践。① 科斯(1960)提出,新制度的出现在于制度变迁成本和收益的比较,其比值大小决定了是推迟还是促进新制度的产生。② 诺斯等认为,由于现有制度无法实现潜在的利益制度,从而产生了行为者对新制度的需求。新制度是一个包含资本收益、风险、规模、交易成本等多因素的、复杂的预期收益函数,收益大于成本是新制度创立并实施的基本条件。③ 拉坦指出,新制度需求不仅是由诺斯所提到的更有效的制度绩效所驱动,社会与经济行为及组织与变迁的知识供给进步也是重要的驱动力。④ 菲尼指出,对于新制度的需求,绩效提高或相关知识供给等诱致因素仅仅是必要条件,而不是充分条件。⑤

虽然不同经济学家对制度需求的驱动因素意见不一,但根据他们的相应表述,大致可以将之归结为相对价格、宪法秩序、技术、市场规模、国际法规和适应效率六大因素。

第一,相对价格。当产品和要素相对价格发生变化时,行为主体之间的激励结构必然发生变化,行为主体之间的讨价还价能力也随之发生变化,而这种讨价还价能力变化激起了利益相关者重新缔约的热情和欲望。可见,产品和要素相对价格的变化是导致制度不断变迁的关键动力源。

第二,宪法秩序。宪法是一国的根本大法,是国内其他法律制度的基础。国家内部的一切制度及其变化都可以从其宪法的结构中找到成因。因此,制度变革最终归因于宪法的内容、结构及其变革。宪法秩序随着预期成本和收益的变化而变化,深刻影响着人们对新制度

---

① 罗必良.新制度经济学[M].太原:山西经济出版社,2005:120—150.

② Coase,R. H. ,1960. The problem of social cost[J]. *Journal of Law and Economics*,3:1—44.

③ North,D. C. Structure and change in economic History,New York:W. W. Norton,1981,28—35.

④ Ruttan,V. W. ,1997. Induced Inncvation,Evolutionary Theory and Path Dependence:Sources of Technical Change[J]. *The Economic Journal*,107(444),1520—1529.

⑤ Feeny,D. ,1989,The Decline of Property Rights in Man in Thailand,1800—1913[J]. *The Journal of Economic History*,49(2),285—296.

的需求。

第三,技术。虽然说制度影响技术创新,良好的制度给技术创新提供了巨大的激励;但技术的突破或技术变革反过来又决定制度的结构及其变化。如技术进步会改变产品和要素的相对价格,降低交易成本,改变市场规模结构。所有这些都会诱致对新制度的需求,或者使原先不起作用的制度显现出新的潜力。

第四,市场规模。市场规模扩大是社会分工的前提,而社会分工的发展又深受市场规模的限制。规模经济能使固定成本降低,使一些与规模经济相适应的制度安排得以践行和创新,也能使制度运作成本大大降低,从而引致对新制度的需求。

第五,国际法规。这里的国际法规主要是指联合国及分支机构和两国或多国制定的法律法规。在很多情况下,国际法规只有本国实际参与才会有执行的承诺。当然,有些法规不能在某一国家实施。在全球化的今天,各国不断拓展和深化与国际接轨是必然趋势,许多国家内部的制度无法适应开放的全球化环境。因此,全球化框架下的国际法规体系对各国内部的制度必然产生直接或间接、主动或被动的深刻影响,各国国内法规、制度也提出了国际化的新需求。

第六,适应效率。良好的制度或具有优越性的制度是超越旧有制度、创造制度需求的关键。一项良好的新制度,要想开辟其需求和市场,必须具有适应效率,即:允许实验、允许分权决策,鼓励发展和利用特殊知识,从而为组织提供创新机制或个人行为框架,为组织提供适应外部不确定性的"适应效率",分担组织风险,保护产权,消除组织错误,等等。

从制度供给看,影响制度供给的因素非常复杂,包括政府、企业家等不同行为主体的影响。当政府、企业家因制度创新得到的预期收益大于此项制度创新必须付出的成本时,制度供给才成为可能。制度是公共物品而不是私人物品,它是多主体、多阶段博弈选择的综合结果,不是由某一个人或某一个组织决定的。因此,制度的供给取决于宪法秩序、创新成本、知识积累和进步、现存制度和规范性行为规范五大因素。

宪法秩序可以压制新制度的产生,也可以推动新制度的实验和创新。宪法是建立新制度的法律基础,深刻影响着创新主体进入政治体系的成本大小,决定了创新主体创新制度的可行性和难易程度。它为新制度规定了选择空间,并深刻影响新制度的实践进程和模式。一个国家或地区的宪法秩序稳定且富有活力,将有效降低制度创新的风险与成本。[1]

新制度创立需要付出一系列成本。新制度创新付出成本越低,越容易促进新制度的需求和创立;反之,新制度创新付出成本越高,越阻碍新制度的供给。这里所说的成本包括旧制度的废除成本,消除制度变革阻力的成本和制度变革中的不确定性成本,新制度的设计和组织成本及实施新制度的机会成本等。

社会知识水平对新制度供给有着深刻影响。一般而言,人们的知识水平取决于认知水平。人们受教育水平越高,占有科学知识越多,其对新制度认知和接受能力越强,新制度的设计与实施越有效率[2],也就越有利于制度变迁。

既有制度也深刻影响新制度的产生。一般而言,既有制度存在很大的惯性,通常对新制度具有明显的排斥效应和巨大的阻力。因为现有制度下的既得利益集团和既有格局根深蒂固,必然带来新制度的谈判成本和施行压力的明显增加。

规范性行为规范(即文化环境)也是影响新制度的重要因素。任何制度框架下的行为规范均根植于文化的"土壤"之中,新制度的设计、创立和安排必须和地方文化协同。如果没有很好地考虑文化环境及其适应性,无论什么新制度、新规制都难以有效实施;即使实施,效率也会大打折扣,额外成本会大量增加。

2.1.4 制度变化的主要因素及演变机制

制度内容包括道德伦理、习惯、共识、惯例及法律、法规和政策等。制度经济学认为,道德伦理、社会习惯、共识、惯例等大多从自发演化而来,而大部分成文法规是通过精心设计形成的。当然,不同的学者对其发生机理的理解和解构亦存在差异。凡勃伦认为思想习惯构成制度系统的基础,在制度起始阶段人们面临的生产与生活技术手段及现行制度原则本能地适应,并通过生命活力以某种方式展开并表现为

---

[1] 罗必良. 新制度经济学[M]. 太原:山西经济出版社,2005:84.

[2] Ruttan, V. W., 1997. Induced Innovation, Evolutionary Theory and Path Dependence: Sources of Technical Change[J]. *The Economic Journal*, 107(444), 1520—1529.

生活方式。人们的生活方式惯性形成个人的价值观和思维方式,其中占据主导地位的共同价值观构成了社会规范,而社会规范在移植到制度原则后,就形成了由法律规则和社会经济组织方式形成的制度安排,这标志着制度演化从初始阶段进入第二阶段。这一过程表现为个人思维定式——共同社会规范——制度安排的演进路径,是制度系统的基本构架。当然,制度系统也会反作用于起始的生活环境和制度规则,二者形成螺旋式互动上升而不断发展。[1]

哈耶克认为人们的思想观念决定制度系统的形成机制和演化方向,并认为从组织化的行为规则上升为组织化的社会秩序是制度系统基本的内在生长机制。这需要精心的顶层设计。具体而言,制度系统基于命令和具体目标的组织化行为规则,首先上升为实体法律,服务于某些具体可见的特定目标(如交通、环境管理、市场交易等),然后进一步构建起有效的、组织化的社会秩序。当然,制度系统深受文化传统与宗教的影响,人们的组织化行为也会影响文化、传统和宗教,人们可以根据制度系统的演进理性改造文化传统和宗教。因此,制度系统和思想文化系统可以和谐互动,进而促进制度向着高级化方向演进。[2]

诺斯则以理性选择模型为基础,同时引入价值观对之进行修正和补充,以解释制度变化的原因和演变机制。他认为,社会初始的制度原则确定后,该规制就为其中的社会成员提供了一套激励结构。在这种结构下,组织者面临两种选择:在现行规制内投资还是将资源配置在改变现行规制中。行为组织者的这种权衡和取舍,依赖于预期收益率的高低。也就是说,收益率高的方案就是最优的投资方案。制度和其他经济投资活动同样遵循规模报酬递减规律,当相对价格变动导致一些新的获利机会出现时,行为者往往选择在现有制度系统的某个边际收益上进行革新与调整。由此可见,投入要素的报酬边际递减和相对价格变化决定了制度系统的渐进性变革,其基本方向是将要素投入的边际收益递减转变为边际收益递增。因此,制度升级换代的基本路径是沿着投入要素的边际收益递增方向前进。这种阐释仅仅考虑了相对价格变化和制度的渐进性变革,忽视了制度

---

[1] Veblen,T.,The instinct of workmanship and the state of the industrial arts[M]. Read Books Ltd.,2011,8—89.

[2] 哈耶克.法律、立法与自由[M].北京:中国大百科全书出版社,2000:25—27.

演进中行动者偏好（如价值观或意识形态）的影响,难以阐释制度的激进型变革。为此,诺斯进一步引入价值观因素,认为渐进性制度变革不仅取决于经济收益水平,还需要考虑价值观的表达成本:当价值观的表达成本很高时,价值观对制度变化就会产生较小影响;反之亦反。①

格雷夫(Greification A.)认为,制度形成与演进首先体现在社会成员间的协调难题,弄清个人对其他相关人的预期并形成共同预期是解决这一难题的基础条件。"理性的文化信念"是社会成员基于既定文化背景和文化传统下的共同预期,它调节着各个社会成员的最优策略,引导社会形成多重复杂的博弈,并达成某种共同期望的均衡。各成员的最优策略及其博弈同时创造新的制度安排。制度激励在解决社会成员面临的冲突的同时,也在创造、改革、更新和升级着制度本身。这充分表明,制度可以促进和激励技术创新,推进相关实践活动,解决成员间的协调难题,同时这些创新技术、相关实践活动及冲突解决过程也创造着新的制度内容。在一定的文化环境中,技术创新及其实践活动与制度建构和演化存在着良性、积极的互动促进机制。②

制度的生命周期理论分为 7 个阶段:孕育期、婴儿期、儿童期、青年期、成熟期、老年期和消亡期。孕育期表现为意识到存在的问题已上升为威胁、危害或风险,解决问题提到议程中;婴儿期表现为根据当前问题调整现有的法规和规则;儿童期表现为探寻标准;青年期表现为完成风险评估标准开发,形成更加直接、自主的国家规制;消亡期表现为问题改变或消失,从而解除原来的规制,重新制定新的规制。③

---

① 诺斯.制度、制度变迁与经济绩效[M].上海:上海三联出版社,1994:10—18. 柯武刚、史漫飞.制度经济学——社会秩序与公共政策[M].北京:商务出版社,2000:22.

② Greification, A. Cultural Beliefs and organizations of society: a historic and theoretical reflection on collectivist and individual societies[J]. Journal of political economy,1994: 102(5),912—950.

③ Newman, J., Howlett, M.,规制与时间:规制发展的时序模型,国际行政科学评论[J]. 2014,80(3):17—35. Michael, H., Adam, M. W., 2012. Policy Work in Multi-Level States: Institutional Autonomy and Task Allocation among Canadian Policy Analysts[J]. Canadian Journal of Political Science,45(4),757—780.

2.2 低碳农业需要持续的
技术创新和制度的长效保障

2.2.1 低碳农业政策与制度的激励和约束

现代制度经济学认为,制度是正式约束和实施机制与非正式约束和实施机制的集合。制度总是不断演进、不断变迁的,呈现动态性。制度演进中存在着较强的"路径依赖"。也就是说,制度的演进一旦形成了某一"轨道",就会沿着这个"轨道"和方向不断前进,往往形成"滚雪球"一样的自我强化机制。有效的制度可以不断促进经济效率的提高,无效的制度安排则会使经济发展日趋艰难。任何产业发展都需要良好的制度保障。如制度规范了市场秩序和产权,可促使产业规模扩大和有效竞争。同时,制度激励产业技术研发创新和推广应用,提高产业的竞争力和增强持续发展动力。作为新生事物,低碳农业目前具有弱势性、强烈的外部性、市场的不确定性,组织成本、交易成本都很高,风险很大。传统高碳农业的惯性、低碳农业规则的非传统性及与传统规制间存在的冲突,都表明低碳农业急需新型制度支持。

低碳农业的消费群发育不足,发展思想尚未统一,发展方向具有非同向性。若构建了良好的低碳农业制度,就会减少不确定性,激发低碳技术创新,减少甚至去除外部性,养成规制消费者和生产者的低碳习惯,从而保障低碳农业的发展。

不同国家对低碳农业的发展政策和制度不尽相同。低碳农业政策是上级关于发展低碳农业的指示,制度可能还没有规定;而低碳农业制度是正在执行的规则,其内容主要来自低碳农业政策。一般而言,组织的运行通常是先定政策然后实施,政策被验证具有良好的效果后,就可以把政策上升为制度。低碳农业政策具有更加丰富的内容和庞杂的体系,具有灵活性、多变性、多样性和阶段性;而低碳农业制度通常具有稳定性,变更难度较大,实施和废止需要复杂的程序。

构建低碳农业制度,要首先制定良好的低碳农业政策,将低碳农业发展中具有激发、激励和约束作用的有效政策吸收为制度。低碳农业政策大致包括政府对低碳农业进行的税收优惠、贷款优惠、贷款担保、直接投资等资金支持；进行专业技能培训、人才资源培育、人才引进等支持；减低低碳农业进入门槛，支持工程中心、大学研究机构、研发中心的发展，促进低碳农业产学研融合和产业链的构建，提高组织能力等。

总体而言，低碳农业产业政策通常明显影响低碳农业发展的规模、组织结构、发展前景。低碳农业体系必然在复杂的产业政策体系约束下形成、运行和发展。低碳农业政策的出现必须有对应的农业发展水平为基础，超前的低碳农业政策必须符合产业体系的发展潜力和基本取向。持续、健康的低碳农业发展，需要不断吸收低碳农业政策的"养分"，形成稳定的低碳农业制度。这一制度会在一定时期稳定、持续地支持低碳农业的研发投入、低碳技术推广、低碳农产品的营销、低碳农业生产过程的监控和合作等，是低碳农业不可或缺的基石。

2.2.2 产权制度与市场机制构建和排碳权交易发展

从法律意义上讲，产权具有狭义与广义之分。狭义产权与有形物品相联系，而广义产权既与有形物品相联系，也与无形物品（如专利、版权、合同等）相联系。从非法律意义上讲，产权主要与习惯、惯例和自我执行的协议有关；从性质上看，产权具有排他性、可分割性、可转换性和有限性。其中，排他性是指稀缺资源的使用权利；可分割性是指产权可以进一步细分为占有权、使用权、收益权、转让权等；可转换性是指产权具有可处置性；有限性是指某一产权与其他产权必须清晰界定，任何产权必须具有限度，表现为数量大小、范围和行为性，也就是说，产权主体可以根据权能，在财产权利的界定区内部决定能做什么和不能做什么，以及有权阻止别人做什么。

产权理论研究的首要任务是弄清产权对经济运行及资源配置的影响，这是微观的合同和制度安排的基础，也是宏观市场经济制度和其他制度安排的基石。产权界定是社会经济发展的必然要求。一般而言，随着经济的发展，各种要素的相对价格会发生巨大变化，社会制度需要适时调整以适应相对价格的变化，这必然产生对要素产权界定的要求。在这种情况下，作为基础经济制度的产权必须独立地对经济效率产生有效的影响,否则会导致其他力量(如黑势力及暴力冲突等)推动产权的界定。①

产权对于低碳农业发展的基本功能表现为如下几个方面:

(1)减少不确定性

"制度确定和限制了人们的选择集合,它通过向人们提供日常生活中的人们相互作用的稳定的结构来减少不确定性。"②产权制度作为最基本的经济制度,对于有形或无形产品的占有、使用、处分、收益、转让等一系列权利做出规定和安排,减少了经济发展过程中的不确定性,降低了交易成本。低碳农业需要界定污染产权(即 CO_2 排放权),让低碳农业的碳减排成果受到制度的尊重,从而减少不确定性。

(2)外部性内部化

从根源上看,外部性产生于产权公域或邻域。产权公域是指不同产权权能或作用空间存在交叉;产权邻域是指不同产权权能相邻的区域。产权公域和邻域引致的外部性表现形式多样。

首先,开始虽然存在产权公域或邻域,但不存在外部性,随着日后的发展和规模扩大才导致外部性,从而产生新的权利。

其次,产权的初始界定不完善,产权人行使产权权能之前并没有意识到或预料到(可能相关各方都没有意识到,或者因信息不对称一些涉事主体有意隐瞒,而另一些涉事主体限于专业知识等没有感觉到)产权公域或邻域的存在。

再次,外部损害本已存在,相关各方都知道,因为量小或不可避免,觉得无须作为一种权利提出来;也可能因为量小害轻没有被发现,无法作为一种权利提出来;或者量很大,既有识别能力无法辨别,也不会作为一种权利提出来。无论存在正的外部性还是负的外部性,都不会形成有效率的资源配置状态,体现为制度安排的无效性和资源过度使用、浪费、破坏或使用不合理。一旦新产权被设置,归属确定,外部性即被内部化。对有害还是有益性外部性的界定,本质上都是对产权的界定。

(3)激励与约束功能

产权明确,可以界定行为主体的选择集合,促使行为各方按照产权行事,从而给出相对稳定的预期。产权明确使行为者的稳定收益或

---

① 诺斯.制度、制度变迁与经济绩效[M].上海:上海三联书店出版社,1994:4—6.
② 诺斯.制度、制度变迁与经济绩效[M].上海:上海三联书店出版社,1994:4—6.

收益预期与行为者实施行动的数量和质量及努力保持一致,这显示了产权的激励功能。当然,产权是责、权、利的统一体。通过产权分解仅仅赋予某行为主体权利、责任和义务或收益中的某一项或两项,都不是真正的产权,也就无法产生激励。因此,没有产权,就没有有效激励,权利与责任也就无法实施。总体而言,产权可以对行为主体形成一种诱致性和吸引性的影响,调动某些方面的积极性,鼓励行为主体做得更好。

产权的约束功能则是基于产权的有限性特征而形成的一种限制力,它抑制相关产权主体某方面的积极性,阻止或限制某些行为内容,或者使之不要做得出格或过度。这种约束分为自律和他律两种方式。前者是产权主体明晰产权的边界,在承担责任和义务或获取利益的同时,严格按照产权的内容行事,不忽视自己的产权,也不越权或侵权,知悉越权、侵害别人产权和自己维权的后果,从而形成自我约束。他律是来自自身以外的约束,是当产权主体的行为越权或侵犯了其他人的权利时,受到外围力量的阻止、惩罚,促使产权主体的行为重新回到自身产权的边界之内。

(4)资源配置功能与收入分配功能

产权的资源配置功能是指产权直接形成、改变或调节资源配置结构的功能。产权格局和结构,基本上是一种产权配置的客观状态,产权变动或产权结构变动同时带来资源配置的变动。因此,设置和确定产权本身就是对资源的配置。在产权不清的情况下,外部性广泛存在,资源配置不合理;产权确定后,将会使资源配置更加合理,提高经济效率。产权状况常常决定或影响资源的调节机制。

产权界定和明晰化是收入分配规范化的基础和基本依据,产权在不同行为主体之间分配,本身就是收入分配或者获取收入的手段与工具的分配。保持产权制度的权威性和完善,处理好产权分割和分配,也就发挥了产权的收入分配功能。①

2.2.3 集体行动与低碳农业发展

在完全竞争市场氛围中,个人行动遵从个人选择,其选择、决策在

---

① 罗必良.新制度经济学[M].太原:山西经济出版社,2005:84.

理论上是清晰的过程。既然当事人能够自愿、自然和自由地选择，收益和风险应自我承担。这种选择既不影响别人选择也不受别人选择的影响，因此可叫作个人选择。当一个人的选择涉及其他人的选择从而需要与其他人协商或谈判时，这种选择就叫作集体选择。集体选择也叫作公共选择，是个体参与者依据某种协商或谈判的规则，共同或集体确定行动方案的过程。它必须制定满足一般人偏好的规则，这一规则及其结果对于个人来说只能服从，因此具有强制性。凡是有人群、有合作、有竞争的地方，就需要集体选择，个人决策无法解决集体选择、集体决策和集体行动。而且集体决策和选择大多通过投票来解决，关心的主要是政府行为的集体决策，而非通过货币或买卖在市场机制中解决，具有政治性。

集体选择与行动首先遵循选择性激励原则。社会行为主体的任何选择是在一定的制度背景下进行的，而有效的激励是完成有效选择的基本保障。集体行动力求选择有效率的、能够调动大多数成员积极性的规则和预期目标。

集体选择与行动遵循意识形态和组织文化构成的隐性激励原则。成功的意识形态和组织文化会提高对诚实、依赖、忠诚等的效用评价，减少集团成员机会主义支配下的分配性行动，如关注如何"搭便车"而不是自我投入；提升成员对集体的归属感，降低集团的激励成本和监督成本，减少达成共识的交易成本，亦即成员之间的重复博弈可以建立学习机制，产生和累积"声誉效应"，形成对"搭便车"行为的威慑和"挤出惩罚"，从而形成隐性激励。

对于低碳农业发展来说，农户、各级政府、涉农企业、关注低碳农业的国际（国内）组织、低碳农业技术研发科研院所及大学、低碳农产品及其服务的消费者等，应当形成共识，制定广为接受的、有效率的组织安排，并将之政策化和制度化，形成长效的低碳农业技术—低碳农业制度—低碳农业生产相互激励、螺旋式上升的动力驱动范式，推进产业化、规模化、现代化、高效化、生态化、技术密集型、可持续发展的低碳农业建设，从而在增加当地居民福利的同时，为全球温室气体减排工程提供大量的净碳汇，为缓解和控制全球气候变暖做出突出贡献。

2.2.4 以顶层设计推动低碳农业制度建设

按照诺斯的理论,国家可以凭借国家机器和权威在全社会实现所有权,国家在产权制度中的重要作用可以降低产权界定和转让中的交易费用[1]。从理论上看,国家可以从国家的制高点进行顶层设计,即本着总体战略规划和专项规划相结合的原则,制定低碳农业法规体系,成立低碳农业管理机构,形成系统的低碳农业制度安排,推动低碳农业制度的建立和实践。

首先,国家可以通过引进或集中开发新技术推动制度安排,也可以通过扩大市场规模引导制度构建。

其次,从供给角度出发,国家可以加强知识存量的积累以增加制度的供给能力,利用强制力和规模经济优势降低制度建设的成本,通过政府的有效干预解决制度供给的持续性不足问题。

再次,国家可以通过构建低碳农业文化,培养消费者对低碳农产品的消费偏好与习惯,形成低碳文化传统,支持低碳农业制度的自我演进,并进一步形成低碳农业文化支持低碳农业技术研发创新,最终形成低碳农业文化制度与低碳农业技术创新互动的协同发展机制。

2.3 低碳农业发展急需技术与制度的互动支持

2.3.1 技术与制度互动对产业发展的支持

制度是产业发展的根本动力。回顾中国改革开放的历程,产业经济发展的成功就在于制度不断创新。[2] 良好的制度可以凝结技术创新目标和共识,降低合作成本,激发技术创新能力,进一步促进技术的推广和产业化,创造产业融合、竞争的秩序,降低合作竞争的成本及综合

---

[1] 诺斯. 制度、制度变迁与经济绩效[M]. 上海:上海三联出版社,1994:44-48.
[2] 吴晓波. 中国改革开放四十年,我们究竟做对了什么?[EB/OL](2018-03-09). http://www.360doc.com/content/18/0309/15/31220818_735670623.shtml.

商务成本,降低不确定性,促进相关产业的发展。技术进步本身又可以优化相对价格体系,引导资源优化配置,以更高的效率、更大的规模、更丰厚的收益激励推动制度的变革和演进。

同时,产业的发展水平检验和显化了制度的效能水平。产业的新发展或新趋势对制度提出了要求,需要制度的进化或重构,为产业的新发展空间和潜力提供全方位、稳定的支持。产业的进一步发展需要新技术的支持和创新,而来自有效制度激发的技术创新体系将为产业发展提供稳定、持续、积极的支持,是产业持续快速发展的必要"装备"。因此,低碳农业发展急需以低碳农业制度为核心构建的,以低碳农业技术—低碳农业制度—低碳农业体系为架构的互动机制和范式的有力支持。

2.3.2 低碳农业制度建构的路径

从中国国情、农业经济发展现状和国际环境及其趋势来看,今后及未来相当长时间低碳农业制度建设不能急功近利,不能一蹴而就,不能路径单一,应本着发现矛盾并着力有效解决矛盾的思路,至少从如下几个维度来推动低碳农业技术—低碳农业制度—低碳农业体系为基本范式的互动机制的构建,以提升低碳农业的发展能力和国际竞争力:

(1)由改进效率的潜在机会引起的低碳农业制度建构

改进效率的潜在机会是指新技术、新管理方法、新需求理念等导致制度变革可以突破原有的制度约束,带来更高的效率。如果这类制度变革可以不损害当前的制度安排,则制度变革会顺理成章地被快速推进。若这类制度变革可以在不受阻力的情况下被推进,也可以看作帕累托改进。如果新制度是非主流精英推动的且与精英主导的既有制度安排存在冲突,无法"兼容",新制度要走上时代舞台,替代或革新当前既有制度就会遇到巨大阻力,这需要迫使支持现有制度安排的精英改变其主流思想,否则需要争取大众的广泛支持,促成新制度确立并取代既有制度安排。

对低碳农业制度而言,低污染、低消耗、高品质的特点与人均收入水平提高的居民需求日趋匹配,具有巨大的市场潜力,该制度的改进效率将具有良好的前景。同时,低碳农业技术尚未有根本性的突破,低碳农业利润率和有限的市场与当前的高碳农业制度存在冲突。这需要农业制度制定者转变观念,也需要广大居民的积极支持。有效推动低碳农业制度发展的重要机制之一,就是通过显化低碳农业的潜在效率,增加高碳农业的生产压力和低碳农业的示范、宣传、教育培训等,鼓励居民的低碳农业实践。

(2)外部竞争压力引起的低碳农业制度建构

在外部竞争的巨大压力下,核心制度收缩和边缘制度兴起是制度变迁常见的基本规律。当既有制度在经济效率上明显低于外部竞争者的水平时,说明现行制度较外围竞争者的制度安排落后了,主流精英面临改革的压力。在不损害主流思想和主导精英利益的前提下,主导精英群体会尽力模仿竞争者高效率的制度安排,对现行制度进行改进和部分革新,从而提升现行制度的效率和激励。在这种情形下,制度体系成为双层结构,即原有制度因被革除了部分落后内容而迅速收缩为核心层,边缘生长的富有效率的外围制度开始兴起。在相当长的时间,改革中的制度安排呈现主—辅双轨制,核心制度依然行使、承担着现行主流精英的思想和观念的基本功能,而外围制度是主流群体容许下引进的活力因素,成为提升整体制度效率和对抗外围竞争压力的"前沿战线"和先进"盾牌"。

当然,这种结构通常处于动态演化中,随着现行主流群体不断代际转换,主流思想也在转换,而且这种转换常常表现为原有内容继续收缩,新兴的主流思想观念在与时俱进中更贴近外围制度,将核心制度层分化为核心层和核心外围层,从而使整个制度形成了核心层—核心外围层—外围层的制度结构。随着时间的推移,核心外围层继续内渗外延,核心逐步缩小最终被核心外围层吸收并完全取代,新的制度核心诞生,核心外围势力的外扩也逐步吸收并占领外围制度空间,促使了新制度的诞生。

这种制度的演化机制具有渐进性,可以避免"休克疗法"式变革所带来的巨大的社会震荡。制度的变革基于条件成熟一项推进一项、成熟两项革新两项的思路,拒绝不成熟条件下的强行、机械变革带来的短时间内制度效率大幅度下滑,这对于社会经济的稳定持续发展是十分有好处的。

目前,我国的农业经济制度安排是长期以来依靠卓越的领导群体和科技、经济、社会、文化等精英群体共同构筑的,它受制于科技水平、经济发展阶段、社会和文化环境,目的是满足居民的基本食物供给。但这种农业经济制度以高碳排放为特征,以牺牲环境为代价,效率较为低下,食品的安全性和品质日益无法满足居民需要。而发达国家的低碳农业以其高效率、高品质和安全可靠,在市场竞争中占尽优势。同时,高碳排放也受到来自全球治理气候变化、发展低碳农业要求的巨大压力。我国在缺乏先进的低碳农业技术强力支持,缺乏足够的低碳农业发展资金,深受土地资源紧缺、粮食安全约束的背景下,应当采取渐进性低碳农业的建构思路,稳定有序地推进低碳农业的发展和制度建设。

(3)由手段与目标的矛盾引起的低碳农业制度建构

思想观念中的手段与目标之间的矛盾,表现为依据思想观念中的理论无法达到谋求实现的目标。这说明现行制度安排中的理论具有一定的错误成分,但由于对未来的预见具有不确定性,且这些预见深受理性有限的制约,人们还是信奉这一包含严重缺陷的制度安排。不过,当这一制度导致运行结果和预期目标相去甚远时,人们会审视现行制度的支持理论与目标实现是否具有逻辑上的一致性。

主流精英群体一旦发现其制度支持思想中理论与目标不一致时,必定开始调节二者的关系。一般而言,这种调节表现为调节制度思想观念中的理论手段,或者调节制度思想观念中的预期目标,或者既调节制度思想观念中的理论手段也同时调节制度思想观念中的预期目标。通常情况下,预期目标是美好的,是可望实现的,是与人们的未来福利息息相关的。人们会调节理论手段,努力实现预期目标。也就是说,主流精英群体会选择更加有效率的思想理论和手段以取代原有的思想理论和手段,而思想理论手段的修正意味着主流思想观念的相应变化,并进一步引导主流精英群体对制度安排实行积极有效的变革。如果既有制度安排所带来的结果无法实现预期目标,现有制度的主流精英群体一旦意识到这一点,就会通过解放思想、更新观念、创新理论,采用更加有效的手段,谋求有利于预期目标实现的新机制。当新的制度能够有效率地达到主流观念的阶段目标和有利于达到预期目标时,此类制度改革就成功完成了。

就现行农业制度来说,现行的耕作技术、农药农肥技术、生物技术、清洁能源技术等手段决定了其高碳排放、高污染、高投入和产品的低品质特征,无法达到农业发展不断满足人们日益增长的农业生态服务需求、绿色有机农产品需求、农业生态系统健康需求、适度承担国际温室气体减排和缓解全球气候暖化的需求等，难以实现低碳农业发展目标。因此，提供农业制度的精英群体（官方精英领导和民间的专家学者精英等）需要更新和确立低碳农业发展新观念、新思想，重视低碳技术研发创新和推广，推动低碳农业发展目标的实现。

(4) 由制度结果与人类终极价值冲突引起的低碳农业制度建构

人类奉行某种思想和观念是为了人类的终极目标，但这一追求不一定能顺利实现，有时候可能事与愿违。这主要是由于坚信的理念本身是偏颇的，依此支持下创造的制度安排及制度的结果与人类追求的目标相悖。如当前的农业发展，其根本目标是保证人类食品的数量、质量安全，农业生态系统安全与农业可持续发展，全球生态系统安全及全球气候安全。但现代农业技术根植于高碳发展模式，城镇化、工业化及农业的机械化、化学化、石油化，使农业生产加工过程中碳排放密集型生产资料的投入不断增加，复种指数不断增加使人们对土壤的扰动不断加强。这种农业发展模式无法保证安全环保、有机、绿色农产品的供应。土壤的污染在加重，农业不但无法成为碳汇，反而成为重要的碳源，成为全球气候变化和损伤地方及全球福利的重要因素。这违反了人类农业发展的终极目标。

因此，人们对这种传统的农业经济模式进行反思，开始修正既往的农业经济制度安排。这些反思与修正的努力一方面来自国际精英群体的低碳农业制度建设，另一方面来自国内精英群体，尤其是官方的精英人才对低碳农业经济发展制度建设的推动和实践，从而形成国内认可且具有国际化特征的低碳农业经济制度。

2.4 国际国内低碳农业政策与制度发展的历程

2.4.1 国际层面的低碳农业制度构建

当前国际层面的低碳农业制度供给者首先来自国际组织，其次是国家不同层次的政府、组织及文化传统等。不同国家对低碳农业的认知和态度存在很大的差异。由于我国低碳农业政策和制度建设受一些国际组织相关低碳农业制度和政策的影响较大,而受其他国家低碳农业制度的影响较小。因此本书在讨论国际层面的相关低碳农业制度与政策发展时,仅从包含 180 多个成员与地区的《联合国气候变化框架公约》组织的政策和制度变化层面来做简要阐释。

目前,联合国气候变化框架公约组织是低碳农业发展最大的国际制度提供者,也是低碳农业技术的引导者。1992 年联合国环发大会上通过的《联合国气候变化框架公约》是世界上首个致力于全面控制 CO_2 等温室气体排放,减轻全球气候变暖及其对人类社会经济产生不利影响的国际公约。1994 年 3 月 21 日,该公约生效。该公约现有 183 个成员,它们通过定期的会议不断协调改进全球气候变化的治理制度。自 1995 年起,《联合国气候变化框架公约》缔约方每年召开会议,评估全球应对气候变化的进展。

1997 年,《联合国气候变化框架公约》缔约方在东京达成了《京都议定书》(以下简称《约定书》)。该《议定书》明确了发达国家在全球温室气体控制中的任务和责任,并制定了 2008—2012 年发达国家的具体减排指标:在 1990 年排放量的基础上减排 5%。同时,《议定书》确立了联合履约、排放贸易和清洁发展三个基本机制。其中的清洁发展机制要求发达国家向发展中国家提供技术转让和资金,以提高发展中国家的能源利用率,减少排放,或通过造林增加 CO_2 吸收,并将因此得到的温室气体减排量计入发达国家的减排账户(《马拉喀什协议》规定,发达国家通过清洁发展机制下的造林和更新造林活动实现的年减排量不得超过其 1990 年排放量的 1%)。

发达国家加强履约、实质性技术转让、国际财政机制安排、土地利用和林业议题是《联合国气候变化框架公约》谈判与实施的难点,也是《京都议定书》在第二承诺期谈判的核心。其中,林业议题的关键是能否将森林经营作为减排的途径并把林产品碳汇计入温室气体减排量。

2007 年《联合国气候变化框架公约》缔约方通过了《巴厘路线图》,2009 年又通过了《哥本哈根议定书》,以取代 2012 年到期的《京都议定书》,并提出将全球气温上升控制在工业革命以前 2.2℃ 的目标。

2014 年 12 月 9 日,在《联合国气候变化框架公约》第 20 轮缔约方会议(COP_{20})上,中国政府提出 2016—2020 年中国将把每年的 CO_2 排放量控制在 100 亿吨以下,承诺我国 CO_2 排放量将在 2030 年左右达到峰值,全部 CO_2 排放量最高时为 150 亿吨。

2015 年 12 月 12 日,《联合国气候变化框架公约》缔约方通过《巴黎协定》。该协定提出的长期目标是将全球平均气温增幅控制在低于 2℃,努力控制在 1.5℃水平,减少气候变化风险。该协定开启了 2020 年后全球气候治理的新阶段,将低碳绿色发展确定为全球气候治理的新理念。这标志着未来国际气候谈判重心将从构建宏大的机制转向规划具体的低碳行动、政策和落实,使世界气候谈判与各国社会经济发展的结合更加紧密。2016 年在摩洛哥马拉喀什的《联合国气候变化框架公约》第 22 次缔约方会议和 2017 年在德国波恩举行的《联合国气候变化框架公约》第 23 次缔约方会议进一步推动了《巴黎协议》的完善和落实。

由此可见,全球气候变化框架公约在逐步发展中,不断构建一个关于低碳控制的基本国际制度框架。不同国家可以大致在同一全球制度框架下制定各自的低碳农业制度和政策,引导低碳农业技术的研发和技术的实践和推广。例如,欧盟制定 1990—2020 年低碳农业发展政策,主要通过保持农地中草地比例、农作物的多样性、种植绿肥作物等,减少化学肥料的投入进而减少农业碳排放;美国在食品安全法案和低碳技术法案的基础上,形成了稳定的保护性耕作制度与技术和化肥精准使用、秸秆还田、休耕轮作、精准灌溉等低碳农业制度;巴西积极推进以生物质能源开发为基础的低碳农业技术实践;日本的低碳农业制度与技术支持则充分体现在生态农业、智能农业和有机农业的发展中。

2.4.2 中国低碳农业制度供给和技术行动

中国自加入《联合国气候框架公约》后,不断增加减少温室气体排放的政策和制度供给,相应地增加了低碳农业技术研发创新和推广。

首先,近几个"五年计划"都在不断加强低碳农业制度与政策的供给和技术支持。近年来,国家和部分省、直辖市和自治区在"十三五"基础上专门对气候应对和温室气体减排进行了规划,农林业无一例外是重要内容。

其次,注重出台专门应对全球气候变化的政策、制度和引导技术。2007 年《中国应对气候变化国家方案》出台,科学技术部等 14 个部门于同年6月联合发布了《中国应对气候变化科技专项行动》。2014年中国出台了《国家应对气候变化规划(2014—2020年)》,以深化和落实温室气体减排政策。在这些应对气候变化的政策措施中,农业、森林和其他自然生态系统、水资源、海岸带及沿海地区被确定为重点治理领域,农业被视为重中之重,专门提出了发展高效低碳排放的水稻品种等以控制稻田的碳排放(主要为 CH_4 和 N_2O)。

再次,推进化肥、农药减量化和农产品增产与绿色安全等若干有利于农业发展的低碳政策和制度。如2008年中央"一号文件"从政策上给绿肥补贴予以保障,提出建立和完善生态补偿机制,在有条件的地区采取政府补贴、统一供种(甚至是统一播种和统一翻压)的方式,使利用绿肥作物养地成为经常性措施。

2015年农业部制定了《到2020年化肥使用量零增长行动方案》《到2020年农药使用量零增长行动方案》《化肥利用率测算工作方案》和《农药利用率测算工作方案》[1],农业部等八部委出台了《全国农业可持续发展规划(2015—2030年)》(农计发〔2015〕145号)。[2] 这些方案和规划从以下两个方面出发,提出了一系列促进低碳农业发展的相关政策和措施:

首先,减少和节约投入,降低农业投入的"碳源"。具体内容包括:

①鼓励减少不合理的化肥投入,如推广和普及测土配方施肥,改进施肥技术、方式与方法,鼓励使用有机肥、生物肥料,鼓励绿肥种植,从而改善农业肥料结构和相关生产与施用技术,提高肥效,降低化肥投入,力争到2020年全国化肥使用效率提高40%,测土配方施肥覆盖率超过90%。

②在农药使用和防治病虫害方面,鼓励使用先进的施药机械,施用低毒、低残留、高效的农药,并强化施药的一体化的统防、统治模式,提高施药效能,促使农药投入总量零增长。同时,大力发展生物防虫、光线捕杀防虫等绿色防控技术,减少农药使用。

③控制农膜和农业包装材料使用,加强推广增厚地膜和可降解的

---

[1] 农业部.《到2020年化肥使用量零增长行动方案》和《到2020年农药使用量零增长行动方案》(农发〔2015〕2号)(EB/OL)(2015-03-18). http://www.moa.gov.cn/govpublic/zzygls/201503/t20150318_4444765.html.

[2] 农业部、国家发改委、科技部、财政部、国土资源部、环境保护部、水利部、国家林业局.《全国农业可持续发展规划(2015—2030年)》(2015-05-20). http://www.gov.cn/xinwen/2015-05/28/content_2869902.htm.

农膜,加强废弃地膜和包装材料的机械化回收和再利用,力争到2030年农膜和农业包装材料基本达到100%回收利用。

其次,提出粮食安全和农业增收目标,强化增粮固碳与增收固碳的低碳农业发展激励;提出全面禁止秸秆露天燃烧,鼓励秸秆全量利用,力求2030年粮食主产区秸秆全面利用,强化低碳农业产出环节的低碳策略;提出建设全国农业环境监测体系、农产品产地环境检测和动态风险评估跟踪体系、污染农地用途管制、高产良田建设、污水灌溉控制和农田水质控制等有关农产品质量安全及生态安全发展的目标和鼓励政策,为低碳农业的可持续发展奠定坚实的基础。

2016年,为贯彻党中央、国务院关于加强生态文明建设、推动绿色发展的决策部署,国家再次颁布了一系列规划和措施,不断推进低碳农业发展的制度建设。这些规划和措施主要有《农业环境突出问题治理总体规划(2014—2018年)》《全国生态保护与建设规划(2013—2020年)》《农业资源与生态环境保护工程规划(2016—2020年)》《国务院办公厅关于建立统一的绿色产品标准、认证、标识体系的意见》《国务院办公厅关于健全生态保护补偿机制的意见》[1]《全国农业现代化规划(2016—2020年)》[2]等。

2017年9月30日,中共中央办公厅、国务院办公厅共同印发《关于创新体制机制推进农业绿色发展的意见》,明确提出了有利于技术—制度—低碳农业互动发展的基本机制:用制度激发绿色低碳农业研发创新,按照绿色低碳原则设置补贴制度,按照绿色低碳技术发展规律变革和调整绿色低碳农业制度,从而减少绿色低碳农业的风险和不确定性;对非绿色农业提出约束,对绿色低碳农业做出激励和规制;健全创新驱动与约束激励机制,包括构建支撑农业绿色发展的科技创新体系,完善农业生态补贴制度,建立绿色农业标准体系,完善绿色农业法律法规体系,构建农业环境资源生态监测预警体系,健全农业人才培养机制。[3]

党的十九大提出了以新时代、新理念、新定位与新方略为主导,全面建设生态文明的重要思想,指出:"人与自然是生命共同体,人类对

---

[1] http://www.moa.gov.cn/zwllm/zcfg/flfg/201605/t20160531_5156338.html.
[2] http://www.moa.gov.cn/zwllm/zcfg/flfg/201610/t20161021_5313749.html.
[3] 高云才.创新体制机制 推进农业绿色发展 中国农业发展方式的战略选择[N].人民日报,2017-10-01.

大自然的伤害最终会伤及人类自身,这是无法抗拒的规律。"①我们要"像对待生命一样对待生态环境",并从紧迫性视角出发,提出解决突出的环境问题,如继续加强大气污染防治、水污染控制、流域和近海污染治理,加强土壤污染、农业面源污染的管控、防治与修复等;从产业视角出发,提出构建绿色低碳循环发展的经济体系和市场导向的绿色技术创新体系,发展绿色金融,壮大节能环保、清洁生产及清洁能源产业等;从生态保护视角出发,提出严格保护耕地,扩大轮作休耕试点,重塑地—草—林—河—湖—海休养生息制度;等等。这为新时代低碳农业的发展提供了重要的政策支持。

2018年中央一号文件《中共中央 国务院关于实施乡村振兴战略的意见》明确指出,要"推进乡村绿色发展,打造人与自然和谐共生发展新格局"。"要健全耕地、草原、森林、河流、湖泊休养生息制度,分类有序退出超载的边际产能。扩大耕地轮作休耕制度试点,健全水生生态保护修复制度,强化湿地保护和恢复,继续开展退耕还湿,扩大退耕还林还草、退牧还草,加强农业面源污染防治,开展农业绿色发展行动,实现投入品减量化、生产清洁化、废弃物资源化、产业模式生态化。推进有机肥替代化肥、畜禽粪污处理、农作物秸秆综合利用、废弃农膜回收、病虫害绿色防控。"推进重金属污染耕地防控和修复,开展土壤污染治理与修复技术应用试点,实施流域环境和近岸海域综合治理;要"完善生态保护成效与资金分配挂钩的激励约束机制,健全地区间、流域上下游之间横向生态保护补偿机制,探索建立生态产品购买、森林碳汇等市场化补偿制度,积极开发观光农业、游憩休闲、健康养生、生态教育等服务,打造绿色乡村生态旅游产业链"②。

2018年2月5日中共中央颁发《农村人居环境整治三年行动方案》,提出"围绕统筹推进'五位一体'总体布局和协调推进'四个全面'战略布局,坚持农业农村优先发展,坚持绿水青山就是金山银山,统筹生产生活生态,以建设美丽宜居村庄为导向,加快补齐农村人居环境突出短板,为如期实现全面建成小康社会目标打下坚实基础"。9月中共中央、国务院编制了《乡村振兴战略规划(2018—2022年)》,提出要全面发展绿色农业,为当前低碳农业发展提供了关键性、指导性的路

---

① 习近平.决胜全面建成小康社会 夺取新时代中国特色社会主义伟大胜利——在中国共产党第十九次全国代表大会上的报告[R].北京:人民出版社,2017:2-28.

② 中共中央国务院:《关于实施乡村振兴战略的意见》[N].北京日报,2018-02-05.

线图。

总之,低碳农业是新时代农业转变生产方式、推动农业可持续发展的战略制高点。如果能抓住时机,探索总结出可操作的低碳农业发展的技术规程、创新模式、管理模式和制度体系,并在实践中扎实推行,对我国实现农业供给侧改革目标和新时代我国农业可持续发展及高级化的目标具有重要意义。因此,构建低碳农业发展制度,推动低碳农业技术研发创新,是当前我国及其他国家低碳农业发展的重要内容。

第三章 低碳农业发展中制度与技术的互动机制

3.1 制度与技术互动支持低碳农业发展的机制

技术与制度的有效协同是经济发展的基石。经济增长是建立在先进技术及所需要的制度和思想意识相应调整的基础上的。[1] 低碳农业经济发展也必须依靠相应的制度与技术互动支持。

在一定的社会经济条件下,技术与制度对低碳农业发展的作用主要表现为技术与制度的耦合趋向力作用及其交互涨落和螺旋式上升的基本机制。一般而言,低碳农业的技术支持系统和政策制度系统很难完全同步发展,而呈现出阶段性的差异化和长期的一致性趋势。这一现象具有内在的动力机制支持。在低碳农业发展提到议事日程后,由于巨大的外部性和幼稚期的发展弱势与风险,低碳化发展需要特殊的专项政策(包括金融政策、技术政策、低碳农产品投入政策、产品加工政策、市场及价格政策、流通政策、碳排放权政策及相关的污染控制和治理政策等)的支持,并进一步构筑低碳农业发展的制度构架和内容。低碳农业制度会降低低碳农业的发展成本,促进技术创新和推广,并动员其他相关因素,形成制度支持低碳农业技术创新发展的基

---

[1] 库兹涅兹.现代经济增长:发现和反应//商务印书馆编辑部编.现代国外经济学论文选(第二辑)[M].北京:商务印书馆,1981.转引自杨友财,引入制度的经济增长模型与实证研究,山东大学博士论文,2009.

本模式。随着时间的推进与环境的变化,在技术创新支持低碳农业发展的基本范式中制度会逐步"疲劳""老化"和失灵,其对低碳农业发展的推动弱化,甚至可能成为阻滞低碳农业发展的负向力量,即制度与技术对低碳农业发展的作用出现异向分离。在这种情况下,低碳农业发展会提出对其支持制度的更新需求,促使低碳农业制度创新。一旦新制度形成,它对低碳农业发展的推动力将被再次激活。低碳农业技术和低碳农业制度的耦合性和一致性加强,进而显著推动低碳农业发展。此作用机制,随着时间的推进和环境的变迁呈现螺旋式上升,决定了低碳农业的发展方向、发展速度和发展前景(见图3—1)。

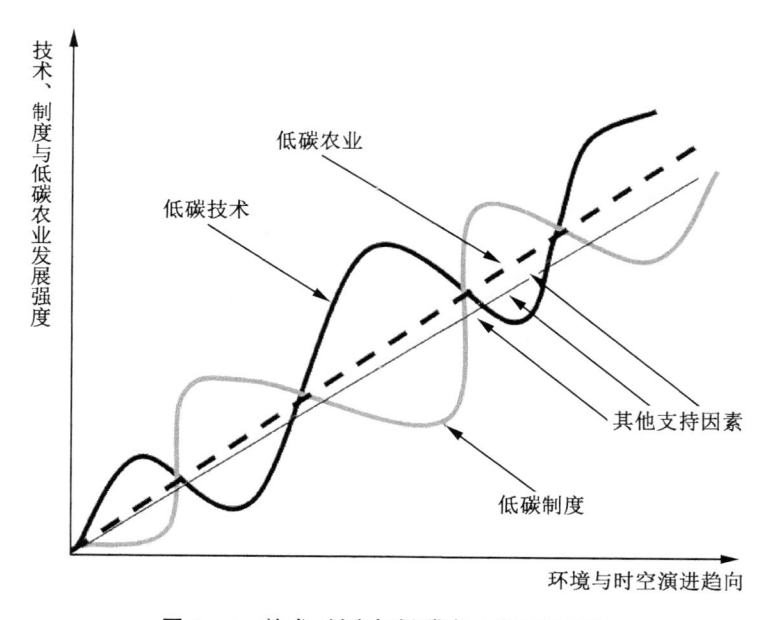

图3—1 技术、制度与低碳农业发展示意图

低碳农业制度—技术范式下的低碳农业发展取决于多种核心要素,如相关产业、供给条件、需求条件、企业、政府和机遇等。这些要素中,低碳农业企业/农户的竞争战略与竞争力取决于低碳农业技术创新水平和既有技术水平,同时又决定低碳农业要素结构,影响低碳农产品的需求和低碳农业相关产业的发展,也向政府提出了低碳农业制度和政策的创新要求。政府的重要任务之一是制定政策和制度。低碳农业政策与制度也影响低碳农业企业的发展战略和竞争力,从而影响低碳农业产业的发展。这六类核心要素之间存在着相互作用的关

系,进而推动了低碳农业发展:

(1)相关支持产业

低碳农业发展需要相关产业的支持,如有机肥产业、高效低毒农药制造业、绿色金融与保险服务业、环境服务业、生物燃料业、种子产业、饲料产业、化肥产业、乡村旅游业、农产品加工与运输产业、低碳农业、科技创新—推广和服务业、低碳农产品营销业等。这些细分行业都是低碳农业发展的必要支持产业。没有这些产业的支持,低碳农业就无法组织生产,也无法完成低碳农业的基本运行。

(2)基本要素条件

低碳农业发展需要基本的生产要素支撑,如土地、劳动力、资本、技术及清洁的水源、大气、土壤等。这是低碳农业发展必需的基础生产要素。目前,中国农业长期存在化肥、农药过度施用、土壤受到不同程度的污染等问题。工业废水、废气和废渣的排放,也加重了对灌溉水源及土壤的污染。农业技术水平较低且创新弱,尤其是低碳农业技术严重落后、创新缓慢,阻碍了低碳农业的发展。另外,中国土地、水等自然资源稀缺,人均数量少,也极大地阻碍着低碳农业发展战略的实施。随着人口红利的减弱,劳动力成本上升,也日益成为阻碍低碳农业发展的显性因素。

(3)需求条件

低碳农产品需求是拉动低碳农业发展的基本动力。随着社会经济的发展,我国社会的主要矛盾已从人民不断增长的物质文化产品需求与落后的生产力之间的矛盾转变为对美好生活的需求与发展的不平衡、不充分之间的矛盾。显然,美好生活需要安全、生态、绿色和有机的产品来支持。低碳农业的基本功能就是提供低碳、无公害、绿色、有机的农副产品和生态旅游服务,这也是中国社会经济进入新时代后广大人民群众重要的、不可或缺的需求选择项。

一般而言,有机农业禁用化肥农药,是基于安全、无污染的土壤环境,依靠自然的生态、生物能力生产农副产品,并对产品的生产和包装、加工过程等进行严格管理。这是一个生态化、低碳投入的农业产出过程,生产出的低碳产品日趋为广大消费者喜爱。

从当前中外消费者对有机食品的青睐可以看出消费者对低碳农业的诉求。表3—1和表3—2显示,加拿大、美国有机食品的价格比普通同种农产品价格高出60%以上甚至数倍,中国的有机产品比普通农产品的价格更是高出几倍甚至十几倍,表明中国消费低碳有机产品的支付意愿更高。这在反映目前我国过量使用化肥农药和土壤污染所造成的产品安全问题更为严重的同时,也将促使农户/企业与政府更加重视低碳农业系列技术的使用,支持化肥和农药低投入、零投入,支持安全、优质的低碳农副产品生产。

表 3—1　　　　　同品种有机食品与普通食品价格比较

超市	品名	有机食品	普通食品	溢价水平	时间
Walmart	玉米	$2.19/lb	$1.09/lb	100.92%	2013—12—31
Food Island	长青椒	$2.89/lb	$1.79/lb	61.45%	2014—01—13
Food Island	大番茄	$1.29/lb	$0.69/lb	86.96%	2014—01—29
Food Island	红富士苹果	$3.75/lb	$0.99/lb	8.89%	2014—03—12
Food Island	青黄瓜	$3.89/lb	$1.29/lb	201.55%	2014—03—12
Metro	香蕉	$1.25/lb	$0.48/lb	160.42%	2014—06—08
Metro	土豆	$1.89/lb	$0.39/lb	384.62%	2014—06—08
Pricerite	香蕉	$0.99/lb	$0.59/lb	67.80%	2015—06—28

资料来源:Yihang(Cathy)Fan 的实地调查。最后一行地点为美国康涅狄格州,其余地点均为加拿大伦敦市。

表 3—2　　　　　　部分有机农产品价格溢出

店铺名称	品　名	有机产品价格(元)	对应数量(g)	普通品价格(500g)	价格溢出效应(%)
神栗	有机板栗仁	5.5	66	19	119.30
曾曾果园	有机库尔勒香梨	25	900	5.8	139.46
食全食美	有机番茄	19	400	3.5	578.57
神栗	有机开口栗	5.2	66	23	71.28
锦菜园	有机青菜	15	300	2.5	900.00
锦菜园	有机鸡毛菜	15	300	4	525.00
九洲丰园	有机儿童馒头	12.8	260	7	251.65
食全食美	有机水果黄瓜	20	270	4	825.93
食全食美	有机刺黄瓜	18	400	3	650.00
锦菜园	有机杭白菜	15	250	4	650.00

续表

店铺名称	品　名	有机产品价格(元)	对应数量(g)	普通品价格(500g)	价格溢出效应(%)
锦菜园	有机胡萝卜	17	600	2.5	466.67
锦菜园	有机菠菜	19	200	2.8	1 596.43
锦菜园	有机观音菜	18	250	5	620.00
锦菜园	有机油菜花	15	300	3	733.33
锦菜园	有机土豆	22	450	1.8	1 258.02
锦菜园	有机韭菜	21	250	2.8	1 400.00
锦菜园	有机油菜花	15	300	5	400.00
锦菜园	有机罗莎红	24	250	6	700.00
锦菜园	有机青米苋	15	250	2.5	1 100.00
锦菜园	有机香麦菜	15	250	3.5	757.14
锦菜园	有机白萝卜	17	600	1.5	844.44
锦菜园	有机西葫芦	22	350	2.8	1 022.45
锦菜园	有机贝贝南瓜	30	350	3.2	1 239.29
锦菜园	有机小香芹	18	400	2.2	922.73
一号农场	有机春笋	20	500	6	233.33
一号农场	有机尖椒	20	220	7.8	482.75
熔泉农场	有机红豆	36	960	6.8	175.74
徽名山	冰鲜黑毛猪大排	69	350	23	328.57
徽名山	冰鲜黑毛猪大排	69	350	24	310.71
食全食美	有机洋葱	15	400	2.9	546.55
龙升源	有机面粉	31	1500	2.6	297.44
徽名山	冰鲜黑毛猪后腿	49	350	19	268.42
熔泉农场	有机小米	45	1 000	6	275.00
熔泉农场	有机黑豆	36	820	5.8	278.47
徽名山	冰鲜黑毛猪后腿肉	75	350	25	328.57
归原	有机酸奶	17	250	5	580.00

续表

店铺名称	品　名	有机产品价格(元)	对应数量(g)	普通品价格(500g)	价格溢出效应(%)
龙升源	有机全麦面粉	28	1 500	3.2	191.67
熔泉农场	有机绿豆	36	960	6.9	171.74
熔泉农场	有机糯米	38	1 000	5.9	222.03
熔泉农场	有机黑米	36	1 000	5.6	221.43
食全食美	有机紫茄	17	300	4.5	529.63

资料来源：http://www.yimishiji.com/tag-197-1.html。价格溢出效应＝[(有机农产品价格/普通品价格)/普通品价格－1]×100。

低碳农业注重投入过程的物质能量减量化及有机肥对化肥的替代作用，强调在农产品生产、加工和销售环节中减少甚至杜绝有害物质使用，有利于节省资源和能源消耗，有效降低生产成本，提高农产品品质，确保食物安全，不仅更好地满足消费者需要，而且使农产品在市场上卖得相对高的价格，进而增加农户/企业销售收入。总之，减少农业生产环节中 CO_2 和其他温室气体排放是低碳农业追求的重要目标，为节能减排、减缓气候变化做出贡献，进而产生良好的环境外部性收益。

(4)农户/企业战略和竞争力

农户或农业企业是最核心的低碳农业的组织者，它们的战略思路、结构和竞争力是推动低碳农业发展最直接的动力。目前，阻碍低碳农业企业/农户竞争力的主要因素是大多数农业企业/农户规模较小，低碳发展的动力和意识不强。究其原因，主要在于长期以来的土地政策和制度给低碳农业带来的巨大外部性，不但难以刺激低碳农业技术的研发创新和推广，反而形成了低碳农业制度与低碳农业技术之间的冲突，无力提高低碳农业企业/农户的竞争力。缺失了有竞争力低碳企业的支持，低碳农业便无法广泛吸收相关的生产要素，无法形成有效的产出，也就无法发展壮大。因此，应当重构土地制度和排污权制度、生态补偿和碳税制度，破除低碳农业发展的非激励性制度，形成低碳农业制度和低碳农业技术互动创新的自加强耦合机制，支持低碳农业企业/农户做大、做强，支持低碳农业可持续发展。

(5)机遇

当前低碳农业发展面临巨大的机遇期。全球暖化的负面影响越来越显著,带来的损失越来越大,已深刻威胁人类的现实安全与未来命运,而农业生产方式引致的碳排放超过全部人为碳排放的13%,充当碳源的角色。如前所述,农业具有减少碳排放并成为碳汇的巨大潜力,因此发展低碳农业是大势所趋。随着中国经济发展,人们对绿色产品、有机产品、生态产品的需求不断提高,而低碳农业的基本特征是低污染、低排放且产出具有生态性和安全性的农产品。也就是说,低碳农业活动可以保持对土壤、水、大气的环境安全以及农药、化肥、农膜、化石能源等投入要素的有效控制,农副产品至少成为无公害(或绿色)产品甚至是有机产品。

政府对低碳农业发展空前重视,制定了一系列低碳农业发展政策和明确的目标和战略对策。若干农业企业/农户的低碳发展意识正在不断加强,非政府组织和支援力量也逐步对低碳农业发展形成了密集监督。所有这些都给低碳农业发展带来了巨大的机遇,是推动低碳农业发展必不可少的外在条件。

(6)政府

市场通常是组织经济活动的最好方式。低碳农业发展首先需要接受市场机制的约束,借助市场进行产业要素的投入、产业活动的组织、产品服务的分配,并给予农户/农业企业激励。然而,低碳农业的重要特征是具有巨大的外部性,市场对低碳农业发展不能完全有效,具有市场失灵的一面。在这种情况下,政府作用十分重要。格里高利·曼昆将"政府有可能改善市场结果"作为其《经济学原理》的十大原理之一。政府通过税收和补贴,通过行政命令,通过构建污染权交易制度和市场行为等,以"可见的手"消除低碳农业发展的外部性,创造适用于市场机制的条件,促进低碳农业发展。

从经济制度来看,一方面,政府可以利用既有的市场体系,通过补贴和税收影响低碳农业的发展;另一方面,在碳减排成本和低碳技术存在明显差异的情况下,在充分考虑 CO_2 等污染物的非正常产品特征、污染进入常规市场特征的基础上,政府可以通过建立排污权交易制度,促使低减排成本的企业/农户多减排,高减排成本的农业企业/农户少减排,进而完成总体的减排目标。这种制度的实质是一种构建排污权交易市场的措施,把碳排放和碳减排交由市场来组织,比行政命令更有效率。近年来,我国在上海、武汉、深圳、天津、北京、重庆等城市相继建立了排污权交易市场,日益成为支持低碳农业技术创新、推动低碳农业制度建设的重要组成部分。

近年来,我国不断出台低碳农业发展的支持政策,低碳农业制度逐步确立。2015年5月28日,农业部等七部委联合出台《全国农业可持续发展规划(2015—2030年)》,明确指出提高化肥使用效率、测土配方施肥、回收利用农膜、禁止秸秆露天燃烧等措施,促进粮食安全和农业增收,不仅对低碳农业的投入环节提出了控制目标,也强化了对增粮固碳的激励。2017年9月30日,中办和国办共同印发《关于创新体制机制、推进农业绿色发展的意见》,提出用制度激发绿色低碳农业研发创新,按照绿色低碳原则设置补贴制度,按照绿色低碳技术发展规律变革和调整绿色低碳农业制度,以减少绿色低碳农业的风险和不确定性。文件还提出若干保障政策与制度,主要有:构建支撑农业绿色发展的科技创新体系;完善农业生态补贴制度;建立绿色农业标准体系;完善绿色农业法律法规体系;建立农业资源环境生态监测预警体系;健全农业人才培养机制等。[①] 2018年中央一号文件《中共中央 国务院关于实施乡村振兴战略的意见》再次指出,要"推进乡村绿色发展,打造人与自然和谐共生发展新格局",并提出实施重要生态系统保护和修复工程,健全耕地、草原、森林、河流、湖泊休养生息制度,分类有序地退出超载的边际产能,扩大耕地轮作休耕制度试点,实行水资源消耗总量和强度双控行动等。所有这些都成为低碳农业发展制度与技术互动的支持机制。

3.2 技术与制度支持低碳农业发展的模式

低碳农业相较于传统农业而言,是以减少碳排放为主并辅以其他优良效应的实践活动。由于技术和制度的着力点不同,推进的机制和动力具有鲜明的个性化特征。低碳农业的发展可以展现为多个层面。以不同的技术—制度范式支持低碳农业发展,其基本实践方式主要体现为节能、减排和生态环保,基本的工具手段主要表现为技术研发创新、管理创新和制度创新(见图3—2)。

---

① 中共中央国务院.中共中央 国务院关于实施乡村振兴战略的意见[EB/OL](2018-01-02). http://www.gov.cn/xinwen/2018-02/05/content_5263965.htm#1.

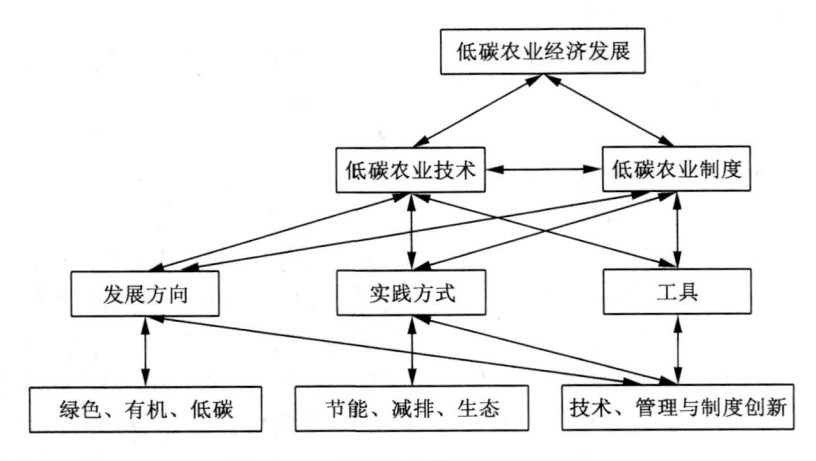

图 3—2　低碳农业发展的层次结构

低碳农业的推进模式呈现多样化,包括精准化肥农药控制模式、低碳技术集成模式、清洁能源开发模式、有机农业模式、生态农业模式、专业化低碳农业模式等。不同的模式具有不同的组织方式和组织架构,它们的着眼点不同,低碳程度和效应不同,基本机制和动力系统也存在明显的差异。

3.2.1　精准水肥农药投入模式

这是一种主要通过对投入结构、投入时间、投入强度进行科学管理,以避免过度投入,来减少投入引致的碳排放并达到高产的低碳农业模式。其具体表现为:改大水漫灌为滴微灌溉、适时灌溉,同时减少化肥、农药投入。这不仅降低成本,增加产量,减少碳排放,同时降低土壤污染,促进食品安全,进而产生更多的环境与社会效益。如上海崇明现代农业园区的 5 公顷耕地实验表明,通过同时使用 14% 的过磷酸钙(750kg/ha)、46% 的尿素(825kg/ha)、12% 的颗粒硼肥、3.09kg/ha 的农药,可以增加产量,减少 CO_2 排放,同时减少土壤污染和水污染,使环境改善,促进食品安全,具有明显的环境效益和社会效益。总体的环境绩效指数从 0.367 6 提高到 0.379 5。再如以色列的滴灌技术比传统漫灌节水 30%—50%,水肥利用率提高 90%①。以色列在喷灌、滴灌、微灌、渗灌等精准灌溉技术中结合精准施肥,使农业生产中的肥料、生物固体及其他来源的氮素被作物充分吸收,从而降低了氮素残留物过滤、挥发、淋溶产生的氧化亚氮排放,间接减少了氮肥导致的温室气体排放。黄季焜等学者的研究也表明,在精确估计作物化肥需求量的基础上调整氮肥施用比率,利用不同控释或缓释肥料形态或硝化抑制剂,在作物吸收之前且氮肥流失量最小的时候对作物进行精确定位施肥,使氮肥利用率达到很高水平,可有效减少 N_2O 的排放。②

有鉴于此,精准水肥农药投入模式应作为我国低碳农业发展的重点方向。这一模式需要对肥效技术、药效技术、化肥配比结构、农药配施结构有准确的把握以及相关制度的支持,需要一揽子精准农业技术创新来支持。因此,低碳农业发展需要低碳精准技术和制度的互动支持。

3.2.2 低碳技术集成模式

该模式主要通过使用快速厌氧秸秆发酵技术、绿肥养地技术、翻倒有氧发酵有机肥生产技术、配方施肥和有机肥—化肥配施技术、低碳建筑技术等低碳技术集成,支持低碳农业发展。如东滩低碳园区本着低碳理念,兼以资金支持,将多种低碳技术集成运用在 3 000 亩耕地上。实验结果表明:2010 年农业产值比 2008 年增加 66.8%,净减排 CO_2 3 556.12 吨/年。③ 同时,使用秸秆为主要原料制取沼气,不仅从源头上杜绝了农作物秸秆造成的面源污染,摒弃了秸秆焚烧等不合理的处理方式,而且还变废为宝;应用厌氧发酵技术对农业废弃物进行资源化开发和多层次利用,既制取了优质气体能源,又开发了优质

---

① 马俊义,王瑛.以色列农业发展经验对中国农业节水技术启示[J].世界农业,2010, 374(6):31—34. Wan, N. F., Ji, X. Y., Jiang J. X., Qiao, H. X., Huang, K. H., 2013. A methodological approach to assess the combined reduction of chemical pesticides and chemical fertilizers for low-carbon agriculture[J]. *Ecological Indicators*, 24, 344—352.

② 黄季焜,刘莹.农村环境污染情况及影响因素分析——来自全国百村的实证分析[J].管理学报,2010,7(11):1725—1729. 温铁军,董筱丹,石嫣.中国农业发展方向的转变与导向[J].农村经济问题,2010(10):88—94.

③ 程存旺,石嫣,温铁军.氮肥的真实成本[EB/OL](2010-01-01). https://max. book118.com/html/2018/1221/5211000223001341.shtm.

有机肥料,还减排了温室气体,治理了污染,净化了环境。这无论是在生态环境的保护上还是在社会效益的发挥上,都起到了示范引导作用。①

该模式使用经过厌氧有氧处理的沼液、沼渣和秸秆、畜粪等有机肥,取得了以下效果:首先,通过有机肥替代化肥、有机—无机配施等技术,增加了土壤的有机质含量,减轻了土壤的硝酸盐污染和农药残留,改善了土壤的环境质量②;其次,由于土壤污染的减轻及有机质的增加,化肥和化学农药使用量相应减少,农作物抗病能力得到增强,作物品质亦得以提高。所有这些都为发展绿色食品创造了有利条件。通过沼气这个纽带,该模式把农业生产与生物加工链有机结合起来,使农业废弃物在微生物作用下形成协调、转化、再生、增殖的良性循环,提高了能源和资源的利用率,减少了水污染,美化了乡村环境,增加了循环能力,也促进了农村旅游发展,因而产生了很大的溢出效应。

低碳技术集成模式表明,低碳农业产业链的不同环节都具有低碳化潜能,但实现低碳化的成本较高,正向外部性很强,需要专门的政策促使其实施,如:秸秆开发利用补贴,有机肥生产与配施补贴,有机农产品生产基地补贴,粮食补贴,土壤污染治理补贴和过度施肥的税收、农业绿色保险政策,良种补贴,高效低毒化肥与农药补贴,绿肥补贴,CO_2 交易政策等。这些政策中被检验为合理且长时间执行的将演化为制度,这些补贴或税收制度又会激励农业企业/农户的相关技术创新,提高相关技术水平,促进二氧化碳减排,增加合意农副产品的生产,从而推动低碳农业发展。

3.2.3 清洁能源模式

该模式主要是指依靠开发农业活动空间的光热资源和风力资源,开发或利用秸秆、人畜粪便等沼气或电力资源替代化石能源,减少碳排放,美化环境,增加区域环境气候福利的活动。如巴西大力发展甘

---

① 张卫峰,张福锁.挖掘化肥产业的巨大减排潜力[N].科学时报(现代中国科学报),2010-03-02.

② 李红莉,张卫峰,张福锁,等.中国主要粮食作物化肥施用量与效率变化分析[J].植物营养与肥料学报,2010,16(5):1136—1143.

蔗—乙醇替代化石能源,用甘蔗渣等生产沼气、有机肥等,正是此一模式运用的表现。

我国在该模式的运用方面也取得了一定的成就,其中最具代表性的是"渔光互补"项目。

"渔光互补"发电项目是光伏发电与农业生产相结合的有益尝试。它是将光伏组件布置于水面上方、上层用于太阳能发电、下层用于水产养殖的新型光伏系统工程,通过光伏组件实现清洁能源发电,最终并入国家电网。"渔光互补"不额外占用耕地,还极大地提高了水资源利用效率、单位土地的经济价值和产出率,对土地综合利用与新能源产业结合发展起到了良好的示范作用。如浙江省桐乡市河山镇的"渔光互补"项目占地16万平方米,它通过投资1亿元在鱼塘上架设太阳能光伏板形成光伏发电,总装机容量为11.5兆瓦,年发电量可达1 000多万度,相当于标煤3 500吨。该项目可相应减少9 200吨二氧化碳排放,减少39吨二氧化硫排放,减少40吨二氧化氮排放,减少47.17吨烟尘排放。再如浙江省长兴光伏智慧农业综合示范项目,占地面积2 000亩,总投资超过6亿元,由50兆瓦的渔光发电、20兆瓦的现代农业光伏发电两部分组成,年最大发电量为7 609万千瓦时,可以每年节约2.13万吨标煤,减少237.65吨二氧化硫排放,减少6.4万吨二氧化碳排放,减少245.3吨氧化亚氮排放,减少287.1吨烟尘排放[①]。

总体而言,清洁能源模式的核心是将光伏、光热发电技术,秸秆及生物质利用技术,风能、地热利用技术等装备到农业生产活动中,产生复合收益和持续的激励效应。目前,清洁能源的开发成本大于传统的化石能源,其稳定、持续的发展需要强有力的清洁能源政策支持。而清洁能源政策也会激励农业清洁能源技术创新,形成技术与制度的互动发展,进而形成支持低碳农业发展的模式。

3.2.4 综合性生态模式

该模式主要通过秸秆、人畜粪便等直接还田或加工而析出能源或有机化肥后还田,形成良性的生态循环机制,发展立体种植、养殖,充

---

① 徐昱.浙江首个农业生态旅游光伏发电项目正式投运[J].农家科技,2016(5):6—6.

分利用土地、阳光、空气和水分拓展生物生长空间,增加农产品产量,提高产出效益。此模式呈现多种表现形式:

①农作物立体种植,如合理间种、套种等;

②农桑结合,如桑田套种秋冬蔬菜或夹种玉米等;

③农林结合,如将小麦、大豆、棉花等农作物套种在意杨林中;

④林牧结合,如意杨树中养殖羊、鸭、鹅或种牧草等;

⑤农渔结合,如稻田养殖、菱蟹养殖、藕鳖及藕鳝养殖等;

⑥农牧结合,如稻田养鸭等。

这不仅可以减少碳排放,增加农产品产量和质量,而且可以进一步开发生态旅游,增加农业的收益,扩大农业的社会效益。

2000年以来欧盟提出了以农地永续利用和食品安全为核心的可持续农业发展战略,就属于这一模式。欧盟为了落实这一模式,首先通过市集和小区推行"在地化"配销来降低加工、包装、贮藏、运输等环节的温室气体排放,然后根据农产品从"摇篮到坟墓"(种植或养殖—加工—包装—运输—冷藏—烹饪—废物处置)的全程"碳足迹",增加"低碳农产品",鼓励消费者的低碳化膳食消费和处置行为,从而形成良好的农业规范(GAP),以保障农产品生产及消费的低碳化与生态循环模式的发展。[①]

由上可知,综合性生态模式的核心是依靠低碳技术和管理,促使农业节约能源、改善氮肥管理、增加土壤碳汇,进而从生产者和消费者的双重视角带动食品产业链的全程低碳化。这种模式需要绿色循环农业技术、综合生态农业技术的必要支持。而这些技术的创新性和产业化外部性都很强,能够产业化的生态农业技术、循环农业技术的可模仿性强,同样需要专项政策和制度的持续支持。当然,此类技术及制度的有效性可以保护先进循环农业、循环技术和综合生态农业技术的创新和产业化。这种技术与制度的完美结合,就是低碳农业发展的持续推动力。

3.2.5 有机农业模式

该模式是指基于无污染的耕地、灌溉水源、养殖水域、饲养空间等形

---

① 米松华.我国低碳现代农业发展研究[D].浙江大学博士论文,2013.

成的适合有机农业生产的环境条件,依靠有机生产技术的支持,通过有机肥替代化肥、生物预防病虫害技术等,生产出有机产品的农业活动。

有机农业发展模式可以去除化肥、农药、农膜等诸多投入碳源,减少稻田的 CH_4 释放和 N_2O 排放,控制畜牧渔业的碳排放等。如遭遇严重干旱,有机农业比传统农业更有优势,因为健康的土壤能保持土壤墒情,使产量更有保证。在收入方面,有机产品比传统产品价格平均高 30% 以上,可使农民收入提高 20%—30%(数据来自上海市农委农业监测数据库)。在社会影响方面,有机农业可以创造更多的就业机会,更少损害雇工的健康。可见,有机绿色农业将是推动低碳农业发展的重要内容。

2014 年全球有机农业种植面积达到 4 370 万公顷,比 1999 年的 1 100 万公顷提高了近 3 倍(见图 3—3)。其中,大洋洲有 1 730 万公顷,占全球有机农业种植面积的 40%;欧洲有 1 160 万公顷,占 27%;拉美有 680 万公顷,占 15%;亚洲有 360 万公顷,占 8%;北美有 310 万公顷,占 7%;非洲有 130 万公顷,占 3%。[①]

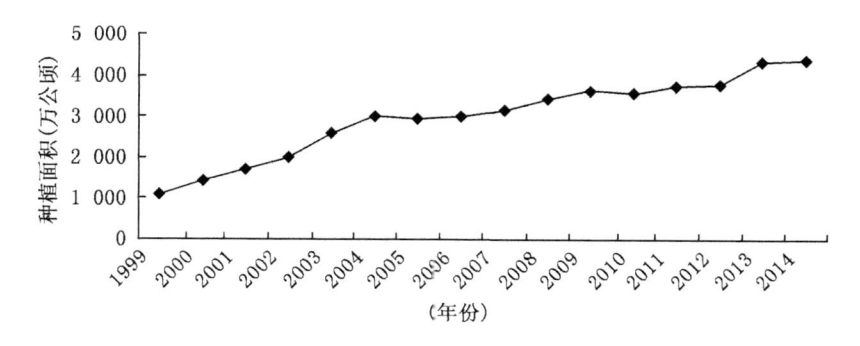

图 3—3　世界有机农业演变趋势

表 3—3　　　　2010—2020 年中国有机农产品市场规模及增长预测

单位:亿元,%

年份	2010	2011	2012	2013	2014	2015	2016	2017	2018	2019	2020
数量	125.5	163.9	196.7	238.2	274.1	311.3	348.4	385.6	422.7	459.9	497
增长率	—	30.6	20	21.1	15.1	13.6	11.9	10.7	9.6	8.8	8.1

数据来源:根据智研数据中心数据整理。

---

① FiBL Survey 2016.

就国家而言,澳大利亚、阿根廷和美国是目前世界上排名前三的有机农业大国,其有机农业种植面积分别达1 720万公顷、310万公顷和220万公顷。中国的有机农地面积为190万公顷,紧随其后,排在第四位。①

2014年全球有机食品(含饮料)销售额达800亿美元,其中,美国、德国和法国分别为270.62亿欧元、79.10亿欧元和48.30亿欧元,分别占销售总额的33.8%、9.9%和6%。中国有机食品的销售额为37.01亿欧元,占全球有机食品销售总额的4.6%。从全球人均有机食品消费来看,世界人均消费为8.3欧元,其中最多的依次是:瑞士(221欧元)、卢森堡(164欧元)、丹麦(162欧元)、瑞典(145欧元)、列支敦士登(130欧元)、奥地利(127欧元)。中国人均消费只有3欧元(约22元人民币)。在全球有机食品中,2014年占市场份额最高的是丹麦(7.6%),紧随其后的是瑞士(7.1%)、奥地利(6.5%),中国仅占0.29%(见表3—4)。②

就有机食品生产基地建设来看,2011年我国建成有机食品生产基地68个,2013年增加为138个,2014年增加为174个,主要分布在浙江、山东、辽宁、江苏、安徽等地。③ 就有机食品销售来看,2010年中国有机食品的销售规模为125.5亿元,2013年增长为238.2亿元,2015年增长为311.3亿元(见表3—3),年增长率均达两位数。就数量来看,2012年我国有机食品年产量总计为21.08万吨,2013年增至32.30万吨,涨幅达53.2%④。据预测,未来10年我国有机食品生产将保持年均10%以上的增长速度,占农产品生产面积及总量的份额将达到1%～3%,在我国出口农产品中的比重将达到甚至超过5%,在国际有机食品市场中的份额将达到或超过5%。届时,我国将成为世界第四大有机食品消费大国,有机食品的消费量将占食品消费总量的1%～1.5%⑤。

有机农业必须保持生态环境优良,化肥和农药禁用或严格控制,因此成本高,产量通常比普通产品低很多,而且价格效应远远小于数

---

① FiBL Survey 2016.
② FiBL Survey 2016.
③ 中华人民共和国环保部.2014中国环境统计年报[R].北京:中国环境出版社,2015:112—138.
④ FiBL Survey 2014.
⑤ FiBL Survey 2016.

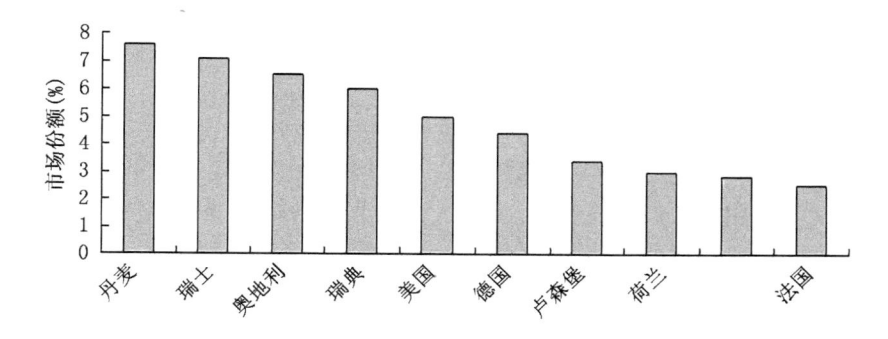

资料来源：2016 FiBL&AMI 调查。

图 3—4　2014 年有机食品市场份额前十位的国家

量效应，导致综合经济效应低下，无法激起农业企业/农户的生产积极性，需要专门的政策支持。有机农业需要严格的标准限制和监控以预防假冒伪劣，需要严格的政策和制度的规制。因此，有机农业发展中的经济效益刺激和质量监控制度不可或缺，应制定有效的成本支持政策和公平严格的有机农业管理制度，形成有机农业生产加工技术创新激励，推动低碳农业持续发展。

综上所述，只要处理好产量约束、消费群约束、市场保护能力和制度建设水平限制等不利因素，作为低碳农业的理想发展模式，有机农业必将成为推动低碳农业发展的重要力量。

3.2.6　专业化低碳农业模式

该模式适合于农业专业化空间分工清晰、深入的国家（或地区），其机理是基于精细的农业专业化分工，依靠低碳技术支持低碳农业发展。澳大利亚昆士兰州的低碳农业即为这一模式的代表。

长期以来，澳大利亚农业地区专业化分工明显，其低碳农业发展充分基于农业的地区专业化，有针对性地提出相应战略和实践方案，成效显著。如昆士兰州沿岸农业布局呈现为甘蔗带、小麦带、绵羊带、肉牛带等，政府针对这些不同的专业化农业带及其主导品种，采用不同的低碳策略。以绵羊和肉牛带等畜牧业带为例，主要通过保持碳汇能力，发展化石能源替代等措施减少总量碳排放，具体分为如下几个方面：

①对不同牲畜采取不同喂养方式,降低牲畜肠道发酵甲烷排放;

②改进饲料配方,提高牲畜饲养和饲料种植效率,减少碳排放并增加碳汇;

③控制繁殖率和载畜率,防止过度放牧,保持草场的碳汇功能;

④给粪便池增加固体覆盖物,减少甲烷排放;

⑤采用粪便燃烧或发电发热,通过厌氧发酵促使粪便等产生的甲烷作为替代化石能源的清洁能源开发利用,减少粪便排放。

对于小麦带、甘蔗带等专业化种植区,一方面通过配施氮肥提高肥效,减少氮肥引致的碳排放,另一方面采取氮肥控制措施,增施氮抑制剂或氧化亚氮抑制剂,减少碳排放。澳大利亚政府还通过制定《清洁能源未来计划》《碳信用额(碳汇农业方案)2011法案》着眼于未来的低碳发展战略。如计划未来6年增加投入17亿美元以提高农业科技人员中受到大学教育的人员占农业从业人员的比重,鼓励农业碳减排的研发创新及实践、试验和试点。支持农户和土地管理者获取《碳信用额(碳汇农业方案)2011法案》项目的支持,调动农户深入参与低碳农业的积极性。[①]

澳大利亚政府还重视信息化和环境管理,一方面,定期向农户发送所在区域种植或养殖动植物品类的气候变化数据及影响气候变化的信息,提高农民对气候变化的适应性;另一方面,加大对农民的培训,促使农户不断加大对低碳农业节能、减排、增汇等正外部性的理解,提高采纳低碳农业技术的积极性,提高低碳农业行为意识[②]。

由上可知,专业化低碳农业模式可以从更具体、更专业的角度出发,构建发展方略,有效促进低碳农业发展。就技术与低碳农业的范式而言,专业化生产需要专业的农业技术创新支持,也需要持续的政策和制度的支持,这也是二者互动升级过程中内在激励的可行选择方向。技术与制度的互动升级会提供低碳农业发展的持续动力。

---

① 贾敬敦,魏殉,金书秦.澳大利亚发展碳汇农业对中国的启示(EB/OL)(2013-06-07). http://www.360doc.com/content/13/0607/13/417653_291244093.shtml.

② 米松华.我国低碳现代农业发展研究[D].浙江大学博士论文,2013.

第四章 农业碳排放的国际比较与碳源碳汇结构分析

4.1 农业碳排放总量及其密度的比较分析

从各大洲农业 CO_2 排放总量来看,亚洲排放总量居各大洲之首,呈现持续快速增长态势。欧洲农业 CO_2 排放在 1961—1989 年呈现上升趋势,总体排放量仅次于亚洲,但 1990 年后出现了明显的下降趋势,总体排放量低于非洲和中南美洲及加勒比地区。中南美洲及加勒比地区农业 CO_2 排放总体呈现不断加速趋势。1961—1993 年中南美洲及加勒比地区农业 CO_2 排放总量位居各大洲第三位,1993 年之后跃居各大洲第二位。非洲农业 CO_2 排放总量 1961—1987 年呈现缓慢上升趋势,1987 年之后开始快速上升,成为仅次于亚洲和中南美洲及加勒比海农业 CO_2 排放的地区。北美洲农业 CO_2 排放总量总体比较平稳,呈现缓慢的上升趋势。1961—1989 年大洋洲农业 CO_2 排放总量大致稳定在一个平均水平上,变化较小,1999 年后围绕一个略高的平均水平上下波动(见图4—1)。

4.1.1 部分国家农业碳排放总量的比较

从 1990—2010 年各国农业 CO_2 排放总量的绝对值看,中国、印度是农业碳排放量位列前两名的国家,处于农业碳排放国家的第一梯队。按联合国粮农组织的口径,1962 年中国和印度农业 CO_2 排放量分别为 2.7 亿吨和 3.40 亿吨,2016 年分别上升到 7.3 亿吨和 6.3 亿

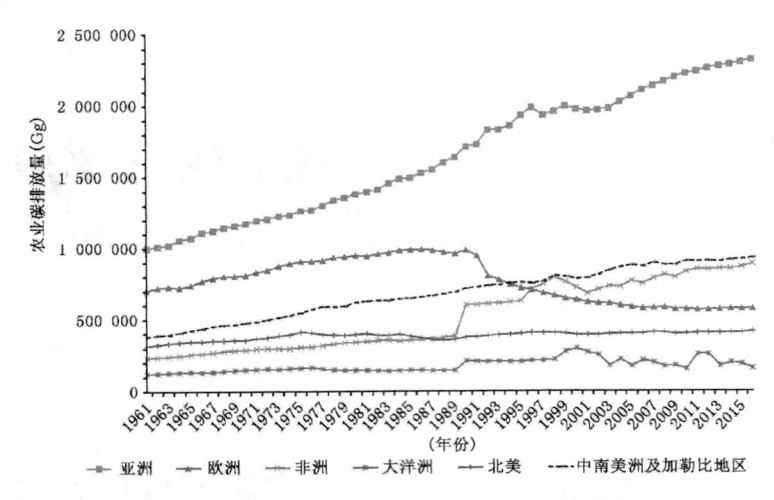

图 4—1 1961—2015 年各大洲农业 CO_2 排放变迁

吨。美国、巴西是第二梯队，印度尼西亚、巴基斯坦、澳大利亚和阿根廷是第三梯队，泰国、英国、越南等是第四梯队（分别见图 4—2、图 4—3、图 4—4、图 4—5、图 4—6）。

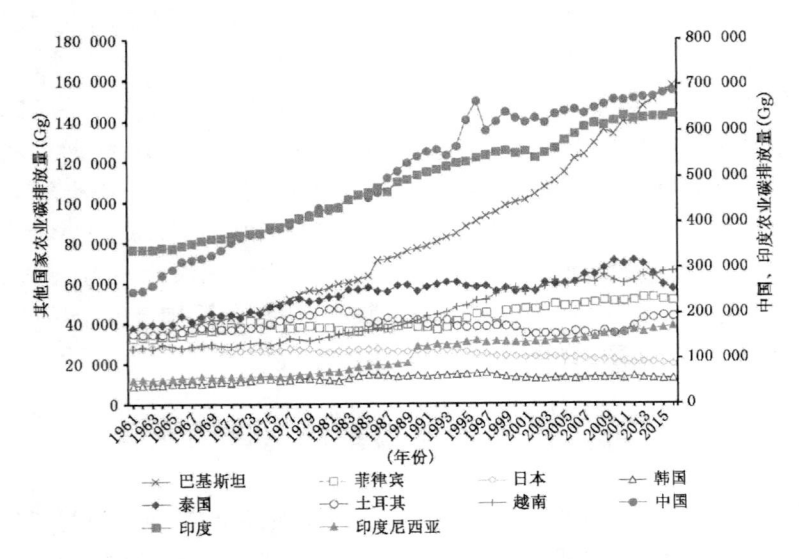

资料来源：http://faostat3.fao.org/browse/G1/*/E。

图 4—2 亚洲国家农业 CO_2 排放比较

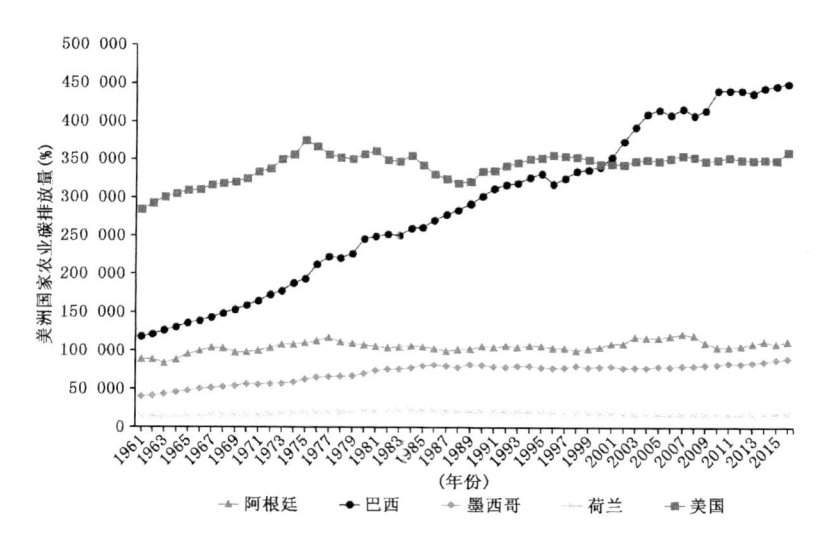

资料来源：http://faostat3.fao.org/browse/G1/*/E.

图 4—3　美洲国家农业 CO_2 排放比较

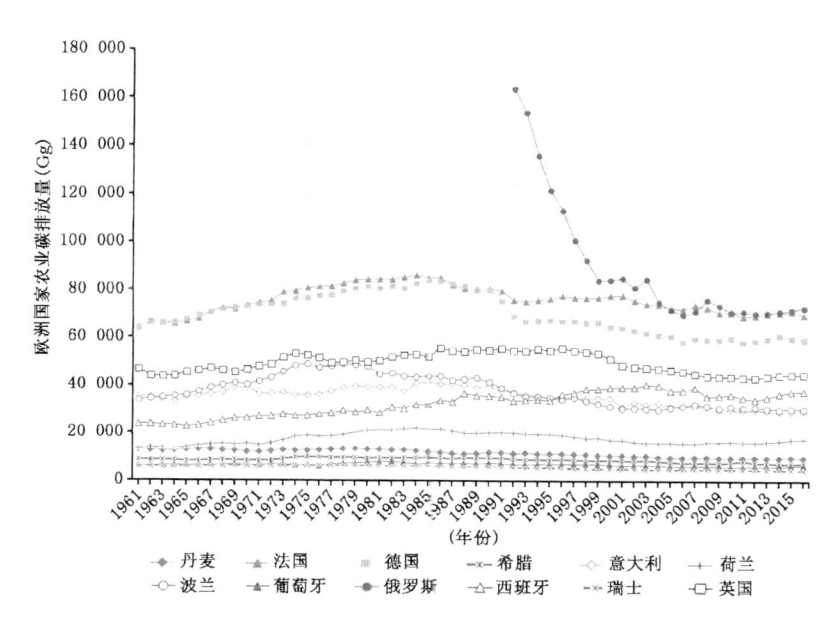

资料来源：http://faostat3.fao.org/browse/G1/*/E.

图 4—4　欧洲国家农业 CO_2 排放比较

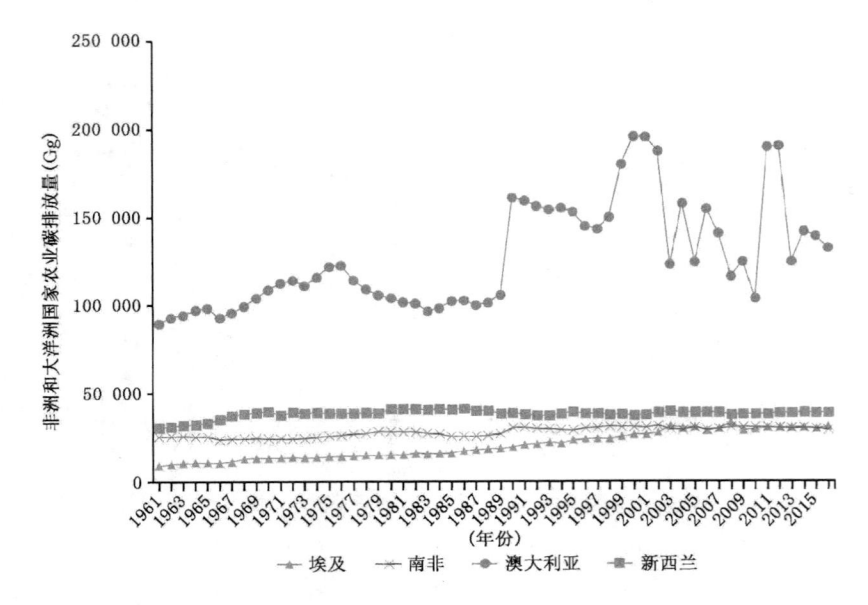

资料来源：http://faostat3.fao.org/browse/G1/*/E.

图 4—5 非洲和大洋洲国家农业 CO_2 排放比较

20 世纪 90 年代末期以来，中国、越南、印度尼西亚、巴基斯坦、泰国、巴西、阿根廷、埃及、俄罗斯、墨西哥、菲律宾、土耳其、希腊等国家农业 CO_2 排放量呈现不断增加的趋势，美国也呈现增加的态势，但增长比较缓慢，而英国、瑞士、西班牙、南非、俄罗斯、韩国、葡萄牙、波兰、新西兰、荷兰、日本、意大利、芬兰、丹麦、德国、法国等发达国家则缓慢下降（见图 4—2 至图 4—6）。

4.1.2 农业碳排放在各国碳排放总量中的份额比较

就农业 CO_2 排放占各国温室气体（CO_2 当量）排放总量的份额来看，1990—2010 年巴西、丹麦、法国、印度、墨西哥、菲律宾、葡萄牙、泰国和中国的农业 CO_2 排放量在本国全部 CO_2 排放量中的比例为 10%～40%，相对较高，而芬兰、德国、意大利、马来西亚、韩国、日本、美国、挪威、俄罗斯、英国等国的农业 CO_2 排放占本国 CO_2 总量排放的比重在 10% 以下，相对较低。从动态变化来看，中国、俄罗斯、墨西

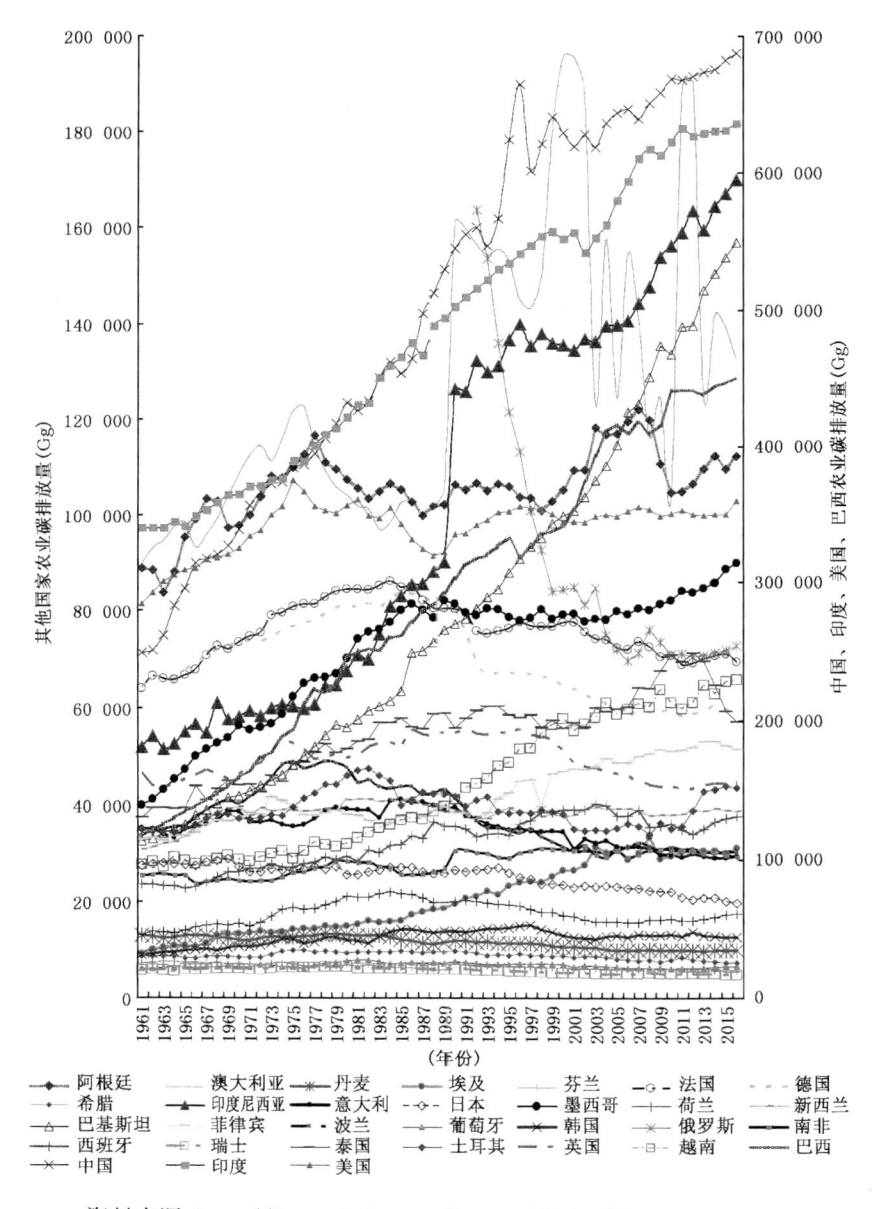

图 4-6 中国与部分国家农业 CO_2 排放比较

资料来源:http://faostat3.fao.org/browse/G1/*/E.

表 4—1　部分国家农业碳排放量在总碳排放中的份额

单位：%

年份	巴西	丹麦	芬兰	法国	德国	印度	印度尼西亚	意大利	日本	马来西亚	墨西哥	韩国	俄罗斯	挪威	菲律宾	葡萄牙	南非	泰国	英国	美国	中国
1990	17.4	16.6	8.9	14.5	6.5	37.4	6.7	7.7	2.1	6.9	17.3	4.7	—	7.1	41.0	12.4	8.9	31.5	7.4	5.4	14.7
1991	17.8	14.3	8.2	13.9	6.3	36.4	6.4	7.4	2.0	6.5	16.9	4.3	—	7.5	40.5	11.9	9.0	30.4	7.1	5.4	14.2
1992	18.0	15.0	8.5	13.6	6.1	35.7	6.7	7.4	2.0	6.5	16.6	4.1	6.6	7.5	38.1	10.8	8.7	29.4	7.2	5.4	13.8
1993	18.0	14.7	8.2	13.9	5.9	35.3	6.6	7.2	2.1	6.3	16.8	3.8	6.5	7.2	36.8	10.7	8.7	27.8	7.5	5.4	12.6
1994	18.2	13.7	7.7	14.1	6.1	34.4	6.5	7.2	2.0	6.2	16.0	3.5	6.5	7.0	35.3	10.8	8.3	26.1	7.6	5.4	12.4
1995	18.2	14.2	7.7	14.1	6.1	33.2	6.8	6.7	1.9	5.9	15.9	3.3	5.9	7.0	34.0	10.8	7.9	23.3	7.6	5.4	12.2
1996	17.4	12.1	7.1	13.7	5.9	32.5	7.3	6.9	1.8	5.5	15.5	3.1	5.6	6.9	33.2	10.4	7.9	21.4	7.5	5.3	12.3
1997	17.5	13.4	7.3	13.9	6.1	31.8	4.5	6.8	1.8	5.6	15.3	3.0	5.5	6.6	32.0	9.9	7.7	21.2	7.7	5.2	12.1
1998	17.7	14.0	7.5	13.7	6.2	31.8	6.5	6.7	1.7	5.1	14.6	3.2	5.0	6.5	29.3	9.3	7.6	21.8	7.6	5.1	11.9
1999	17.7	14.0	7.5	13.7	6.4	30.6	6.7	6.7	1.7	5.4	14.8	2.8	4.6	6.3	32.5	8.4	8.0	21.8	7.8	5.1	12.3
2000	17.8	14.9	7.5	13.4	6.3	29.9	6.9	6.3	1.7	5.1	14.7	2.6	4.5	6.5	32.7	8.4	7.9	21.1	7.5	4.9	12.1
2001	16.6	14.3	5.2	13.3	6.1	29.8	10.9	5.7	1.7	4.6	14.9	2.4	4.4	6.5	29.1	8.2	8.2	17.9	7.0	5.0	12.0
2002	17.4	13.8	5.1	13.2	6.1	28.5	8.5	6.0	1.6	4.6	14.3	2.4	4.2	6.6	29.7	8.1	8.1	17.0	7.2	4.9	11.3
2003	18.1	13.1	4.5	12.8	5.9	28.3	10.3	5.7	1.6	4.5	14.2	2.2	4.1	6.3	29.5	8.5	7.1	17.3	7.0	4.9	10.0
2004	18.5	13.7	4.7	12.9	5.9	27.3	9.2	5.8	1.6	4.6	14.0	2.3	3.9	6.3	29.7	8.1	6.6	16.0	7.0	4.9	9.1
2005	18.5	14.4	5.3	12.7	6.0	27.3	9.9	5.5	1.6	4.4	13.6	2.3	3.8	6.4	29.0	7.3	6.8	15.9	7.0	4.9	8.5
2006	23.2	12.9	5.0	12.8	5.8	26.5	7.5	5.5	1.6	5.4	13.2	2.2	3.6	6.4	30.5	7.8	6.5	17.5	6.9	5.0	8.0
2007	22.9	14.0	5.2	13.1	6.0	25.8	10.4	5.7	1.6	5.7	13.0	2.3	3.6	6.3	29.9	7.9	6.5	18.5	6.9	4.9	7.6
2008	22.6	14.5	5.8	12.9	5.9	25.1	10.6	6.1	1.6	6.0	13.1	2.1	3.5	6.4	29.4	8.4	6.8	18.2	6.9	5.1	7.0
2009	23.3	14.7	5.6	12.9	6.1	23.6	9.0	6.0	1.7	6.0	13.1	2.1	3.8	6.6	29.6	7.8	7.1	19.2	7.4	5.3	6.7
2010	23.1	14.7	5.3	12.7	6.2	23.0	10.9	6.0	1.6	5.1	12.6	2.0	3.7	6.5	28.5	7.8	7.4	18.8	7.1	5.2	6.5

资料来源：http：//faostat3.fao.org/browse/G1/*/E.

哥和英国等国家农业 CO_2 排放占本国碳排放总量的份额在不断下降,美国、英国、日本、意大利、德国等农业 CO_2 排放占碳排放总量的比重比较稳定,印度尼西亚等国家的农业 CO_2 排放占碳排放总量的比重呈现较快上升的趋势(见表4-1)。

4.1.3 各国粮食生产引致的碳排放量比较

4.1.3.1 各国粮食(不包括水稻)CO_2 排放量及比较

从1961年到2014年,世界各国(地区)的旱作粮食(不包括水稻)生产的碳排放总体呈现波浪上升趋势,即1961年到20世纪90年代末期之前总体上升,20世纪90年代末期有一个较大的下降,进入21世纪又很快上升。在本书列示的国家或地区中,旱作粮食作物 CO_2 排放量及其变化呈现五种类型(分别见图4-7、图4-8、图4-9、图4-10、图4-11以及附录一)。

第一类以美国为代表。美国的旱作粮食种植量很大,机械化程度高,化肥、农药、能源等的投入也很高,因此其农业 CO_2 排放量最大,增长率很高。

第二类包括泰国、印度、墨西哥、印度尼西亚、越南等国家。这些国家人口数量多,粮食需求大,粮食的复种指数高,需要以大量的化肥、农药等投入提高粮食产量,低碳农业技术及推广水平较低,低碳农业技术研发能力有限,农业 CO_2 排放量很高,增长率也很高。

第三类包括丹麦、法国、意大利、希腊等发达国家。这些国家的粮食作物种植量较大,虽然低碳技术与管理水平较高,但是农业 CO_2 排放量相对较大,增长率也很高。

第四类以中国为代表。中国的旱作虽然是其粮食生产的重要部分,但机械化和重碳投入增长不是很高,而且耕地的数量在基本约束红线上没有明显增加,甚至部分地区还有所减少,因此农业 CO_2 排放量增长比较缓慢。

最后一类包括巴西、加拿大、孟加拉国等国家。由于其旱作种植量有限,农业 CO_2 排放量较低,增长率也比较低。

4.1.3.2 各国水稻 CO_2 排放量及比较

中国、印度、印度尼西亚、泰国、越南、孟加拉国这些国家人口密集,粮食需求量大且不断增长,水稻种植广泛。如国家统计局数据显

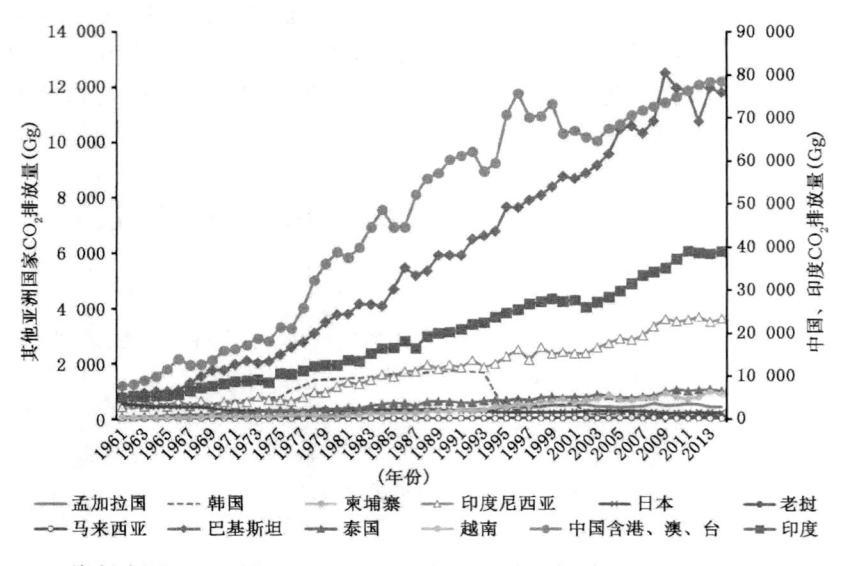

资料来源：http://faostat3.fao.org/browse/G1/*/E.

图 4—7 亚洲国家旱作粮食生产中 CO_2 排放量

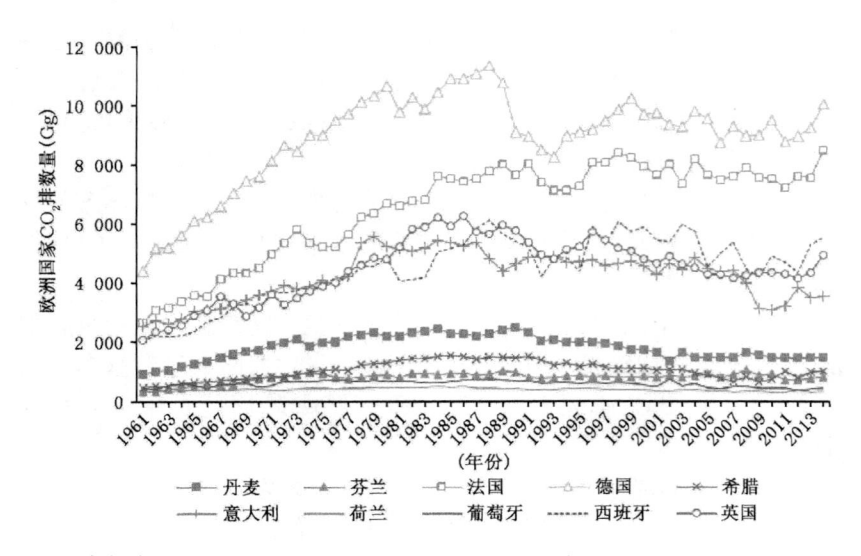

资料来源：http://faostat3.fao.org/browse/G1/*/E.

图 4—8 欧洲国家旱作粮食生产中 CO_2 排放量

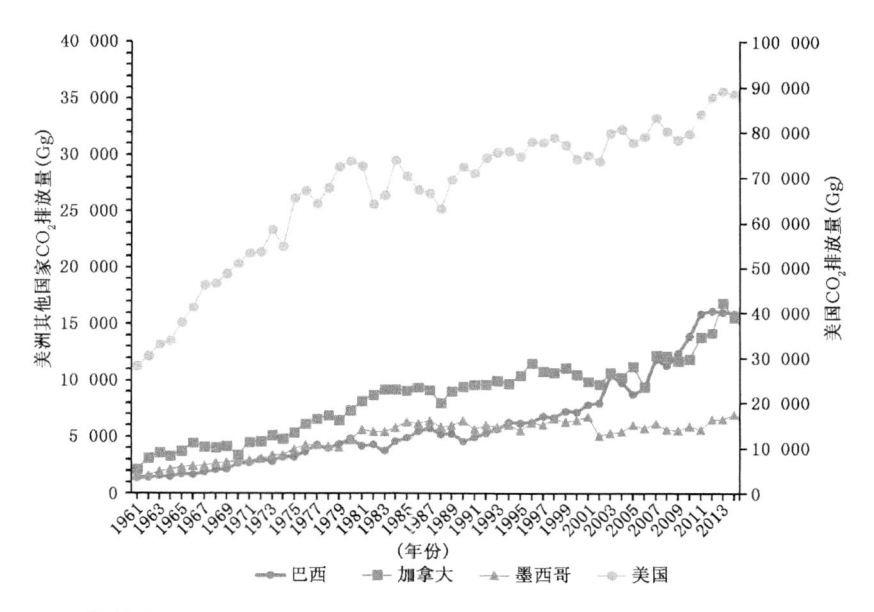

第四章　农业碳排放的国际比较与碳源碳汇结构分析　69

资料来源：http://faostat3.fao.org/browse/G1/*/E.

图4—9　美洲国家旱作粮食生产中 CO_2 排放量

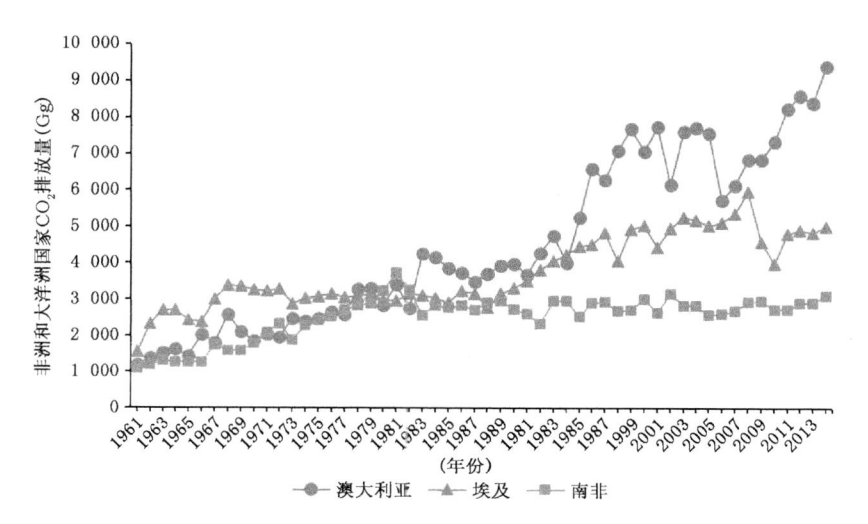

资料来源：http://faostat3.fao.org/browse/G1/*/E.

图4—10　非洲和大洋洲国家旱作粮食生产中 CO_2 排放量

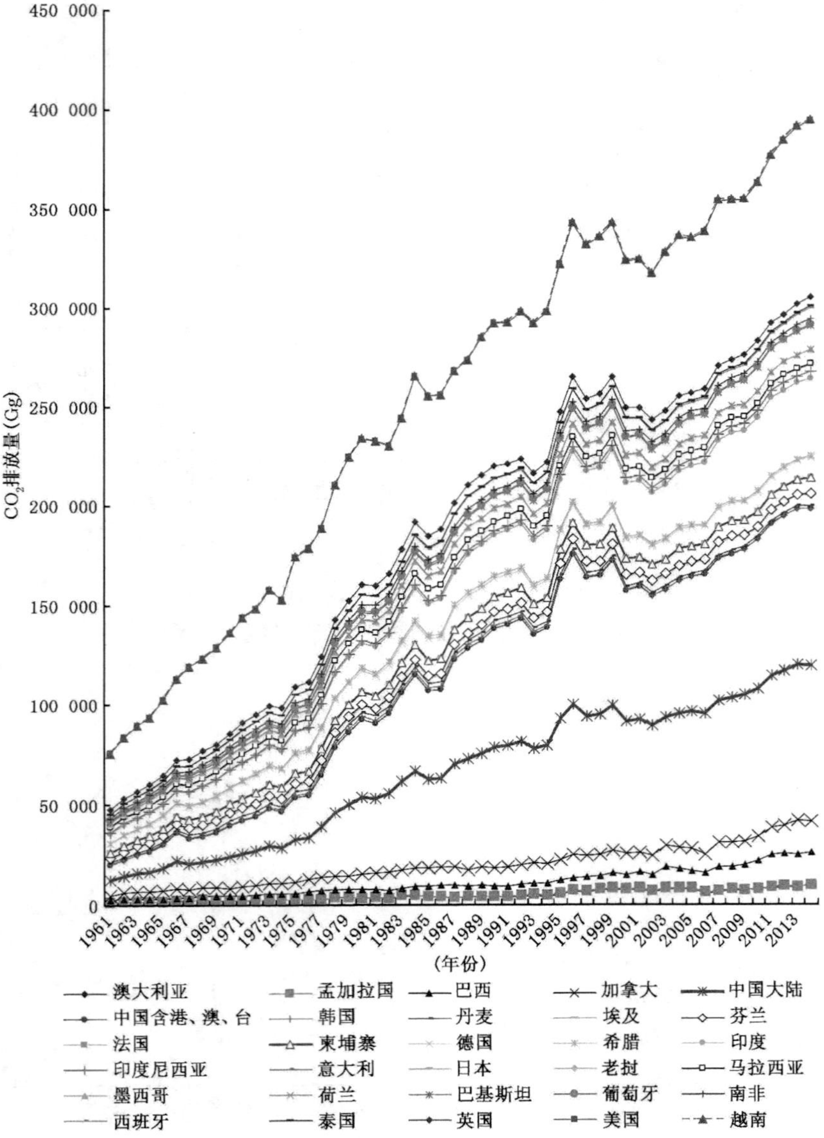

图 4—11 旱作粮食生产中 CO_2 排放量

资料来源：http://faostat3.fao.org/browse/G1/*/E.

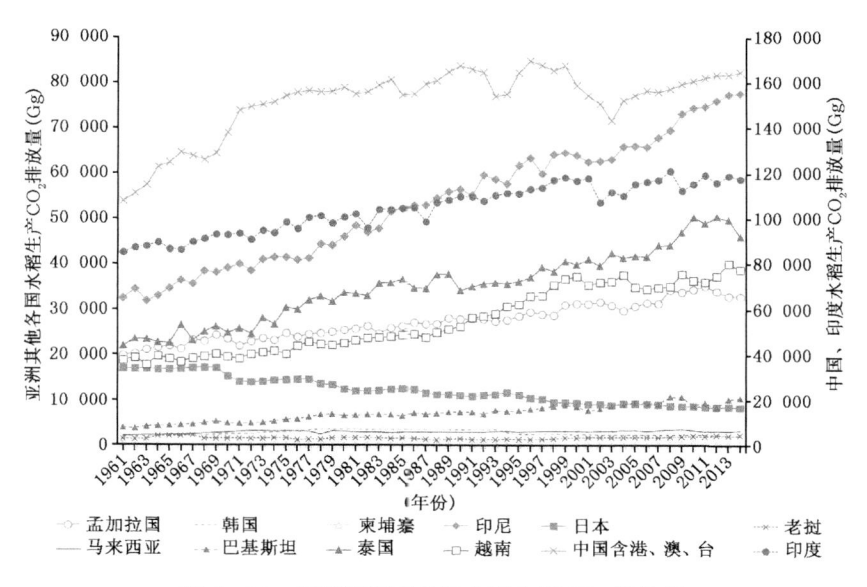

图 4—12 亚洲国家或地区水稻生产 CO_2 排放量

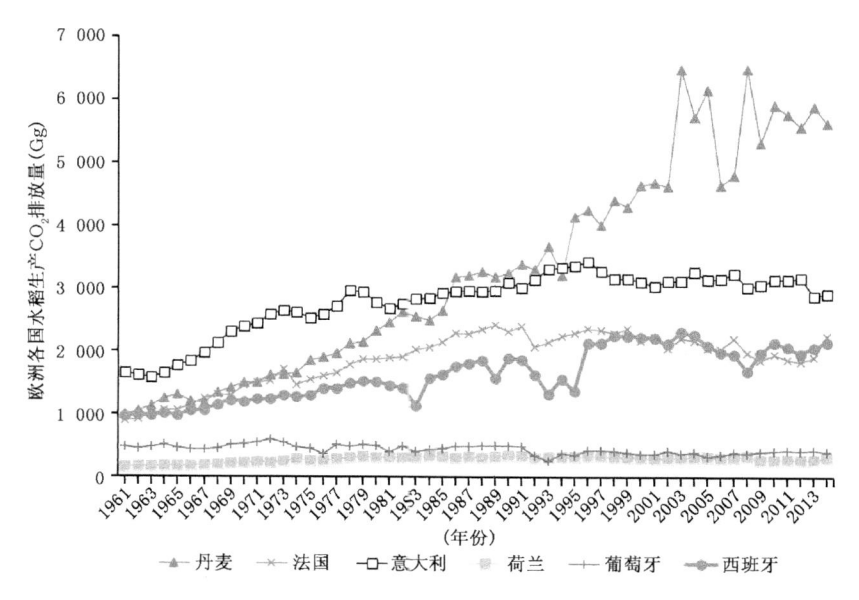

资料来源：http://faostat3.fao.org/browse/G1/*/E。

图 4—13 欧洲国家水稻生产 CO_2 排放量

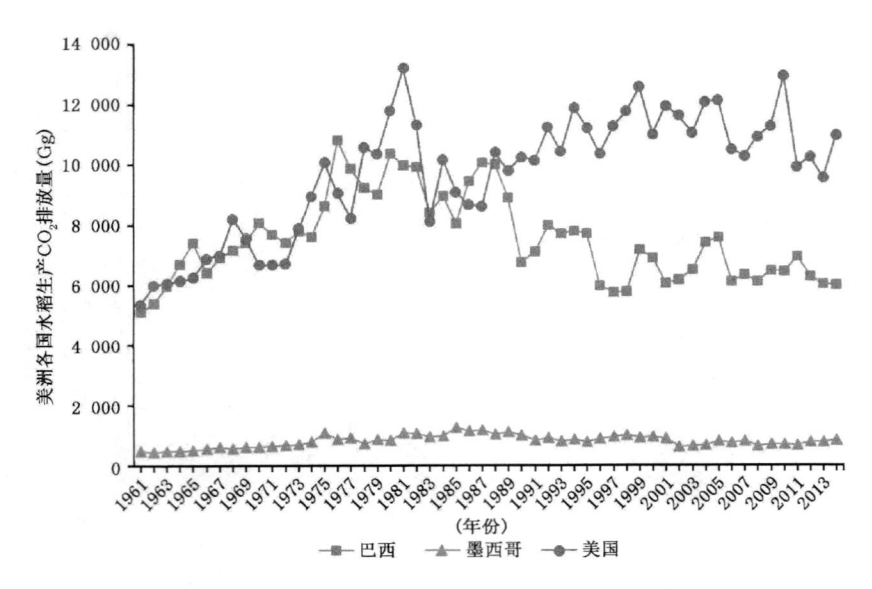

资料来源：http://faostat3.fao.org/browse/G1/*/E.

图 4—14　美洲国家水稻生产 CO_2 排放量

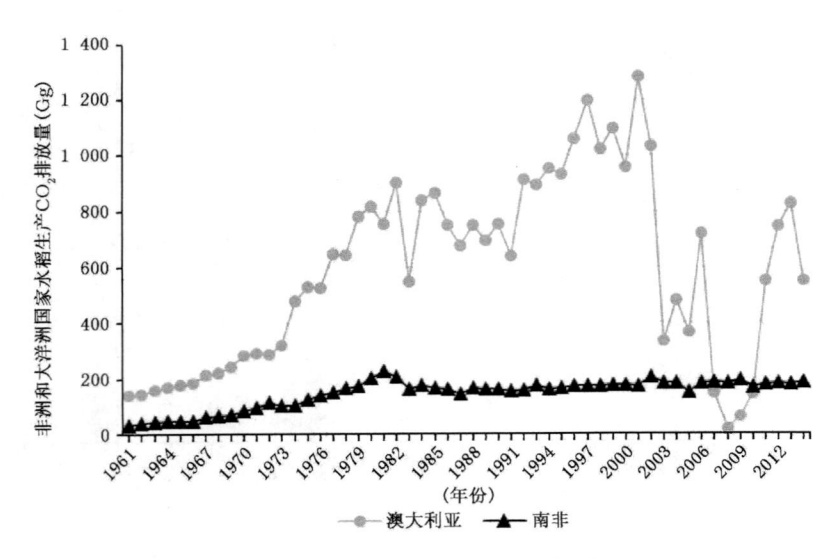

资料来源：http://faostat3.fao.org/browse/G1/*/E.

图 4—15　非洲和大洋洲国家水稻生产 CO_2 排放量

图 4—16　部分国家或地区水稻生产 CO_2 排放量

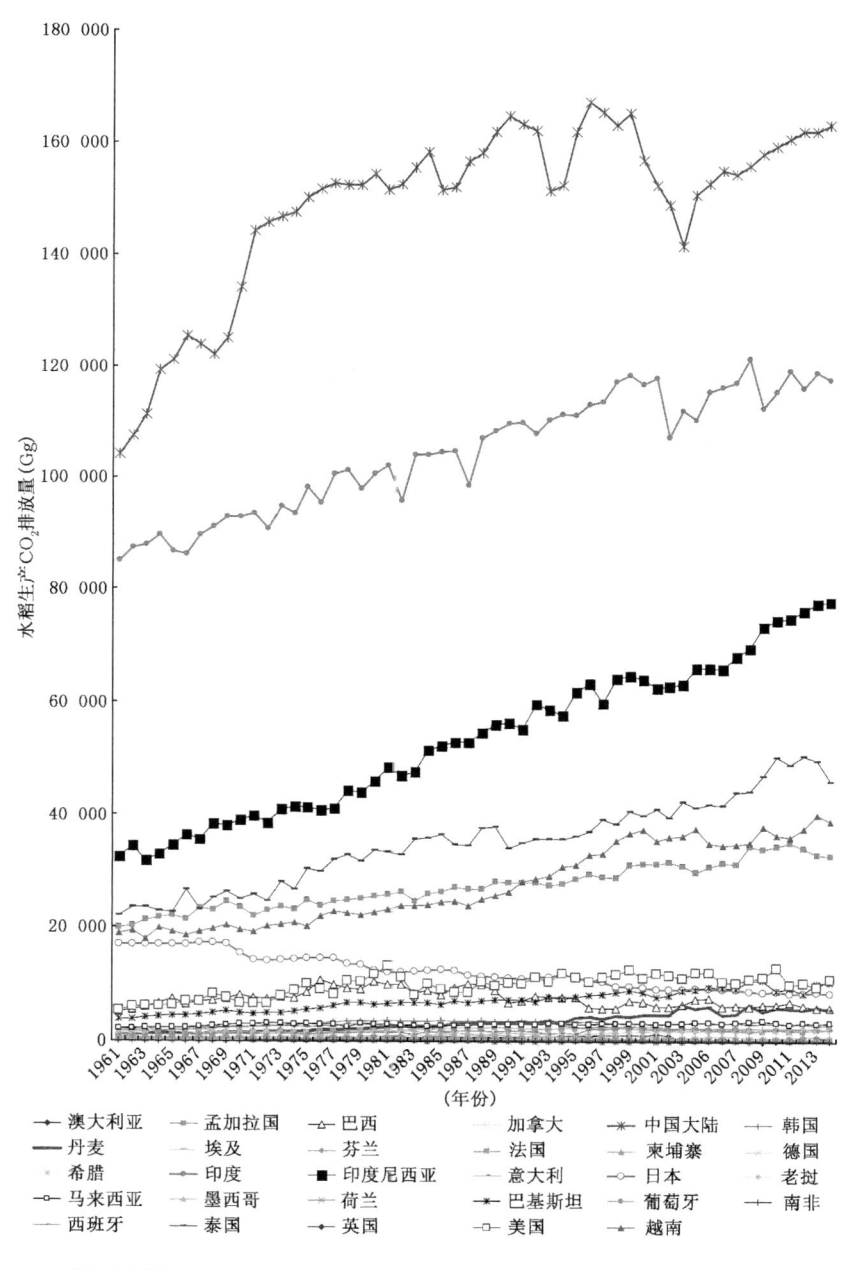

资料来源：http://faostat3.fao.org/browse/G1/*/E.

示，2016年中国粮食总产量为61 624万吨，人均446公斤，其中，稻米产量占比超过50%（见图4—12、图4—13、图4—14、图4—15、图4—16及附录一）。中国的人均粮食占有水平仅略高于世界人均粮食占有水平，与发达国家人均粮食占有量尚有很大差距。中国要想完全实现小康目标，进一步建设现代化强国，大幅度提高人均粮食占有量是不可缺少的关键指标。可是，中国耕地面积仅有18亿亩左右，人口还在缓慢增长中。过去，我国人均粮食占有量的不断增加主要是依靠单产的不断提高实现的。为了追求产量，耕种指数和与化肥等投入相关的碳排放都较高，管理面临很大的挑战，以致水稻温室气体排放总量很高，且在不断增加。而日本、美国等国家凭借良好的管理技术和种植技术等，使其水稻碳排放处于较低水平，且较为稳定。我国低碳农业要发展到这样的状态，还需要付出艰辛的努力。

4.1.4 基于碳排放密度的各国农业低碳技术水平分析

4.1.4.1 水稻生产的碳排放密度分析

水稻生产的碳排放密度分析见表4—2。

由于粮食生产包括水田的水稻及旱田的小麦、高粱、玉米、大豆等，旱田和水田的温室气体排放机制差别很大，而有些国家适于旱作，粮食作物种植产生的温室气体主要来自旱田，有些国家主要适于水稻等种植，温室气体排放主要来自水田。不同种植的低碳技术水平和差异性也非常明显，因此我们从水田（以水稻为主）农业和旱田农业两个方面分别讨论低碳农业。

从水田农业来看，主要粮食作物是稻米生产，它所排放的温室气体主要包括水田所排放的 CH_4 以及耕作、化肥农药使用和农业机械活动燃烧化石能源等引致的 CO_2 排放。

水稻是喜温喜湿的温带、热带作物，需满足一定的水热条件才能生产。就世界主要国家的水稻经营来看，希腊、南非因水热条件与种植技术对水稻发展的挑战，单位稻米的产出碳排放大大超出其他国家水稻生产的碳排放量。中国由于低碳管理、低碳种植技术的推广，尤其是实行严厉的秸秆禁烧政策、化肥农药减量政策和种子工程等，加上机械化水平较低，在单产提高的同时使水稻 CO_2 的排放密度大幅

第四章 农业碳排放的国际比较与碳源碳汇结构分析 75

表4—2 水稻生产的碳排放密度

单位:kg CO₂eq/kg 水稻

年份	澳大利亚	孟加拉国	巴西	中国	韩国	埃及	法国	柬埔寨	希腊	印度	印度尼西亚	意大利	日本	老挝	马来西亚	墨西哥	巴基斯坦	葡萄牙	南非	西班牙	泰国	美国	越南
1961	1.1954	1.3735	0.9466	1.9401	1.022	1.361	6.6176	4.5364	3.8314	1.5878	2.6813	2.355	1.048	2.5955	1.9248	1.3922	2.815	2.6657	12.7083	2.4334	2.1707	2.1734	2.0907
1965	1.117	1.3947	0.9777	1.3812	1.1205	1.3614	10.7731	4.0225	3.5608	1.8867	2.6666	3.4761	1.0419	2.7954	1.8898	1.3538	2.2449	3.3651	24.314	2.7818	2.0276	1.8036	2.0429
1970	1.136	1.4085	1.0668	1.2205	1.0685	1.2498	16.0393	3.8484	4.3383	1.4652	2.0202	2.9251	0.9286	1.6808	1.7233	1.5237	1.4876	2.6784	41.2705	3.1224	1.7791	1.7509	1.9204
1975	1.3704	1.2983	1.1087	1.1968	1.0556	1.2702	36.4204	4.5205	4.4148	1.34	1.8522	2.5451	0.8503	1.706	1.5529	1.5054	1.4389	3.3832	41.9473	3.4073	1.9885	1.7286	1.9574
1980	1.3331	1.2262	1.0624	1.1035	1.3221	1.2474	74.0236	2.8323	5.+239	1.2528	1.5507	2.8729	1.0244	1.6105	1.4816	1.8534	1.3943	3.1943	66.8989	3.4887	1.9412	1.7783	1.9395
1985	1.0027	1.168	0.8922	0.8989	1.6879	1.2592	34.8158	3.0464	5.4966	1.0914	1.3381	2.609	0.8619	1.1076	1.6291	1.5601	1.4645	3.053	54.8467	3.5244	1.8079	1.4857	1.5392
1990	0.818	1.0424	0.907	0.8703	1.9036	1.0452	19.0875	3.771	5.459	0.9842	1.2494	2.3994	0.85	1.0184	1.5883	2.535	1.5011	3.1814	53.5098	3.3065	1.9867	1.4474	1.3646
1995	0.8185	1.0831	0.6878	0.8745	1.2349	0.9331	18.6501	4.4953	5.459	0.9632	1.2433	2.5476	0.8342	0.9311	1.4086	2.1041	1.3018	2.7617	54.21	4.1468	1.6423	1.4235	1.2464
2000	0.8703	0.8318	0.6201	0.8346	1.4294	0.8373	18.6444	2.5269	3.2885	0.916	1.2338	2.5356	0.7995	0.7797	1.4744	2.6767	1.1904	2.5079	59.3599	2.696	1.544	1.2713	1.1485
2005	1.0826	0.7731	0.5734	0.8458	0.926	0.822	20.0015	5.5815	2.5523	0.8389	1.2195	2.2245	0.8197	0.6826	1.4439	2.7647	1.1538	2.6946	48.6908	2.5395	1.3795	1.2004	0.9738
2006	0.7186	0.7725	0.53	0.8531	0.9632	0.7553	21.501	3.3293	2.247	0.8365	1.2101	2.2296	0.8544	0.6655	1.4491	2.2386	1.1631	2.3977	58.6859	2.7491	1.4046	1.1902	0.9637
2007	0.9011	0.7256	0.5723	0.8294	1.262	0.7793	25.1387	8.138	2.0398	0.8104	1.1886	2.1103	0.831	0.6426	1.4247	2.7104	1.1064	2.4893	57.0273	2.6975	1.3723	1.143	0.968
2008	1.1112	0.7349	0.5056	0.8127	0.8227	0.8203	17.7005	4.908	2.3442	0.8199	1.1546	2.1849	0.7946	0.634	1.4936	2.8326	1.0354	2.506	60.8564	2.5309	1.3935	1.1821	0.9068
2009	0.9372	0.7038	0.5114	0.8095	0.9952	0.8316	13.4801	5.1009	2.0329	0.8293	1.1381	1.8935	0.818	0.6242	1.4489	2.6607	1.0403	2.4426	63.2285	2.1657	1.4636	1.1315	0.972
2010	0.7199	0.6876	0.5721	0.8136	0.9616	0.9212	16.922	4.7659	2.285	0.8024	1.121	2.0766	0.8215	0.6645	1.3708	3.1598	1.2347	2.3768	55.5207	2.3116	1.4639	1.1738	0.9083
2011	0.7628	0.693	0.5149	0.7991	0.9436	0.8475	14.3506	4.5823	2.2966	0.7555	1.1378	2.1138	0.805	0.6381	1.1668	3.9005	1.5403	2.2888	58.4711	2.229	1.356	1.1825	0.8508
2012	0.8119	0.6737	0.5414	0.7931	0.8129	0.8327	14.8904	6.4594	2.1422	0.7356	1.1025	1.9816	0.7949	0.6404	1.2473	4.316	1.5381	2.1983	61.4664	2.1881	1.3284	1.1331	0.8568
2013	0.7138	0.6403	0.5117	0.7952	0.7808	0.8441	2.3558	5.2367	2.2733	0.747	1.0864	2.0165	0.796	0.6257	1.2128	4.309	1.5022	2.3314	59.7082	2.352	1.3516	1.1074	0.9109
2014	0.674	0.6273	0.4919	0.79	0.788	0.9173	2.6801	7.8043	2.4624	0.7482	1.0966	2.1103	0.794	0.5776	1.2447	3.5926	1.4991	2.3434	61.437	2.492	1.4124	1.0877	0.8632

度下降,明显低于柬埔寨、越南、马来西亚、印度尼西亚等发展中国家,也低于美国、西班牙等发达国家,但高于韩国、日本、孟加拉国、印度、巴西和澳大利亚等国(分别见图4—17、图4—18、图4—19、图4—20、图4—21、表4—3及附录二)。因此,加强低碳水稻技术集成和低碳水稻生产新技术仍将是中国未来促进低碳水稻生产的出路。

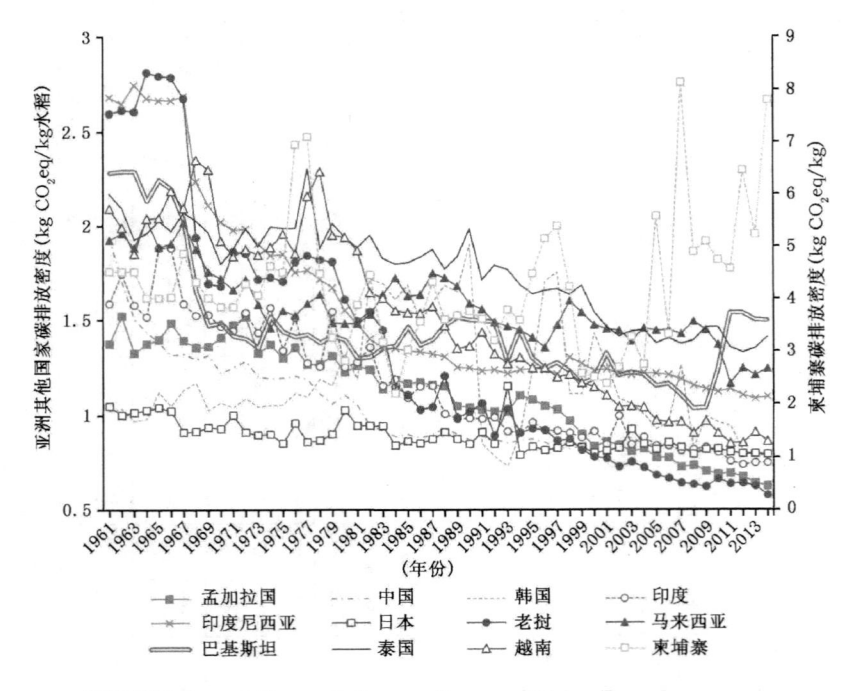

资料来源:http://faostat3.fao.org/browse/G1/*/E.

图4—17 亚洲国家水稻生产碳排放密度

4.1.4.2 各国粮食生产(不包括水稻)的碳排放密度

从粮食生产(不包括水稻)的碳排放密度看,各国大致从20世纪60年代初逐步上升,20世纪70年代中期开始缓慢下降。其中,埃及、葡萄牙等国是粮食生产碳排放密度较高的国家,前者为0.82~1.5kg CO_2eq/kg粮食,后者为0.66~0.78kg CO_2eq/kg粮食。中国在2000年以前粮食生产的碳排放密度低于同期的韩国、日本等国家,但2000年后因低碳技术投入不足及化肥农药等投入的不断增加,粮食生产引致的碳排放密度相对于这些国家下降的幅度和速度较小。由于总体粮食生产的低碳技术水平较低,中国粮食生产引致的碳排放密度高于

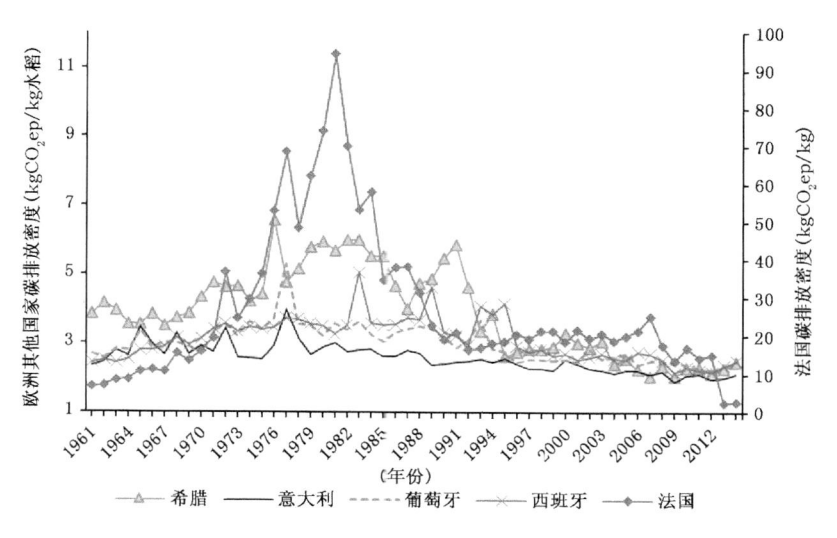

第四章 农业碳排放的国际比较与碳源碳汇结构分析 77

资料来源：http://faostat3.fao.org/browse/G1/*/E.

图4—18 欧洲国家水稻生产碳排放密度

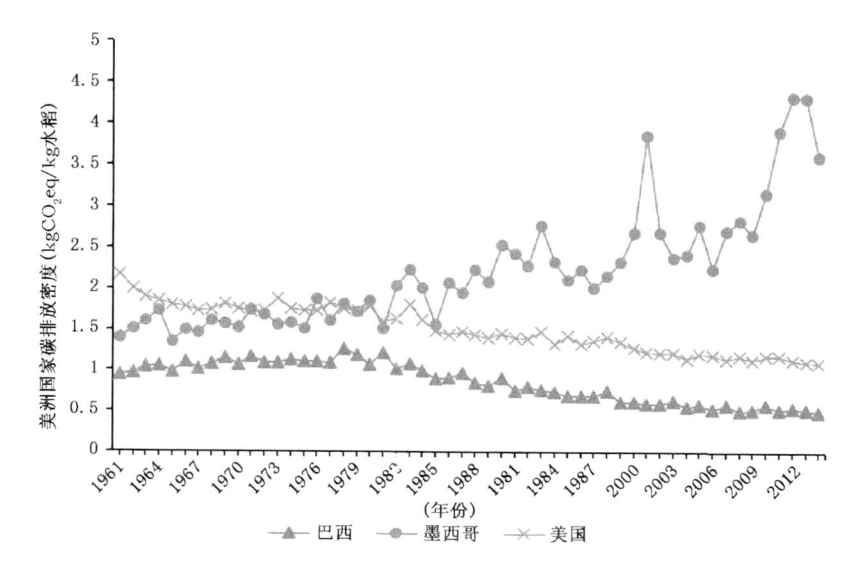

资料来源：http://faostat3.fao.org/browse/G1/*/E.

图4—19 美洲国家水稻生产碳排放密度

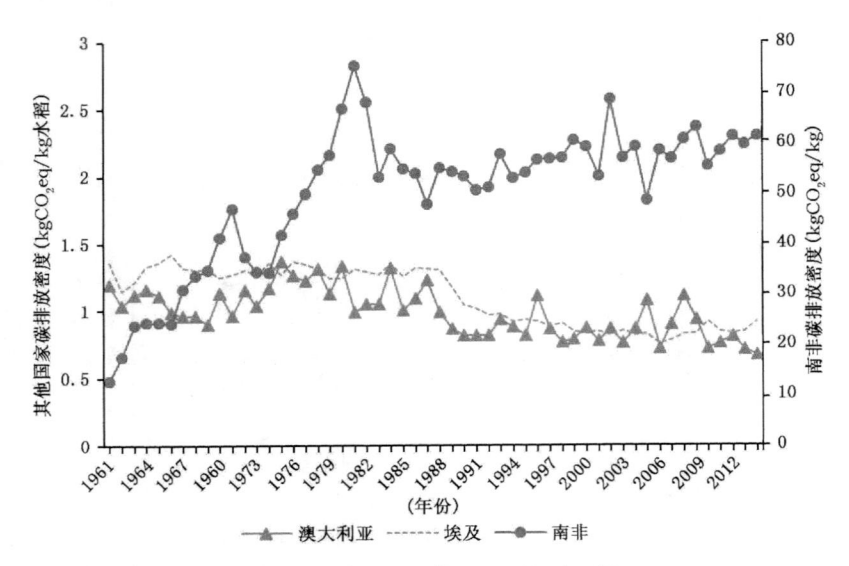

资料来源：http://faostat3.fao.org/browse/G1/*/E.

图 4—20　非洲和大洋洲国家水稻生产碳排放密度

美国、英国、丹麦等发达国家，但总体呈下降趋势，与越南、泰国、巴基斯坦、澳大利亚、印度等国家粮食生产的碳排放密度呈上升态势形成了鲜明的对比。

近年来，中国通过种子工程、田间管理、减肥减药、种植与栽培技术、秸秆利用技术、粪便管理技术、有机肥政策等促进了农业的低碳化发展。农业部 2015 年提出了 2020 年化肥使用零增长计划并实施了相关生态补偿政策，让农民得到了低碳化的好处，促使 2000 年以来的农业碳排放密度呈现下降趋势（分别见表 4—3、图 4—22、图 4—23、图 4—24、图 4—25 和图 4—26）。目前中国低碳农业技术的集成使用激励尚不足，低碳技术水平较弱，农业生产的碳排放密度降低幅度和速度有限，而且在粮食不断增产的情况下，虽然密度降低了，但总量仍在上升。促进更加先进的低碳技术研发和集成，将是今后中国低碳农业发展的必然选择。

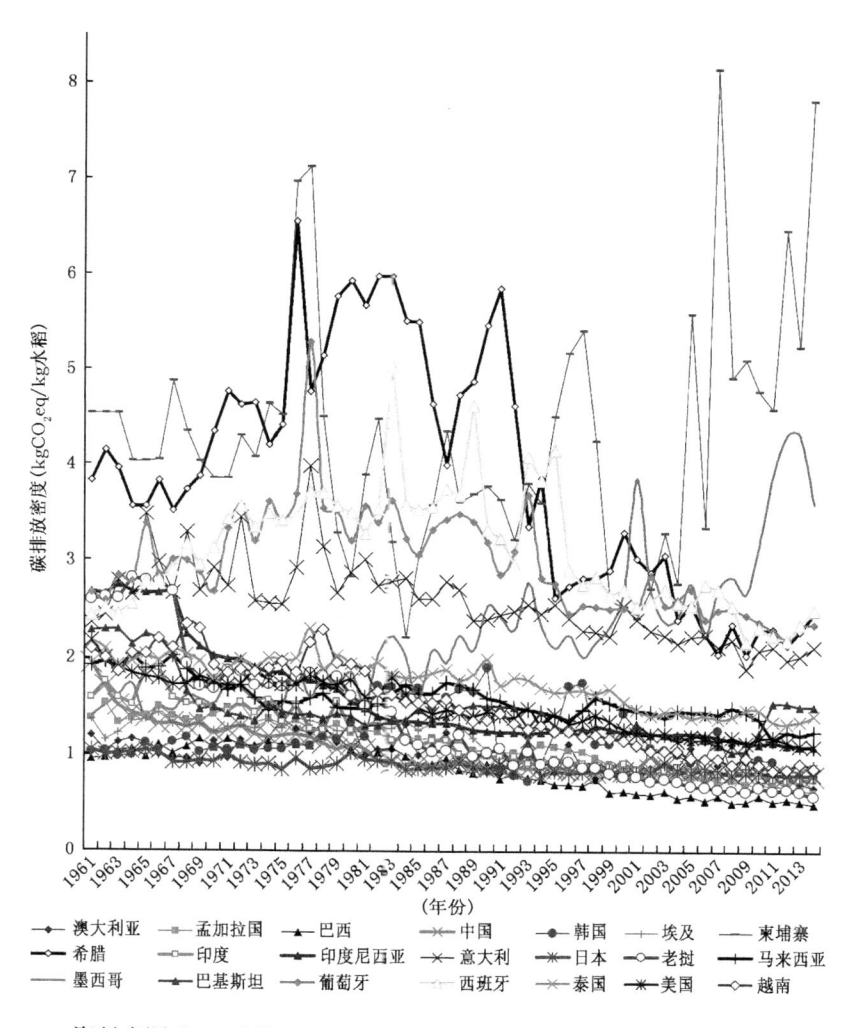

第四章 农业碳排放的国际比较与碳源碳汇结构分析 79

资料来源：http://faostat3.fao.org/browse/G1/*/E.

图 4-21 部分国家水稻生产碳排放密度

表4—3 粮食生产（不包括水稻）的碳排放密度

单位：kg CO₂ eq/kg 粮食

年份	澳大利亚	孟加拉国	巴西	加拿大	中国	韩国	丹麦	埃及	芬兰	法国	德国	希腊	印度	印度尼西亚	意大利	日本	老挝	马来西亚	墨西哥	荷兰	挪威	巴基斯坦	葡萄牙	西班牙	泰国	英国	美国	越南
1961	0.1298	0.181	0.1408	0.1295	0.1409	0.1939	0.1755	1.361	0.1771	0.1771	0.2543	0.0693	0.2096	0.1442	0.1866	0.192	0.1305	0.1054	0.2229	0.1896	0.1614	0.2331	0.158	0.3434	0.2828	0.103	0.2119	0.1749	0.1552
1965	0.1501	0.2341	0.1346	0.1157	0.1595	0.2291	0.2031	1.3614	0.2261	0.2261	0.2953	0.07	0.2216	0.1602	0.1834	0.216	0.162	0.1125	0.2435	0.1905	0.2045	0.2847	0.1668	0.3672	0.2742	0.1064	0.2102	0.2101	0.1502
1970	0.1473	0.2634	0.1617	0.1191	0.1792	0.3052	0.2778	1.2498	0.2635	0.2635	0.3205	0.0781	0.2468	0.1621	0.2107	0.2339	0.2765	0.107	0.2079	0.1976	0.3036	0.2649	0.2008	0.3213	0.3164	0.0934	0.237	0.2776	0.3977
1975	0.1424	0.3559	0.1737	0.1448	0.1831	0.3189	0.314	1.2702	0.2602	0.2602	0.2989	0.1121	0.2807	0.1925	0.2282	0.2554	0.4856	0.1114	0.2778	0.2471	0.3933	0.3357	0.2525	0.4847	0.2805	0.0991	0.2771	0.269	0.4092
1980	0.1796	0.1884	0.2053	0.1765	0.2804	0.4615	0.3083	1.2474	0.264	0.264	0.3263	0.1552	0.2427	0.2083	0.2901	0.3056	0.2821	0.1613	0.625	0.2294	0.3671	0.265	0.3048	0.5282	0.2651	0.1097	0.246	0.2795	0.2179
1985	0.1607	0.1632	0.1798	0.1883	0.2635	0.4349	0.2859	1.2592	0.2516	0.2516	0.3263	0.1732	0.3468	0.2375	0.3485	0.317	0.2549	0.1321	0.3486	0.2364	0.4157	0.2362	0.3522	0.528	0.2521	0.1065	0.263	0.2063	0.339
1990	0.1803	0.2906	0.1833	0.1659	0.2805	0.3843	0.2554	1.2592	0.2242	0.2242	0.2907	0.0993	0.33	0.2445	0.2888	0.2858	0.2323	0.1031	0.3143	0.2547	0.2921	0.213	0.3682	0.5388	0.2962	0.1514	0.2557	0.237	0.3551
1995	0.2007	0.3112	0.1615	0.2118	0.3047	0.1965	0.2146	1.0452	0.2473	0.2473	0.2427	0.0984	0.2484	0.26	0.2735	0.255	0.333	0.1084	0.287	0.2097	0.2732	0.2593	0.4011	0.4459	0.3878	0.1489	0.2379	0.2769	0.3595
2000	0.2121	0.2517	0.2068	0.2062	0.304	0.3831	0.182	0.9331	0.2008	0.2008	0.2288	0.0915	0.2263	0.254	0.2482	0.2333	0.2506	0.0905	0.2384	0.234	0.2039	0.2316	0.3764	0.3701	0.2485	0.1592	0.1994	0.2219	0.3367
2005	0.1914	0.3087	0.2056	0.2208	0.2763	0.0804	0.1582	0.8373	0.2248	0.2248	0.2145	0.109	0.1786	0.2907	0.2322	0.2226	0.2459	0.0684	0.3171	0.2102	0.1999	0.2388	0.4154	0.6722	0.337	0.1766	0.2031	0.2181	0.1796
2006	0.3114	0.344	0.1948	0.1945	0.2614	0.0751	0.1711	0.822	0.2065	0.2065	0.2078	0.1708	0.1708	0.3038	0.2461	0.2326	0.2456	0.0707	0.2833	0.1809	0.2044	0.2539	0.4258	0.4014	0.2718	0.1822	0.2045	0.2401	0.1697
2007	0.2528	0.2657	0.2034	0.2536	0.2646	0.0785	0.1775	0.8373	0.2143	0.2143	0.2293	0.1282	0.1513	0.2881	0.227	0.2352	0.2283	0.0682	0.6712	0.1803	0.1915	0.254	0.3757	0.522	0.2263	0.1922	0.2164	0.2051	0.1714
2008	0.1942	0.2475	0.1666	0.2169	0.2529	0.0824	0.1787	0.7793	0.242	0.242	0.1795	0.1041	0.1599	0.2881	0.2053	0.197	0.2163	0.0659	0.835	0.1562	0.1621	0.2304	0.4292	0.4155	0.1914	0.1821	0.1753	0.2038	0.1619
2009	0.1989	0.2954	0.2133	0.2367	0.256	0.0773	0.1533	0.8203	0.2018	0.2018	0.1811	0.1055	0.1351	0.3055	0.2053	0.1928	0.247	0.0634	0.8003	0.1796	0.1577	0.2533	0.4497	0.4583	0.2463	0.1989	0.2004	0.1914	0.2075
2010	0.22	0.2694	0.218	0.2598	0.248	0.0776	0.1627	0.8316	0.3004	0.3004	0.2144	0.1062	0.1881	0.3	0.1922	0.1817	0.2769	0.0661	0.4537	0.1709	0.1653	0.2167	0.4338	0.5201	0.2592	0.2017	0.2068	0.204	0.1685
2011	0.2099	0.2662	0.2484	0.2928	0.2392	0.0776	0.1653	0.9212	0.1934	0.1934	0.2099	0.1499	0.2127	0.3007	0.2033	0.1773	0.2327	0.0645	0.1606	0.1985	0.174	0.2653	0.395	0.441	0.2214	0.1896	0.1999	0.221	0.1453
2012	0.2023	0.2189	0.2065	0.2747	0.2316	0.075	0.1543	0.8475	0.1929	0.1929	0.1983	0.1079	0.1744	0.2852	0.1901	0.2255	0.2107	0.0626	0.217	0.1954	0.2046	0.2499	0.3809	0.3573	0.2603	0.1964	0.213	0.252	0.1586
2013	0.2436	0.1543	0.1802	0.2542	0.2242	0.0736	0.1585	0.8327	0.1874	0.1874	0.194	0.0945	0.208	0.2852	0.1893	0.2071	0.2193	0.0626	0.1996	0.1974	0.161	0.2749	0.4037	0.3542	0.217	0.2029	0.2158	0.2092	0.1869
2014	0.2501	0.1227	0.1785	0.3038	0.2235	0.0758	0.151	0.9173	0.1946	0.1946	0.1933	0.1207	0.2466	0.2812	0.1907	0.1956	0.2047	0.0623	0.3238	0.1906	0.184	0.2389	0.376	0.3743	0.28	0.1955	0.2014	0.2045	0.1709

资料来源：http://faostat₃.fao.org/browse/G1/*/E。

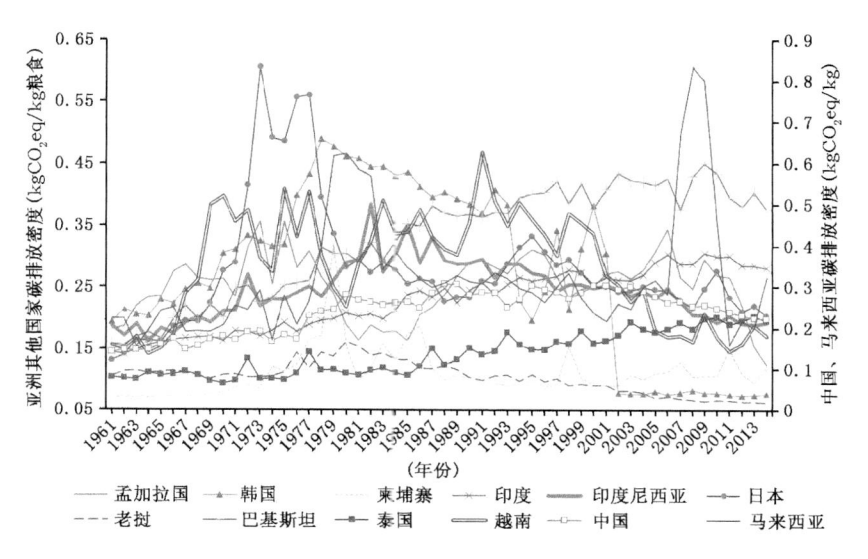

第四章　农业碳排放的国际比较与碳源碳汇结构分析　81

资料来源：http://faostat3.fao.org/browse/G1/*/E.

图 4—22　亚洲国家粮食生产（不包括水稻）的碳排放密度

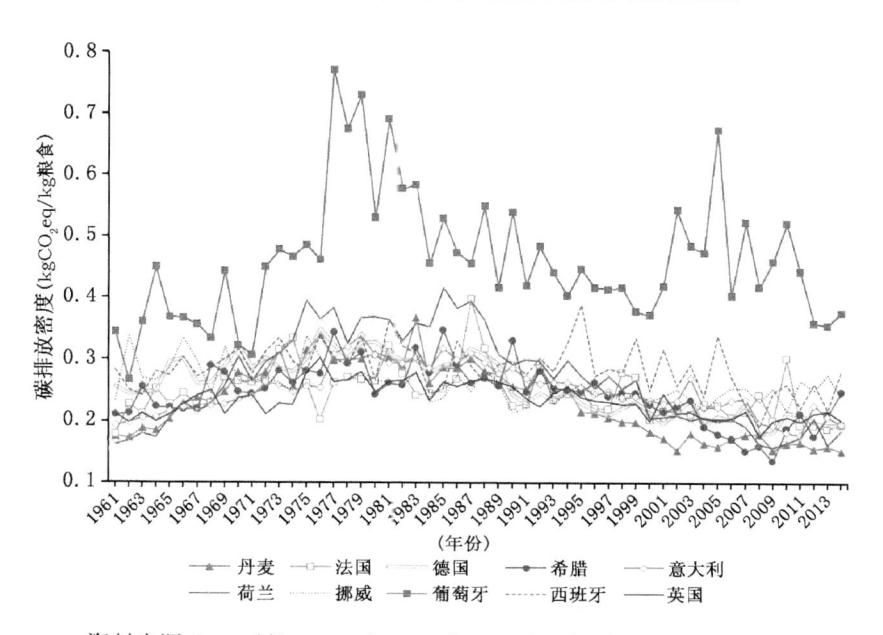

资料来源：http://faostat3.fao.org/browse/G1/*/E.

图 4—23　欧洲国家粮食生产（不包括水稻）的碳排放密度

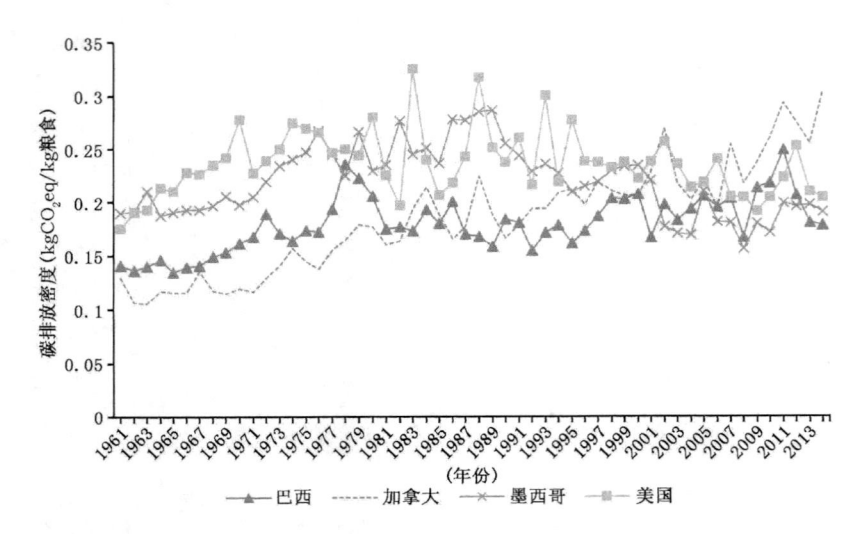

资料来源：http://faostat3.fao.org/browse/G1/*/E.

图 4—24　美洲国家粮食生产（不包括水稻）的碳排放密度

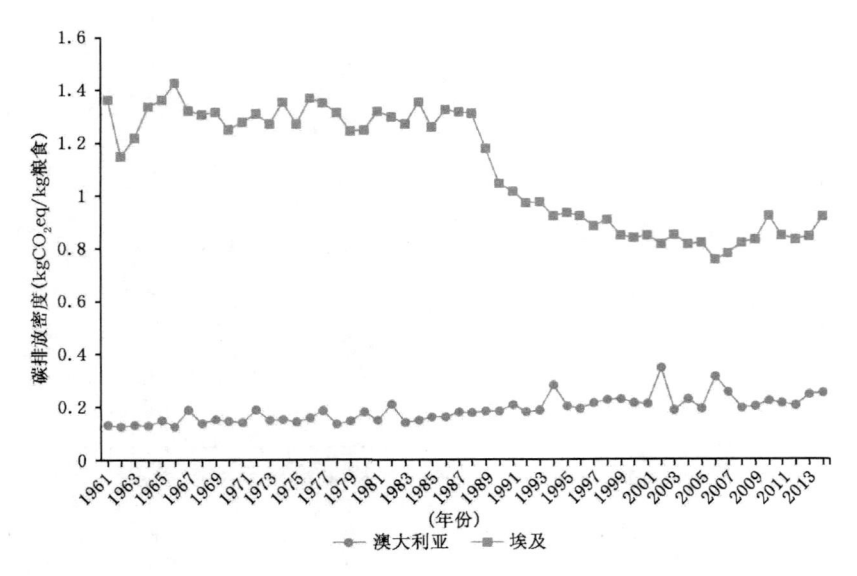

资料来源：http://faostat3.fao.org/browse/G1/*/E.

图 4—25　非洲和大洋洲国家粮食生产（不包括水稻）的碳排放密度

第四章 农业碳排放的国际比较与碳源碳汇结构分析 83

资料来源：http://faostat3.fao.org/browse/G1/*/E.
图4—26 粮食生产（不包括水稻）的碳排放密度

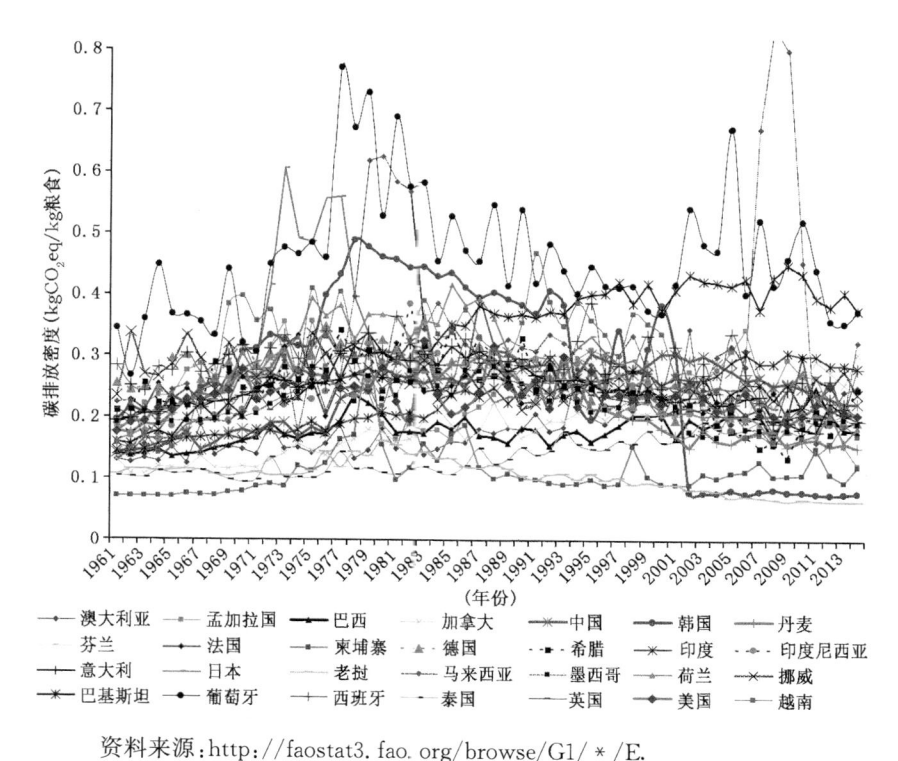

根据联合国粮农组织的数据，中国农业碳排放自20世纪60年代开始一直在上升。1961年中国农业碳排放为2.7亿吨，2014年上升为7.3亿吨。其中，稻田的碳排放量不断下降，由占全部温室气体排放的38%下降到16%；化肥引致的碳排放从20世纪60年代到90年代中期不断上升，之后呈下降趋势；秸秆燃烧、翻耕和粪便管理及牧场粪便引致的碳排放比较稳定；牲畜肠道发酵引致的碳排放从20世纪60年代到70年代中期不断下降，20世纪70年代中期到90年代大致稳定在25%，但2000年以来再次提高到28%（见图4—27）。

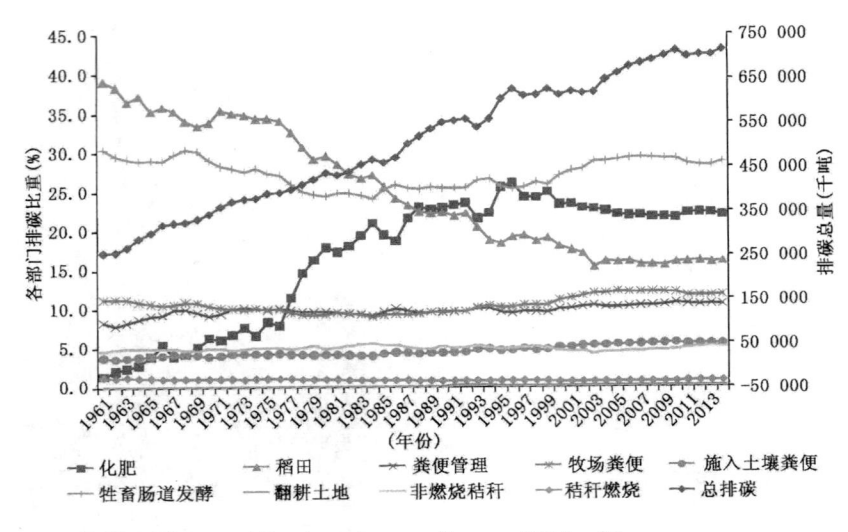

资料来源：http://faostat3.fao.org/browse/G1/*/E.

图 4—27 中国农业碳排放总体结构

4.2 农业碳排放结构的国际比较

表 4—4 显示，各国的农业碳排放结构既具有相似性，也具有差异性。总体而言，农业碳排放主要来自牲畜的肠道排放、稻田排放、化肥和有机肥（包括有机肥管理过程中、有机肥施入土壤后的排放）施用引致的碳排放。但日本、丹麦、韩国、菲律宾、泰国、马来西亚、印度尼西亚、越南和柬埔寨等水稻种植大国稻田经营引起的碳排放占很大比重，达到全部农业碳排放比重的 17%～62%，其中，菲律宾、泰国、越南和柬埔寨等国这一比重分别高达 61.2%、55.5%、48%和 46.2%。当然，化肥引致的碳排放比重也较大。虽然这些国家的畜牧业相对较弱，但是牲畜肠道引致的碳排放也占有较大的比重。

表 4—4 1990—2016 年农业 CO_2 排放结构 单位：%

项目	中国	美国	英国	德国	法国	加拿大	日本	丹麦	波兰	埃及
合成化肥	26.0	20.8	15.2	17.8	19.8	21.9	13.7	15.0	18.7	27.3

续表

项目	中国	美国	英国	德国	法国	加拿大	日本	丹麦	波兰	埃及
稻田	17.6	2.6	0	0	0.3	0	33.5	26.7	0	12.9
有机肥管理	9.8	12.1	11.5	16.9	14.3	11.1	9.8	4.0	14.2	1.4
牧场粪便	10.4	11.6	11.4	5.4	7.0	9.4	7.3	11.4	3.3	20.4
施入土壤有机肥	5.0	4.7	7.8	8.8	8.8	3.0	5.3	0	9.1	0.7
肠道发酵	25.5	36.6	45.9	38.9	42.6	29.9	22.8	32.7	35.1	32.3
有机土壤耕作	0	2.9	4.4	7.5	1.3	15.8	0	3.7	14.4	0
秸秆	4.9	7.0	3.3	4.6	5.6	7.0	3.7	6.3	5.0	4.6
草原燃烧	0	0.4	0	0	0	1.2	0	0	0	0
秸秆燃烧	0.7	0.9	0.1	0.2	0.4	0.7	0	0.2	0.3	0.50
合计	100	100	100	100	100	100	100	100	100	100

资料来源：根据联合国粮农组织数据库整理。

芬兰、荷兰、瑞典、南非、英国、德国、加拿大和波兰等国家粮食种植以旱作为主，水稻种植面积较小，畜牧业也比较发达，农业碳排放主要是由化肥、有机肥、牲畜肠道发酵所引致，这些部门的碳排放占全部农业碳排放的比重相对较大，分别为8%～22%、22%～41%和29%～46%。

俄罗斯、巴基斯坦、巴西、阿根廷和秘鲁等国家的畜牧业发达，牲畜肠道引致的碳排放占农业增量碳排放的比重非常突出，为44%～62%。

中国、美国的农业产业结构较为平衡，两者碳排放结构相似，都主要来自化肥、粪便、有机肥管理及牲畜肠道发酵，这些领域引致的碳排放占全部农业碳排放总量的比例较高。中国与其他发达国家及部分发展中国家相比，化肥引致的碳排放比重较高，为26%，仅次于埃及的27.3%（见表4—4）。因此，加强化学肥料的肥效管理、肥药产品结构管理和测土配方施肥管理等，减少过度施肥，是中国低碳农业发展的重要环节。中国必须加强新型肥料的研发、推广与施用，注重使用缓

续表 4—4 1990—2016 年农业 CO_2 排放源类型与排放结构

单位：%

项目	意大利	芬兰	西班牙	荷兰	瑞典	澳大利亚	巴西	阿根廷	秘鲁	印度	俄罗斯	韩国	南非	菲律宾	巴基斯坦	泰国	马来西亚	印度尼西亚	越南	柬埔寨
合成化肥	15.0	18.3	17.7	10.3	16.8	3.9	3.9	3.2	6.0	14.3	6.6	17.8	8.8	6.8	14.3	12.2	21.4	10.2	12.8	0.8
稻田	7.4	0	3.0	0	0	0	1.2	1.0	7.4	16.7	0.9	33.1	0	61.2	6.4	55.5	20.0	37.4	48.0	46.2
有机肥管理	16.6	11.3	19.9	22.5	13.6	.5	2.5	1.6	3.7	4.7	12.6	10.0	2.8	6.8	5.1	5.5	6.2	4.2	9.3	8.0
牧场粪便	7.5	4.1	9.8	5.8	5.7	21.3	23.9	24.9	23.0	10.5	5.6	7.4	1.2	4.9	15.2	4.3	5.2	5.8	4.7	5.9
施入土壤有机肥	9.2	6.0	9.8	11.4	7.3	0.7	2.7	1.1	3.1	2.4	8.9	4.9	42.3	2.1	3.0	2.1	3.4	2.4	2.8	0
肠道发酵	39.6	29.4	8.9	41.7	37.7	34.	61.2	60.3	54.4	46.8	44.9	23.0	0.1	14.2	53.4	14.4	8.2	12.3	15.2	23.6
有机土壤耕作	0.3	26.5	36.2	7.4	14.1	0.2	0	4.4	0.7	0.2	11.4	0	2.5	0	0	0	33.9	23.8	0	0
秸秆	4.0	4.3	3.9	0.9	5.0	1.7	2.0	0	1.4	3.7	6.2	3.4	0.8	0	2.2	0	0	0	0	3.4
草原燃烧	0	0	0	0	0	33.2	2.1	2.5	0.1	0	2.2	0	1.0	0	0	0	0	0	0	0
秸秆燃烧	0.5	0.1	0.3	0	0.2	0.3	0.4	0.4	0.3	0.6	0.7	0	1.0	3.0	0.4	4.4	1.4	3.3	4.6	0
合计	100	100	100	100	100	100	100	100	100	100	100	100	100	100	100	100	100	100	100	100

资料来源：根据联合国粮农组织数据库整理。

控释肥料、液体肥料、水溶性肥料、生物肥、叶面肥及土壤调理剂等高效新型肥料。鉴于中国目前秸秆还田率仅在35%左右,畜禽粪便还田率不足50%,因此畜禽粪便还田和秸秆还田的潜力很大,应加大力度推进秸秆还田和牲畜粪便等有机肥使用,适度扩大绿肥种植,还要加强推广机械化深度施肥和测土配方施肥,科学把握施肥时间,提高肥效,降低化肥引致的CO_2排放。

当然,水稻是中国重要的粮食作物,稻田释放的CH_4对中国农业碳排放的贡献1990—2016年平均值达到17.6%(以CO_2eq计量)(见表4—4)。因此,控制稻田灌溉,减少稻田碳排放,也是低碳农业不可忽视的重要内容。中国秸秆处理也较为粗糙,焚烧处理仍占有一定的比例,这带来了大量的碳排放,从而引致大气污染和土壤破坏。因此,加大政府政策和资金的支持,大幅度减少乃至杜绝农户秸秆的焚烧,大力提高秸秆的高效利用,对低碳农业发展至关重要。

4.3 农业碳源碳汇及地区结构分析

4.3.1 中国农业的碳源结构及变化趋势

要想更细致地了解各省区市的农业碳排放及其结构,需要首先计算相应的农业碳排放。由于国内细分区域和细分产业数据资料的限制,本节计算中国农业碳排放的口径与上文中联合国粮农组织的碳排放口径存在明显差异。

(1)农资投入引致的排放

这里主要计算化肥、农药、农膜所引致的CO_2排放。化肥按照氮肥、钾肥、磷肥折纯量及复合肥折纯量计算,排放量按照投入数量乘以排放因子加总获得。这些农资的投入数量可以从《中国统计年鉴》获得,排放因子来自IPCC 2007年报告,其碳排放量的具体计算公式是:

$$C_{FFP} = \sum_{j=1}^{m}\sum_{i=1}^{n}\tau_{ij} \times \mu_{ij} \qquad (1)$$

其中,C_{FFP}为化肥、农药、农膜等农业投入物资排放的CO_2(kg),τ_{ij}为第j省区市第i种农资(kg)投入量,μ_{ij}为第j省区市第i种农资产品

的 CO_2 排放系数($kgCO_2 eq/kg$)。

(2)稻田排放和土壤排放

在计算稻田 GHG 排放时,稻田按照早稻、中稻、晚稻类型进行细分统计。在计算土壤 N_2O 排放时,土壤按照不同作物类型进行细分统计。稻田的 CH_4 和氧化亚氮总量最终通过水稻和其他不同作物耕地面积乘以相应排放因子加总获得,不同类型的稻田作物甲烷的排放因子见表 4—5。土壤氧化亚氮的排放细分为小麦、玉米、谷子、高粱、大麦、水稻、其他谷类、大豆、其他豆类、薯类、花生、油菜、其他油料作物、棉花、蔬菜、草莓、瓜类、花卉等。本书使用的土壤氧化亚氮排放系数分别为:水稻 $0.24kg/hm^2$[1]、春小麦 $0.4 kg/hm^2$[2]、冬小麦 $2.05kg/hm^2$[3]、大豆 $0.77kg/hm^2$[4]、玉米 $2.53kg/hm^2$[5]、蔬菜 $4.21kg/hm^2$[6]、其他旱作 $0.95kg/hm^2$[7]。在计算出 CH_4 和 N_2O 数量后,再进一步换算成 CO_2 当量。本书中 CH_4、N_2O 的 CO_2 当量换算系数来自 IPCC 第四次评估报告(2007),即 1t CH_4、N_2O 所引发的温室效应分别相当于 25t CO_2(6.8182t C)、298t CO_2(81.2727t C)所产生的温室效应。具体计算依照公式:

$$C_{RS} = \sum_{j=1}^{m}\sum_{i=1}^{n} Q_{ij} \times \alpha_{ij} \times \theta_{ij} + \sum_{j=1}^{m}\sum_{i=1}^{n} Q_{ij} \times \varepsilon_{ij} \times \upsilon_{ij} \qquad (2)$$

其中,C_{RS} 为稻田和土壤排放的 CO_2(kg),Q_{ij} 为第 j 省区市第 i 种作物播种面积(hm^2),α_{ij} 为第 j 省区市第 i 种作物的 CH_4 排放系数($kgCO_2 eq/hm^2$),θ_{ij} 为 CH_4 的 CO_2 当量因子,ε_{ij} 为第 j 省区市第 i 种作物的 N_2O 排放系数($kgCO_2 eq/hm^2$),υ_{ij} 为 N_2O 的 CO_2 当量因子。

---

[1] 王智平. 中国农田 N_2O 排放量的估算[J]. 农村生态环境,1997,13(2):51—55.

[2] 于克伟,陈冠雄,杨思河,等. 几种旱地农作物在农田 N_2O 释放中的作物及环境因素的影响[J]. 应用生态学报,1995,6(4):387—391.

[3] 庞军柱,王效科,牟玉静,等. 黄土高原冬小麦地 N_2O 排放[J]. 生态学报,2011,31(7):1896—1903.

[4] 熊正琴,邢光熹,鹤田治雄,等. 种植夏季豆科作物对旱地氧化亚氮排放贡献的研究[J]. 中国农业科学,2002,35(9):1104—1108.

[5] 王少彬,苏维瀚. 中国地区氧化亚氮排放量及其变化的估算[J]. 环境科学,1993,14(3):42—46.

[6] 邱炜红,刘金山,胡承孝,等. 种植蔬菜地与裸地氧化亚氮排放差异比较研究[J]. 生态环境学报,2010,19(12):2982—2985.

[7] 王智平. 中国农田 N_2O 排放量的估算[J]. 农村生态环境,1997,13(2):51—55.

表4—5　　　　　　　　各地区水稻 CH_4 排放系数

地区	早稻	中稻	晚稻	地区	早稻	中稻	晚稻
北京	0	13.23	0	湖北	17.51	58.17	39.0
天津	0	11.34	0	湖南	14.71	56.28	34.1
河北	0	15.33	0	广东	15.05	57.02	51.6
山西	0	6.62	0	广西	12.41	47.78	49.1
内蒙古	0	8.93	0	海南	13.43	52.29	49.4
辽宁	0	9.24	0	重庆	6.55	25.73	18.5
吉林	0	5.57	0	四川	6.55	25.73	18.5
黑龙江	0	8.31	0	贵州	5.10	22.05	21.0
上海	12.41	53.87	27.5	云南	2.38	7.25	7.6
江苏	16.07	53.55	27.6	西藏	0	6.83	0
浙江	14.37	57.96	34.5	陕西	0	12.51	0
安徽	16.75	51.24	27.6	甘肃	0	6.83	0
福建	7.74	43.47	52.6	青海	0	0	0
江西	15.47	65.42	45.8	宁夏	0	7.35	0
山东	0	21.00	0	新疆	0	10.5	0
河南	0	17.85	0				

资料来源：田云，张俊飚.中国农业生产净碳效应分异研究[J].自然资源学报，2013,28(8):1298—1309.

(3)农业化石能源使用带来的排放

由于寻找细分数据比较困难，计算能源引致的碳排放主要使用历年《中国能源统计年鉴》中各省区市的能源平衡表数据。实际上是指农林牧渔各部门的最终能源消费。当然，在我国农业能源消费总量中，最主要的是来自种植业的能源消费。这些能源消费包括原煤、洗精煤、其他洗煤、焦炭、型煤、高炉煤气、其他煤气、汽油、柴油、煤油、燃料油、润滑油、液化石油气、天然气、其他石油制品、热力、电力等。在具体计算时，本书假设这些能源充分燃烧，能源排放的 CO_2 通过不同能源消费重量乘以相应 CO_2 排放因子加总获得，其中不同能源类型的碳排放系数及相关因子见表4—6。具体计算按照公式：

$$C_N = \sum_{j=1}^{m}\sum_{i=1}^{n} Q_{ij} \times \beta_{ij} \qquad (3)$$

其中，C_N 为牲畜排放的 $CO_2(kg)$，Q_{ij} 为第 j 省区市第 i 种能源的数量(kg)，β_{ij} 为第 j 省区市第 i 种能源的 CO_2 排放系数($kgCO_2eq/kg$)。

表 4-6　　　　　　　　　　能源排放折算系数

项目	平均低位发热 KJ/KG/M³/KWH	潜在排放因子 TC/10¹²J	碳氧化率	折算系数 Kgsec/kg 或 MJ 或 kwh
原煤	20 934	26.8	0.922	0.7143
洗精煤	26 377	25.8	0.94	0.9
其他洗精煤	8 274	25.8	0.94	0.4286
型煤	20 500	33.6	0.9	0.6
焦炭	28 470	29.41	0.928	0.9174
焦炉煤气	16 746	13	0.99	0.6143
其他煤气	5 277	13	0.99	0.1786
原油	41 868	20.08	0.979	1.4286
汽油	43 124	18.9	0.98	1.4714
煤油	43 124	19.6	0.986	1.4714
柴油	42 750	20.17	0.982	1.4571
燃料油	41 868	21.09	0.985	1.4286
液化石油气	47 472	17.2	0.989	1.7143
炼厂干气	46 055	18.2	0.989	1.5713
天然气	35 588	15.32	0.99	1.33
其他石油制品	41 816	20	0.98	1.4286
其他焦化产品	28 200	29.41	0.928	1.2437
热力				0.03412
电力	3 596			0.1219

资料来源：IPCC 2007。

（4）牲畜排放

牲畜排放包括肠道排放和粪便排放。牲畜排放的计算方法是将不同牲畜的头/只数乘以相应的排放因子,然后加总。其中,主要大牲畜数据来自历年《中国统计年鉴》和《中国农业统计资料汇编》,包括牛、马、驴、骡、骆驼、猪、山羊、绵羊等,相应的排放因子来自 IPCC 2007 年报告,见表 4—7。相应计算按照如下公式：

$$C_L = \sum_{j}^{m}\sum_{i=1}^{n} Q_{ij} \times \xi_{ij} \times \theta_{ij} + \sum_{j=1}^{m}\sum_{i=1}^{n} Q_{ij} \times \omega_{ij} \times \upsilon_{ij} \qquad (4)$$

其中,C_L 为牲畜排放的 CO_2(kg),Q_{ij} 为第 j 省区市第 i 种牲畜的数量(头/只),ξ_{ij} 为 CH_4 排放系数(kg·头$^{-1}$·a^{-1}),θ_{ij} 为 CH_4 的 CO_2 当量因子,ω_{ij} 为第 j 省区市第 i 种牲畜 N_2O 排放系数(kg·头$^{-1}$·a^{-1}),$\upsilon_{i,j}$ 为 N_2O 的 CO_2 当量因子。

表 4—7　　　　　　　　　牲畜碳排放系数　　　　　　　单位:kg/头·年

牲畜	肠道发酵 CH$_4$	粪便排放 CH$_4$	粪便排放 N$_2$O	牲畜	肠道发酵 CH$_4$	粪便排放 CH$_4$	粪便排放 N$_2$O
奶牛	61	18	—	骡	10	0.90	1.39
水牛	55	2	1.34	骆驼	46	1.92	1.39
黄牛	47	1	1.39	猪	1	4.00	0.53
马	18	1.64	1.39	山羊	5	0.17	0.33
驴	10	0.9	1.39	绵羊	5	0.15	0.33

资料来源:IPCC,2007.

表 4—8 表明,1997 年中国全部农业碳排放量为 12.66 亿吨。此后,由于畜牧业和种植业迅速发展,农业碳排放量大致呈现增长的态势,如 2005 年、2011 年、2013 年农业总碳排放量达到 14 亿吨左右。与田云等的计算结果相比,算值略大[①],主要原因在于本书计入更多农业投入细项,如在能源方面不仅考虑了农业柴油,还考虑了汽油、燃料油等《中国能源统计年鉴》中的所有其他能源细分类型。值得注意的是,2015 年中国农业总播种面积、化肥农药使用量、农膜使用量、畜牧业规模等都比前几年有所下降,当年中国农业碳排放量相应下降。中

---

① 田云,张俊飚.碳排放与经济增长互动关系的实证研究——以武汉市为例[J].华中农业大学学报(社会科学版),2013(1):118—121.

国农业化肥农药使用量的下降与农业部有关政策文件的直接限制密切相关,如该年农业部颁布了《关于控制化肥农药使用并力争2020年化肥农药零增长的规划》。

表4—8还表明,各省区市农业碳排放量存在明显差异。从各省区市碳排放总量来看,其中,河北、内蒙古、黑龙江、山东、河南、湖北、湖南、四川、云南和新疆等省区市2015年农业碳排放量超5 000万吨,河南的农业碳排放量更是达到11 069.55万吨,列31省区市之首。北京、天津、上海农业碳排放量分别为266.67万吨、311.77万吨和229.18万吨,是排放量最小的。从各省区市农业碳排放量变化趋势看,1997—2015年北京、天津、上海、河北、浙江、福建、江西、广东、广西、山东农业碳排放量呈现明显的下降趋势;而内蒙古、辽宁、吉林、黑龙江、河南、湖南、四川、贵州、云南、陕西、甘肃、宁夏和新疆农业碳排放量不断上升。东部农业碳排放量占比从1997年的37.33%降低到2015年的30.97%,中部农业碳排放量占比从1997年的39.19%缓慢上升到2015年的40.25%,西部农业碳排放量亦从1997年的20.45%增加到2015年的28.78%。

表4—8　1997—2015年我国31个省(市、区)农业碳排放量　　单位:万吨

年份	1997	1999	2001	2003	2005	2007	2009	2011	2013	2015
北京	446.39	452.11	431.78	423.79	383.92	351.40	349.01	337.77	316.12	266.67
天津	214.91	241.47	280.74	324.35	369.39	300.43	317.91	330.04	333.67	311.77
河北	6 446.83	6 789.64	6 828.34	6 969.82	7 540.10	6 355.13	6 284.71	6 295.67	6 296.84	6 085.76
山西	2 246.63	2 299.37	2 248.53	2 264.05	2 255.99	1 936.53	1 985.23	2 039.31	2 087.68	1 969.77
内蒙古	3 423.87	3 403.12	3 164.58	3 686.03	4 571.98	4 785.09	5 324.63	5 438.56	5 652.23	6 139.20
辽宁	2 757.31	2 923.14	2 910.91	3 122.88	3 375.12	3 375.62	3 537.13	3 687.34	3 729.90	3 534.62
吉林	2 802.07	3 006.03	3 084.86	3 079.27	3 320.31	3 552.89	3 474.95	3 530.01	3 724.02	3 722.04
黑龙江	3 579.67	3 688.75	3 642.53	3 771.41	4 178.36	4 589.88	4 882.65	5 300.76	5 556.68	5 046.80
上海	630.35	753.88	680.90	521.12	486.02	450.53	425.72	421.79	394.94	229.18
江苏	8 718.26	8 853.30	8 348.22	8 084.95	8 572.18	8 275.97	8 348.26	8 297.76	8 147.90	4 904.11
浙江	3 705.90	3 611.48	3 395.63	3 165.06	3 270.20	3 071.26	3 090.21	3 042.03	2 947.74	1 732.40
安徽	7 279.55	7 364.68	7 335.75	7 432.62	7 238.54	6 703.07	6 901.87	7 038.35	7 150.05	4 482.59
福建	3 190.90	3 229.91	3 011.36	2 897.84	3 091.66	2 868.59	2 849.53	2 858.53	2 766.94	1 981.37
江西	5 537.62	5 392.41	5 122.20	4 967.32	5 621.36	5 244.63	5 440.05	5 555.47	5 625.23	3 224.66
山东	8 363.45	9 467.92	9 525.02	9 276.87	9 797.55	8 838.77	7 933.60	7 912.71	7 954.83	7 509.12
河南	9 382.60	10 196.38	10 654.13	11 138.39	11 973.51	11 124.65	11 565.92	11 829.80	11 669.73	11 069.55
湖北	7 754.55	7 479.02	7 174.73	7 343.19	7 833.90	7 740.78	8 334.89	8 475.65	8 482.22	5 867.90
湖南	7 615.08	7 639.73	7 637.24	7 881.61	8 801.44	8 426.97	8 773.14	8 956.95	8 919.87	5 968.15
广东	6 086.86	6 057.81	6 109.25	5 799.73	5 833.93	5 463.84	5 683.52	5 746.93	5 741.47	4 539.23

第四章　农业碳排放的国际比较与碳源碳汇结构分析

续表

年份	1997	1999	2001	2003	2005	2007	2009	2011	2013	2015
广西	5 778.40	5 899.64	6 263.46	6 143.70	6 372.38	5 421.50	5 631.90	5 759.81	5 891.16	4 521.23
海南	926.99	922.13	1 005.87	1 060.00	1 084.53	948.64	1 120.86	1 144.71	1 125.24	928.72
重庆	2 480.46	2 560.11	2 609.30	2 614.51	2 711.97	2 420.74	2 617.00	2 678.62	2 542.69	2 117.89
四川	7 980.53	8 198.41	8 391.72	8 517.06	8 952.79	8 704.23	8 781.03	8 715.01	8 607.67	7 256.34
贵州	3 326.80	3 492.33	3 620.68	3 817.77	4 019.62	3 317.09	3 379.34	3 275.01	3 346.44	3 158.42
云南	4 274.66	4 245.42	4 622.92	4 663.92	5 015.63	4 962.10	5 268.28	5 576.81	5 763.96	5 758.06
西藏	1 569.38	1 497.33	1 563.57	1 660.30	1 738.26	1 719.84	1 765.45	1 727.80	1 747.15	1 715.78
陕西	2 617.72	2 824.96	2 761.61	2 974.97	3 082.97	2 872.74	3 055.35	3 227.10	3 463.80	3 222.46
甘肃	2 168.16	2 271.39	2 340.64	2 472.69	2 797.34	2 709.64	2 817.93	2 925.46	3 043.36	3 055.25
青海	1 372.65	1 294.41	1 340.0	1 356.90	1 357.76	1 366.07	1 377.75	1 384.24	1 343.67	1 397.12
宁夏	551.84	739.09	630.56	680.12	755.01	773.79	799.53	817.68	872.92	849.27
新疆	3 402.80	3 367.13	3 511.51	3 475.72	3 732.96	3 416.80	4 807.97	4 976.63	4 899.31	5 419.75
合计	126 633.18	130 162.56	130 248.61	131 588.26	140 137.32	132 089.05	136 925.31	139 304.30	140 205.52	117 985.47
东部排放量	47 266.55	49 202.43	48 791.48	47 790.11	50 176.98	45 721.68	45 572.36	45 835.09	45 646.75	36 544.28
东部占比	37.33	37.80	37.46	36.32	35.81	34.61	33.28	32.90	32.56	30.97
中部排放量	49 621.64	50 469.57	50 064.55	51 564.27	55 795.82	54 104.32	56 683.33	58 164.86	58 867.81	47 490.56
中部占比	39.19	38.77	38.44	39.19	39.82	40.96	41.40	41.75	41.99	40.25
西部排放量	29 745.00	30 490.58	31 392.56	32 233.87	34 164.52	32 263.04	34 669.63	35 304.36	35 690.97	33 950.65
西部占比	23.49	23.42	24.10	24.50	24.38	24.43	25.32	25.34	25.46	28.78

注：东部地区包括北京、天津、河北、辽宁、上海、江苏、浙江、福建、山东、广东、广西、海南12个省、自治区、直辖市，面积为129.4万平方公里，占我国全部国土面积的13.5%；中部地区包括山西、内蒙古、吉林、黑龙江、安徽、江西、河南、湖北、湖南9个省、自治区，面积为281.8万平方公里，占我国全部国土面积的29.3%；西部地区包括重庆、四川、贵州、云南、西藏、陕西、甘肃、宁夏、青海、新疆10个省、自治区，面积为541.4万平方公里，占我国全部国土面积的56.4%。

从表4—9可以看出，由于农业结构存在明显差异，各省区市农业碳排放结构存在明显的类型分异。

表4—9　　1997—2016年各省区市农业碳排放源及其排放结构分析　　单位：%

		1997	1999	2001	2003	2005	2007	2009	2011	2013	2015	2016
北京	稻田	1.46	1.19	0.44	0.11	0.06	0.04	0.03	0.02	0.02	0.00	0.00
	土壤	9.20	9.02	7.07	5.93	6.71	6.67	7.30	7.18	6.19	4.79	5.49
	牲畜	26.02	27.36	35.05	40.50	36.24	31.69	31.97	31.20	33.80	36.29	45.70
	能源	5.83	8.94	12.44	12.00	11.01	14.84	14.67	14.92	15.16	15.34	0.00
	农用物资	57.50	53.49	45.00	41.47	45.99	46.76	46.03	46.68	44.83	43.58	48.81
天津	稻田	8.76	7.17	1.15	0.6	1.28	1.35	1.43	1.22	1.43		
	土壤	17.68	15.98	13.80	11.16	10.08	10.15	10.43	10.44	10.70	8.94	11.25
	牲畜	38.53	38.72	45.73	55.63	48.90	34.40	35.63	36.17	36.60	39.64	49.73
	能源	7.86	11.03	12.65	8.93	9.62	12.62	12.34	14.33	14.10	16.68	0.00
	农用物资	27.16	27.09	26.66	23.62	30.12	41.47	40.17	37.84	37.17	34.74	39.02

续表

		1997	1999	2001	2003	2005	2007	2009	2011	2013	2015	2016
河北	稻田	0.92	0.87	0.53	0.42	0.45	0.51	0.52	0.51	0.53	0.00	0.00
	土壤	8.44	8.45	8.53	8.13	7.82	9.34	9.56	9.74	9.82	7.17	7.84
	牲畜	37.56	39.37	40.40	40.97	41.84	30.12	28.93	27.10	26.96	28.13	30.03
	能源	1.80	1.79	1.78	1.87	2.26	2.72	3.32	4.63	4.59	4.92	0.00
	农用物资	51.28	49.52	48.75	48.62	47.63	57.31	57.67	58.04	58.10	59.77	62.13
山西	稻田	0.06	0.06	0.05	0.03	0.03	0.02	0.01	0.01	0.01	0.00	0.00
	土壤	9.27	9.38	9.06	9.19	9.75	11.28	11.43	11.71	11.47	8.90	10.25
	牲畜	37.03	37.71	38.04	36.92	36.96	27.47	25.98	24.21	26.09	29.17	33.03
	能源	9.59	8.89	9.53	9.92	7.03	6.59	9.44	9.52	8.31	8.70	0.00
	农用物资	44.04	43.96	43.32	43.93	46.24	54.64	53.14	54.55	54.11	53.23	56.72
内蒙古	稻田	0.80	0.77	0.61	0.41	0.41	0.37	0.43	0.37	0.30	0.00	0.00
	土壤	8.35	8.80	8.71	7.58	6.92	7.18	6.84	6.98	7.02	5.70	6.13
	牲畜	60.94	59.65	56.44	58.30	59.43	55.95	52.96	51.26	48.42	48.37	51.07
	能源	2.57	2.37	3.25	3.37	3.22	3.38	4.14	5.75	5.59	5.89	0.00
	农用物资	27.35	28.42	31.00	30.34	30.02	33.12	35.63	35.64	38.67	40.04	42.80
辽宁	稻田	4.12	3.96	4.09	3.70	3.89	4.52	4.29	4.13	4.02	0.00	0.00
	土壤	7.51	7.29	7.46	6.61	6.48	6.53	6.42	6.71	6.88	7.42	7.85
	牲畜	30.35	32.95	36.75	41.63	41.84	38.77	40.05	39.17	38.59	40.83	45.86
	能源	3.37	3.26	3.28	2.97	4.58	5.08	4.69	4.66	4.62	4.98	0.00
	农用物资	54.65	52.54	48.41	45.09	43.20	45.10	44.55	45.33	45.90	46.76	46.30
吉林	稻田	2.25	2.15	3.10	2.45	2.74	2.63	2.65	2.73	2.72	0.00	0.00
	土壤	8.70	8.07	8.74	8.71	8.24	7.78	8.27	8.50	8.59	8.97	9.56
	牲畜	39.00	40.36	41.81	41.69	42.23	42.59	39.23	35.52	34.09	34.58	36.10
	能源	2.03	2.00	2.19	2.65	3.51	3.66	1.94	1.93	2.56	3.10	0.00
	农用物资	48.02	47.41	44.16	44.50	43.27	43.34	47.92	51.32	52.04	53.35	54.34
黑龙江	稻田	8.11	9.09	8.94	7.11	8.20	10.20	10.47	11.54	11.87	0.00	0.00
	土壤	11.51	11.38	10.69	10.12	9.12	10.72	10.03	9.77	9.91	11.07	11.91
	牲畜	36.72	36.84	38.31	42.47	40.76	34.32	33.76	30.71	27.99	31.46	34.69
	能源	4.30	4.35	4.82	4.47	3.92	3.95	3.80	3.91	5.49	6.87	0.00
	农用物资	39.36	38.34	37.24	35.82	37.99	40.81	41.94	44.06	44.74	50.60	53.41
上海	稻田	43.59	34.81	29.35	26.57	30.62	32.61	34.32	33.87	34.75	0.00	0.00
	土壤	3.93	3.54	3.87	4.81	4.75	5.22	5.69	6.02	5.62	6.79	9.25
	牲畜	13.89	12.14	13.56	15.62	12.67	11.47	15.93	16.62	17.62	25.79	28.11
	能源	7.06	6.62	9.03	11.52	10.77	8.87	7.67	7.70	9.28	14.98	0.00
	农用物资	31.52	42.90	44.19	41.48	41.19	41.82	36.39	35.79	32.72	52.44	62.64
江苏	稻田	36.39	36.16	32.18	30.42	34.48	36.03	35.78	36.28	37.23	0.00	0.00
	土壤	4.17	4.34	4.66	5.04	4.48	4.58	4.72	4.94	5.13	5.19	5.79
	牲畜	9.76	9.99	11.31	12.01	11.01	7.49	7.96	7.92	8.09	13.46	14.48
	能源	2.42	2.04	1.97	2.08	1.95	2.17	2.33	2.97	2.81	5.50	0.00
	农用物资	47.25	47.47	49.87	50.43	48.08	49.74	49.20	47.89	46.75	75.84	79.74
浙江	稻田	42.76	43.86	40.69	37.08	37.48	37.96	36.98	35.86	34.08	2.42	0.00
	土壤	2.99	3.35	3.81	4.13	3.87	3.79	3.64	3.74	3.71	5.79	8.04
	牲畜	11.44	11.57	13.43	14.38	14.14	11.71	13.31	13.95	14.35	15.08	17.01
	能源	4.01	4.22	4.75	5.86	5.62	6.31	6.10	6.87	7.51	13.08	0.00
	农用物资	38.80	38.54	37.32	38.54	38.89	40.23	39.96	39.58	40.34	63.63	74.95
安徽	稻田	30.00	29.72	27.77	28.98	32.10	36.04	35.79	35.18	34.77	1.77	0.00
	土壤	34.85	34.64	32.84	34.34	37.67	42.16	41.85	41.25	40.79	7.33	6.28
	牲畜	24.75	24.70	23.55	23.71	20.75	11.57	12.17	11.85	12.49	20.29	22.43
	能源	1.18	1.12	1.20	1.16	1.09	1.29	1.53	1.68	1.83	2.77	0.00
	农用物资	39.22	39.54	42.42	40.78	44.46	44.98	45.22	44.89	69.60	71.29	
福建	稻田	36.56	34.57	33.31	29.30	28.32	27.82	27.86	27.20	28.33	1.68	0.00
	土壤	3.17	3.20	3.66	3.90	3.68	3.75	3.90	4.03	4.16	6.01	6.90
	牲畜	16.74	16.70	18.31	19.81	19.76	17.66	18.65	18.41	19.01	23.24	24.93
	能源	1.39	1.24	1.40	1.64	5.38	5.88	4.37	5.39	2.46	3.50	0.00
	农用物资	42.13	43.40	43.33	45.34	42.85	44.89	45.22	44.97	46.05	65.57	68.17

续表

		1997	1999	2001	2003	2005	2007	2009	2011	2013	2015	2016
江西	稻田	47.00	49.00	49.73	50.09	50.03	53.70	53.09	53.03	52.53	16.69	0.00
	土壤	2.88	2.88	3.06	2.78	2.41	2.47	2.44	2.49	2.37	4.10	5.59
	牲畜	23.24	21.89	22.15	21.80	21.07	16.04	17.95	17.99	19.14	34.00	44.03
	能源	0.94	0.90	0.88	0.97	1.96	1.68	1.35	1.25	1.19	2.18	0.00
	农用物资	25.95	25.33	24.18	24.35	24.54	26.10	25.17	25.24	24.77	43.03	50.38
山东	稻田	1.03	1.09	0.96	0.64	0.64	0.78	0.89	0.83	0.81	0.00	0.00
	土壤	8.80	8.10	8.08	8.11	7.70	8.58	9.69	9.87	9.98	6.98	7.76
	牲畜	32.76	34.67	36.43	39.18	36.92	27.31	27.83	28.48	28.85	30.58	33.46
	能源	3.01	4.29	3.86	1.43	4.32	5.21	3.12	3.34	3.47	4.16	0.00
	农用物资	54.40	51.85	50.67	50.65	50.42	58.13	58.46	57.48	56.89	58.28	58.77
河南	稻田	2.33	2.23	1.74	2.02	1.90	2.41	2.36	2.41	2.45	0.00	0.00
	土壤	7.74	7.57	7.58	7.67	7.35	8.24	8.01	7.94	8.15	4.95	5.36
	牲畜	42.12	42.22	41.26	41.37	41.74	32.83	32.65	30.29	29.46	31.56	32.75
	能源	1.40	1.36	1.42	1.42	1.65	1.92	1.95	3.06	2.18	2.57	0.00
	农用物资	46.40	46.62	48.00	47.52	47.35	54.61	55.03	56.30	57.76	60.91	61.89
湖北	稻田	32.48	32.85	31.85	29.18	31.20	30.18	28.93	28.47	28.86	3.16	0.00
	土壤	4.06	4.41	4.55	4.27	3.98	4.12	4.14	4.31	4.32	4.85	5.60
	牲畜	18.29	19.65	19.12	19.76	18.73	17.10	17.51	16.89	17.63	25.73	29.20
	能源	1.58	1.60	2.13	2.00	2.38	2.77	2.94	3.13	3.36	4.85	0.00
	农用物资	43.59	41.50	42.35	44.78	43.71	45.83	46.48	47.19	45.82	61.41	65.20
湖南	稻田	38.87	38.74	37.70	35.54	36.20	40.03	39.34	38.69	38.46	8.90	0.00
	土壤	2.74	2.94	3.22	3.31	2.97	2.80	2.97	3.19	3.21	4.81	6.05
	牲畜	25.92	26.23	27.37	30.10	29.09	23.39	24.07	23.65	23.93	36.75	43.97
	能源	3.60	2.75	2.08	2.10	3.13	3.18	3.38	3.71	3.46	5.27	0.00
	农用物资	28.88	29.33	29.63	28.97	28.61	30.60	30.24	30.77	30.94	44.27	49.98
广东	稻田	37.77	35.93	32.47	31.32	31.07	30.05	29.29	28.81	28.48	7.37	0.00
	土壤	3.26	3.27	3.52	3.73	3.62	3.53	3.59	3.72	3.84	5.02	6.11
	牲畜	19.36	22.81	23.75	22.92	22.85	19.75	19.97	19.33	19.40	23.81	27.58
	能源	2.50	2.49	3.05	2.53	3.63	3.39	3.22	3.35	3.57	4.86	0.00
	农用物资	37.10	35.49	37.21	39.49	38.83	43.28	43.93	44.78	44.71	52.81	66.30
广西	稻田	33.33	32.29	30.74	30.34	29.15	31.31	30.15	29.25	28.14	6.09	0.00
	土壤	3.82	4.04	3.94	4.14	4.25	4.16	4.22	4.35	4.27	5.77	6.73
	牲畜	36.41	37.77	39.28	37.54	37.18	26.82	28.53	28.10	28.18	35.11	38.22
	能源	0.31	0.40	0.43	0.40	0.63	1.04	0.79	1.05	1.17	2.53	0.00
	农用物资	26.13	25.50	25.60	27.58	28.79	36.67	36.31	37.25	38.25	50.50	55.05
海南	稻田	35.09	35.76	28.77	26.48	24.64	27.04	23.99	23.34	22.65	5.12	0.00
	土壤	3.32	3.54	3.29	3.25	2.98	3.38	3.25	3.41	3.54	4.29	5.42
	牲畜	34.35	39.84	39.45	38.01	37.55	26.85	27.78	26.93	26.74	31.34	37.09
	能源	1.81	1.97	1.92	1.98	2.44	2.86	4.02	5.57	5.34	5.87	0.00
	农用物资	25.44	18.89	32.39	30.23	32.39	39.86	40.96	40.75	41.73	53.38	57.49
重庆	稻田	20.73	19.75	18.81	18.44	17.73	17.33	16.76	16.49	17.42	0.00	0.00
	土壤	6.53	6.43	6.24	5.92	5.77	6.14	6.23	6.38	6.89	7.97	8.66
	牲畜	29.09	30.24	31.93	33.37	32.87	25.42	27.48	26.84	28.83	35.43	36.63
	能源	4.73	5.49	5.30	5.55	5.66	6.68	6.35	7.46	1.70	2.19	0.00
	农用物资	38.93	38.09	37.71	36.71	37.97	44.43	43.17	42.83	45.16	54.41	54.71
四川	稻田	17.60	17.02	16.02	15.39	14.98	15.03	14.84	14.84	14.81	0.00	0.00
	土壤	5.47	5.55	5.36	5.23	4.94	5.18	5.26	5.42	5.47	5.21	5.59
	牲畜	43.49	43.40	45.67	47.54	48.00	44.66	43.85	43.56	43.20	51.70	53.74
	能源	0.42	0.68	0.68	0.87	1.22	1.44	1.65	1.60	1.88	2.32	0.00
	农用物资	33.02	33.36	32.27	30.98	30.58	33.68	34.39	34.60	34.57	40.78	40.68
贵州	稻田	12.30	11.80	11.41	10.40	9.90	11.24	11.38	11.47	11.28	0.00	0.00
	土壤	5.94	5.95	5.80	5.52	5.48	6.33	6.74	7.56	7.75	7.69	8.49
	牲畜	52.32	52.77	53.77	54.51	56.27	47.23	48.32	44.72	44.18	51.32	53.17
	能源	4.93	4.63	4.46	4.89	4.63	5.18	2.93	2.12	2.77	3.36	0.00
	农用物资	24.51	24.85	24.56	24.58	23.72	30.02	30.63	34.13	34.02	37.64	38.34

续表

		1997	1999	2001	2003	2005	2007	2009	2011	2013	2015	2016
云南	稻田	3.76	3.72	4.16	3.90	3.65	3.50	3.45	3.40	3.53	0.05	0.00
	土壤	5.37	5.97	5.76	5.69	5.65	5.70	5.81	5.89	6.07	5.41	5.71
	牲畜	58.13	61.44	55.69	53.98	52.71	48.78	48.27	45.64	43.42	44.64	47.34
	能源	1.87	1.71	1.40	1.42	2.71	3.01	2.88	2.58	2.49	3.06	0.00
	农用物资	30.87	27.16	32.99	35.00	35.29	39.02	39.59	42.49	44.49	46.83	46.95
西藏	稻田	0.01	0.01	0.01	0.01	0.01	0.01	0.01	0.01	0.01	0.00	0.00
	土壤	0.64	0.67	0.63	0.62	0.62	0.64	0.63	0.67	0.65	0.24	0.25
	牲畜	92.33	96.92	96.69	96.36	95.50	95.35	95.04	93.06	91.10	91.60	96.37
	能源	0.00	0.00	0.00	0.00	0.00	0.00	0.00	0.00	0.00	0.00	0.00
	农用物资	7.01	2.40	2.67	3.01	3.86	4.00	4.33	6.26	8.25	8.16	3.38
陕西	稻田	1.84	1.71	1.59	1.47	1.49	1.25	1.28	1.17	1.12	0.00	0.00
	土壤	9.86	9.81	9.42	8.10	8.28	8.87	8.62	8.26	7.75	5.49	5.77
	牲畜	30.74	30.61	31.26	32.94	33.91	25.48	24.72	21.64	19.85	21.53	22.22
	能源	1.88	1.20	1.40	1.43	1.88	2.58	2.81	3.00	2.90	2.74	0.00
	农用物资	55.68	56.67	56.33	56.06	54.44	61.83	62.57	65.92	68.38	70.24	72.01
甘肃	稻田	0.05	0.05	0.05	0.03	0.03	0.05	0.03	0.00	0.03	0.00	0.00
	土壤	9.56	9.21	8.52	8.18	7.51	7.89	8.06	8.09	8.08	5.74	6.57
	牲畜	54.15	53.41	54.05	55.14	57.05	53.03	53.25	51.58	50.57	52.28	58.14
	能源	2.33	3.36	3.29	3.25	3.19	3.45	3.63	3.88	3.48	3.29	0.00
	农用物资	33.91	33.96	34.09	33.39	32.22	35.59	35.03	36.45	37.84	38.68	35.29
青海	稻田	0.00	0.00	0.00	0.00	0.00	0.00	0.00	0.00	0.00	0.00	0.00
	土壤	2.01	2.04	1.84	1.58	1.58	1.87	1.72	1.86	1.85	1.11	1.11
	牲畜	91.70	91.06	91.64	92.29	92.25	91.75	91.38	90.79	90.16	90.44	92.63
	能源	0.42	0.48	0.46	0.42	0.39	0.40	0.67	0.79	0.78	0.82	0.00
	农用物资	5.87	6.42	6.06	5.71	5.77	5.98	6.23	6.56	7.21	7.63	6.27
宁夏	稻田	2.24	1.76	2.16	1.26	1.73	1.83	1.80	1.89	1.73	0.00	0.00
	土壤	9.12	6.92	8.43	8.81	7.47	7.68	7.75	7.79	6.98	5.55	5.66
	牲畜	41.11	33.88	41.90	43.63	46.55	39.69	39.91	38.29	39.20	42.90	45.04
	能源	2.63	1.94	0.00	2.10	1.97	2.17	2.60	1.92	2.67	2.78	0.00
	农用物资	44.91	55.48	47.51	44.19	42.28	48.63	47.94	50.12	49.43	48.78	49.29
新疆	稻田	0.63	0.59	0.55	0.51	0.49	0.55	0.40	0.37	0.36	0.00	0.00
	土壤	4.92	5.00	4.70	5.10	5.07	5.74	4.94	5.11	5.21	3.29	4.82
	牲畜	49.33	53.16	52.63	59.34	59.56	53.36	32.69	31.00	36.58	35.45	52.99
	能源	3.44	3.66	3.64	3.54	3.88	4.50	3.67	3.82	5.20	5.36	0.00
	农用物资	41.68	37.59	38.49	31.51	31.00	35.86	58.31	59.70	52.65	55.90	42.19

第一,辽宁、吉林、黑龙江、上海、浙江、江苏、安徽、福建、湖南、湖北、广东、广西、海南、重庆和宁夏等省区市因为有大面积的水稻种植,农资投入较大,畜牧业发展也较好,故其农业碳排放依次来自稻田、农资投入和牲畜肠道发酵。水稻是我国重要的粮食作物,种植面积广,也是农业温室气体的主要排放源。《国家应对气候变化规划(2014—2020)》提出,要发展高效低排放的水稻品种,控制稻田的碳排放(主要为 CH_4 和 N_2O)。近年来,上述省区市中稻的 CH_4 排放量不断增加,而早稻和晚稻的 CH_4 排放总量不断减少,这是早稻/晚稻的种植面积减少导致的。总体而言,国家农业减排政策并未得到很好的实施,减

排效果也不尽如人意。① 因此,应当根据这些地区的碳排放结构,制定精准的减排政策和计划规划,构建我国农业碳减排的核心区。

第二,天津和内蒙古等市区的农业碳排放主要是畜牧业和旱作农业引起的,这些地区的农业碳排放依次来自农资投入、牲畜肠道发酵和稻田。

第三,北京、河北、河南、陕西和新疆等省区市以旱作农业为主,有较好的畜牧业,兼有少量的水稻生产,这些地区的农业碳排放依次来自农资投入、牲畜肠道发酵和稻田排放。

第四,山东和山西等省以旱作农业为主,畜牧业也较为发达,农业碳排放依次来自农资投入、牲畜肠道发酵和土壤排放。

第五,四川、贵州和云南等省区水稻种植广泛,畜牧业和旱作农业占有一定的比重,农业碳排放依次来自稻田、牲畜肠道发酵和农资投入。

第六,西藏、青海和甘肃等省区的农业活动主要以畜牧业为主,牲畜肠道排放占主导地位,少量的旱作作物也带来农资投入引致的碳排放。

第七,江西等省农业作物以水稻为主,兼有旱作农业的种植区,碳排放依次来自稻田、土壤和农资投入。

4.3.2　中国农业碳汇分析

(1)农业生产碳汇量测算方法

农业生产碳汇是指农作物碳吸收,它取决于农作物光合作用的能力、规模及形成的净初级生产量(或生物产量)。为了简便处理,本书在计算农业碳汇时主要考虑农作物生长全生命周期中的碳吸收量。具体计算按照以下公式:

$$C = \sum_{i=1}^{k} C_i = \sum_{i=1}^{k} c_i \cdot Y_i \cdot (1-r)/HI_i \tag{5}$$

其中,C 为农作物碳吸收总量,C_i 为某种农作物的碳吸收量,k 为农作物种类数,c_i 为作物通过光合作用合成单位有机质需吸收的碳,Y_i 为作物的经济产量,r 为作物经济产品部分的含水量,HI_i 为作物经济

---

① 尚杰,杨果,于法稳.中国农业温室气体排放量测算及影响因素研究[J].中国生态农业学报,2015(3):354−364。

系数。各类农作物的碳吸收率与经济系数见表4—10。

表4—10　　　　　中国主要农作物经济系数与碳吸收率

品种	碳吸收率	含水量(%)	经济系数	品种	碳吸收率	含水量(%)	经济系数
水稻	0.414	12	0.45	薯类	0.423	70	0.70
小麦	0.485	12	0.40	甘蔗	0.450	50	0.50
玉米	0.471	13	0.40	甜菜	0.407	75	0.70
豆类	0.450	13	0.34	蔬菜	0.450	90	0.60
油菜籽	0.450	10	0.25	瓜类	0.450	90	0.70
花生	0.450	10	0.43	烟草	0.450	85	0.55
向日葵	0.450	10	0.30	其他作物	0.450	12	0.40
棉花	0.450	8	0.10				

资料来源：田云等.中国农业生产净碳效应分异研究[J].自然资源学报，2013,28(8):1298—1308.

(2)碳汇计算结果与分析

从表4—11及图4—28—图4—32可以看出，中国碳汇总体呈增长趋势。1997年中国碳汇量为6.38亿吨CO_2eq，2015年达8.29亿吨CO_2eq，2016年为8.04亿吨CO_2eq，比1997年增长了31.91%，年均增长率为1.45%。

河南、山东、黑龙江和广西等省区是中国低碳农业发展中碳汇贡献最大的第一梯队。大致在2000年前后，由于农业结构调整，除部分地区外，总体呈现碳汇不断增长的趋势。河南、山东、黑龙江一直是中国重要的粮食基地和产粮大省，如2016年黑龙江粮食产量为6 058.6万吨，河南为5 946.6万吨，山东为4 700.7万吨，位居全国各省区市的前三名，因此农作物碳汇量很大。广西的粮食产量仅有1 521.3万吨，但该自治区具有巨大的高碳汇作物种植——甘蔗等糖类作物自然具有高农作物碳汇。如2007年广西蔗糖产量为3 242.38万吨，2008年达到8 215.58万吨。虽然近年来广西的蔗糖产量有所下降，但2016年依然达到7 509.44万吨，居各省区市之首。也正因此，在31个省区市中，广西的碳汇量2007—2009年、2012—2014年是最大的，河南、山东、黑龙江和广西等省区是中国低碳农业发展中碳汇贡献最大的第一梯队。

表 4—11 1997—2015 年中国 31 个省(市、区)农业碳汇量(不含牲畜排放)

单位:万吨,%

年份	1997	1999	2001	2003	2005	2007	2009	2011	2013	2015	2016
北京	277.84	240.85	150.49	102.05	133.80	131.52	153.68	148.77	119.61	79.54	68.42
天津	244.09	214.32	219.51	209.63	213.80	210.20	217.71	228.41	233.10	228.61	242.30
河北	3 201.83	3 259.64	3 197.87	3 224.73	3 545.11	3 858.86	3 889.90	4 218.78	4 395.70	4 339.20	4 398.56
山西	1 052.29	928.34	799.01	1 071.21	1 095.99	1 147.06	1 088.46	1 360.40	1 457.64	1 328.19	1 362.24
内蒙古	1 825.39	1 687.05	1 478.13	1 544.18	1 958.36	2 077.15	2 294.21	2 738.55	3 052.09	3 104.61	3 081.64
辽宁	1 412.71	1 736.80	1 542.18	1 632.98	1 856.30	1 930.52	1 743.93	2 259.54	2 478.59	2 128.43	2 196.16
吉林	1 857.01	2 361.34	2 066.06	2 348.11	2 615.18	2 489.76	2 527.45	3 243.13	3 613.93	3 571.35	3 643.39
黑龙江	3 629.67	3 326.86	2 989.57	2 624.21	3 305.11	3 628.31	4 330.04	5 615.12	5 855.12	6 045.18	5 776.65
上海	250.60	240.34	192.98	149.88	155.59	136.72	149.26	147.03	133.18	122.69	109.18
江苏	3 787.23	3 795.73	3 434.58	3 024.26	3 259.11	3 531.11	3 657.02	3 744.93	3 827.19	3 871.23	3 738.42
浙江	1 455.40	1 402.03	1 233.73	1 034.87	1 008.35	885.82	972.65	950.58	881.26	869.58	867.35
安徽	3 056.55	3 011.47	2 933.19	2 605.83	3 471.85	3 329.59	3 540.16	3 590.91	3 724.32	3 989.40	3 846.33
福建	1 145.82	975.72	829.21	796.20	759.15	672.79	715.48	713.43	721.41	704.70	689.76
江西	2 079.88	1 860.84	1 688.13	1 535.16	1 735.50	1 824.79	1 958.02	2 028.75	2 089.86	2 121.58	2 095.39
山东	4 595.47	5 098.38	4 865.44	4 708.27	5 251.40	5 521.01	5 704.42	5 786.91	5 868.98	6 057.14	6 070.96
河南	4 690.73	5 090.36	5 143.45	4 499.60	5 320.66	6 648.97	6 768.50	6 878.00	7 082.25	7 426.23	7 319.45
湖北	3 077.58	2 835.54	2 632.50	2 444.86	2 668.74	2 715.03	2 917.73	3 003.45	3 131.67	3 261.31	3 092.18
湖南	2 887.89	2 798.17	2 818.97	2 575.42	2 747.88	2 735.90	3 028.00	3 151.80	3 154.63	3 239.08	3 207.97
广东	4 178.37	3 666.17	3 196.80	2 973.48	2 909.70	2 912.14	3 065.95	3 326.25	3 555.79	3 472.45	3 525.70
广西	4 630.67	4 636.68	5 040.54	6 208.61	6 553.39	8 992.63	8 834.53	8 595.19	9 515.14	8 955.10	8 924.87
海南	716.69	735.71	630.44	746.80	637.09	742.90	863.72	739.23	825.61	566.54	476.60
重庆	970.40	929.05	867.63	937.75	1 006.75	923.95	990.97	1 010.07	1 040.00	1 049.29	1 066.79
四川	3 504.28	3 537.02	3 038.03	3 244.62	3 345.21	3 170.65	3 377.37	3 531.13	3 576.36	3 565.93	3 603.42
贵州	1 074.72	1 152.61	1 138.64	1 153.59	1 208.49	1 150.20	1 235.00	924.38	1 253.21	1 348.15	1 314.52
云南	3 289.44	3 521.95	3 834.63	3 834.63	3 512.02	3 539.60	4 083.84	4 395.05	4 899.09	4 629.53	4 385.19
西藏	85.29	102.06	108.39	108.03	107.64	106.88	105.17	109.59	112.25	44.18	44.99
陕西	1 118.35	1 132.38	1 051.76	1 063.12	1 197.96	1 210.30	1 308.15	1 377.10	1 396.93	1 395.06	1 393.73
甘肃	976.99	950.56	846.66	906.41	948.91	947.64	1 044.30	1 089.21	1 203.49	1 204.84	1 169.57
青海	155.68	147.12	130.13	115.41	128.85	153.59	143.63	141.31	140.21	129.43	128.11
宁夏	322.15	299.65	273.24	280.37	300.67	314.30	345.99	368.91	371.13	378.13	371.38
新疆	1 830.10	1 883.25	2 003.28	2 023.48	2 281.92	2 765.65	2 897.22	3 263.47	3 557.01	3 672.93	3 829.95
合计	63 381.16	63 564.74	60 062.48	59 727.97	65 351.45	70 405.59	73 953.22	78 679.70	83 266.72	82 899.86	82 041.62
东部碳汇量	25 896.72	26 002.37	24 533.77	24 811.76	26 293.79	29 526.22	29 968.25	30 859.05	32 555.56	31 395.21	31 308.34
东部占比	40.86	40.91	40.85	41.54	40.23	41.94	40.52	39.22	39.10	37.87	38.16
中部碳汇量	24 156.99	23 899.97	22 549.10	21 248.58	25 019.20	26 596.56	28 452.62	31 610.41	33 161.51	34 086.93	33 425.24
中部占比	38.11	37.60	37.54	35.58	38.28	37.78	38.47	40.17	39.83	41.12	40.74
西部碳汇量	13 327.47	13 662.43	12 979.71	13 667.60	14 038.39	14 282.83	15 532.33	16 210.22	17 549.64	17 417.72	17 308.05
西部占比	21.03	21.49	21.61	22.88	21.48	20.29	21.00	20.60	21.08	21.01	21.10

河北、吉林、安徽、江苏、四川等省是中国农作物碳汇的第二梯队。2016 年这些省的粮食作物生产量分别为 3 460.2 万吨、3 717.2 万吨、3 417.5 万吨、3 466.0 万吨和 3 483.5 万吨。

100　技术、制度与低碳农业发展

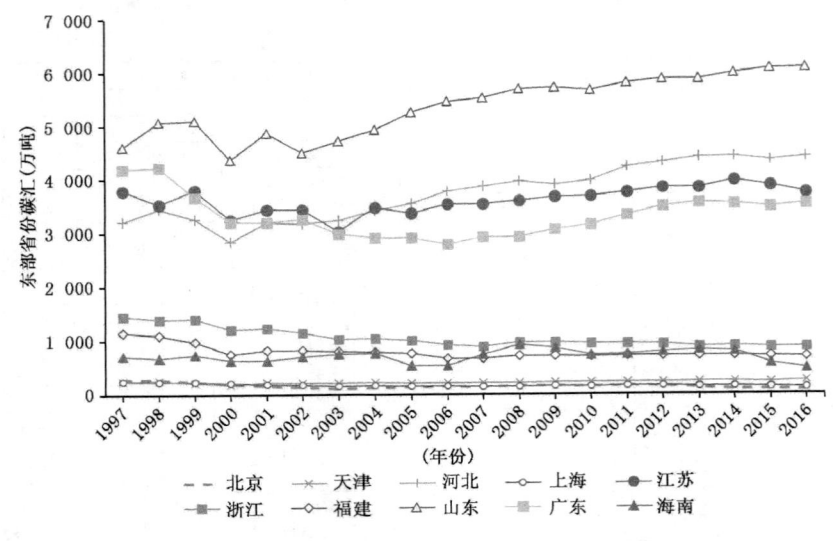

图4—28　1997—2016年我国东部省份碳汇变化

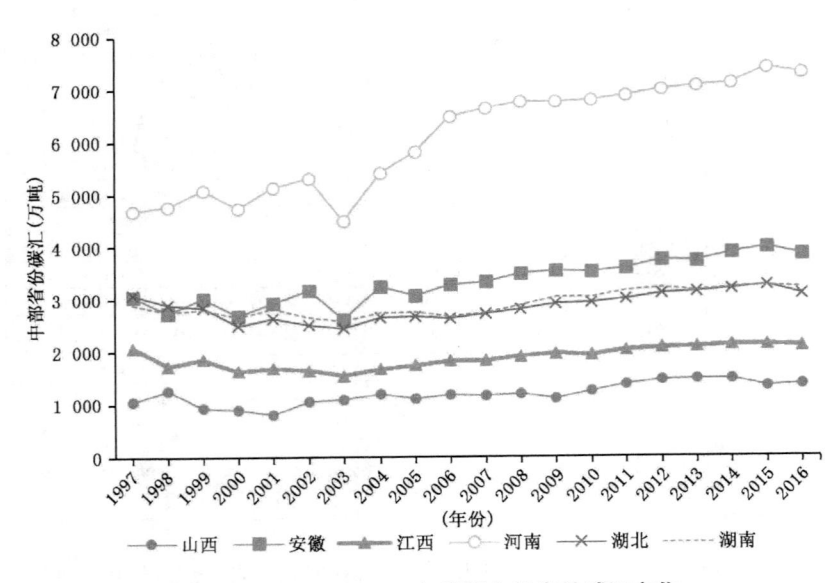

图4—29　1997—2016年我国中部省份碳汇变化

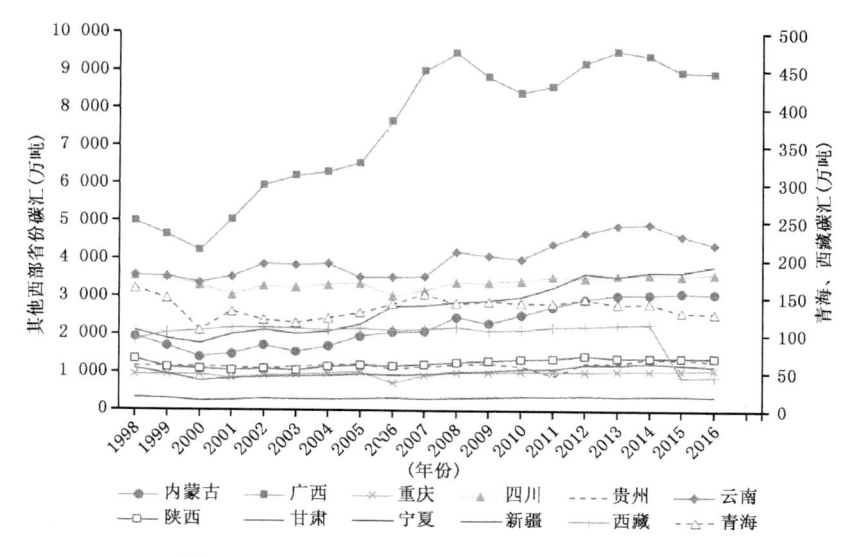

图 4—30　1997—2016 年我国西部省份碳汇变化

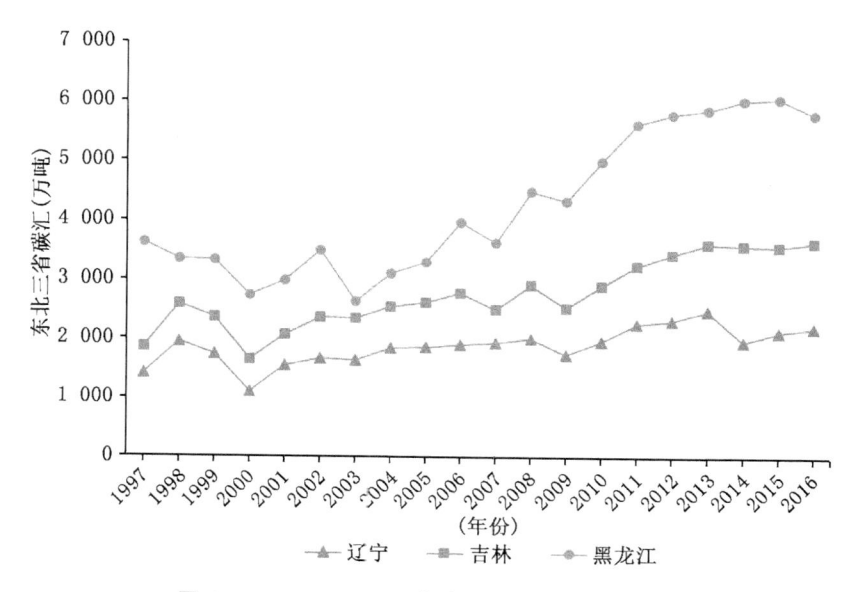

图 4—31　1997—2016 年我国东北三省碳汇变化

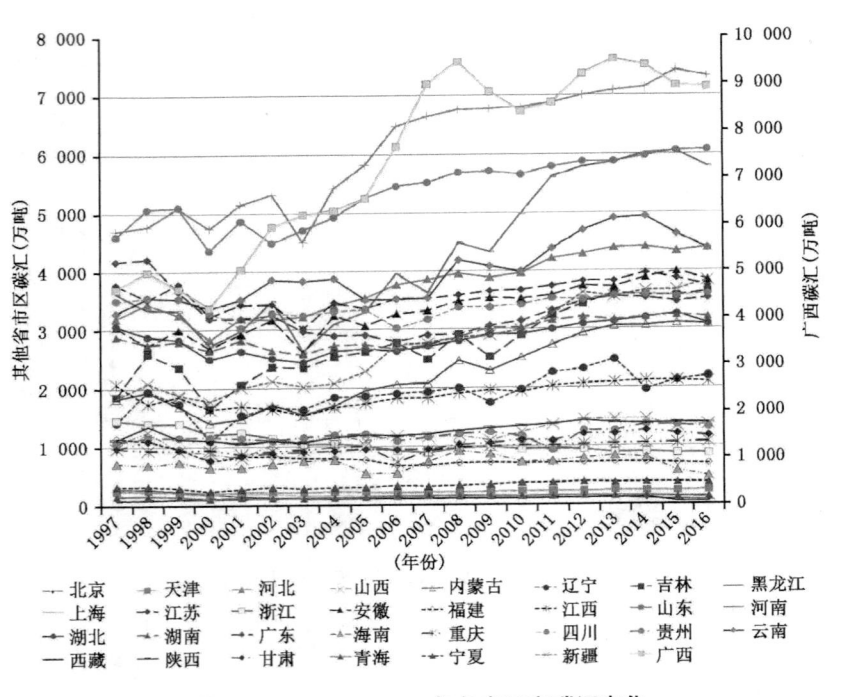

图 4—32　1997—2016 年各省区市碳汇变化

　　内蒙古、江西、湖南、云南、辽宁、湖北等省区是中国农作物碳汇的第三梯队，2016 年粮食产量在 2 000 万吨左右。

　　山西、广东、重庆、贵州、甘肃、新疆等省区市 2016 年粮食产量在 1 000 万吨以上，贡献的农作物碳汇处于全国省区市的第四梯队。

　　青海、宁夏因种植业条件有限，提供的碳汇较少。海南、福建、浙江、江苏等省虽然农业条件很好，但耕地面积有限，产生的农业碳汇也有限。这些省区可以作为提供农业碳汇的第五梯队。

　　京、津、沪三个直辖市地域范围较小，由于城市建成区扩大及基础建设用地增加，农地不断被征用，农作物面积不断减少，粮食及相关农副产品的产量不断下降，农业碳汇也不断减少。这三个城市可以作为提供农业碳汇的第六梯队。

　　从东、中、西部农业碳汇来看，1997—2015 年东部地区农业碳汇量在全国的占比呈下降趋势，从 1997 年的 40.86% 下降到 2015 年的 38.16%。中部农业碳汇量在全国的占比呈不断上升的趋势，从 1997 年的 38.11% 上升到 2015 年的 40.74%。西部地区的农业碳汇量比较稳定,1997—2015年农业碳汇量占全国的比重大致为21%(见表4—11)。东、中、西部这种碳汇格局,主要与我国粮食生产格局的变化有关。近年来,东部粮食产量占全国粮食总产量的比重缓慢下降,中部不断上升,而西部粮食产量占全国粮食产量的比重比较稳定。这一基本的粮食格局及变化决定了全国碳汇总量的空间格局和变化趋势。

(3)净排放量计算分析

从各省区市净农业碳排放看,农业总体上是重要的碳源且净排放量在减少。在不考虑天然林草、水域等碳库的情况下,农业总的碳排放2015年虽有所下降,但总体维持不断增加的趋势。如1997—2013年总碳排放量从11.90亿吨上升到13.19亿吨,2015年虽略有下降,但仍为11.23亿吨(见表4—10)。中国的碳汇量也在不断增加,从1997年的6.34亿吨增加到2016年的8.20亿吨(见表4—11)。当前净碳排放量的减少得益于粮食及部分农副产品产量的大幅度提高。1997年农业净碳排放量为5.56亿吨,2015年减少到2.94亿吨(见表4—12)。2015年净碳排放量明显下降,主要与农作物播种面积、化肥农药使用量、畜牧业规模等明显下降而粮食产量却明显增加有关。各省区市农业低碳化发展不平衡,净碳源主要来自四川、河南、湖南和内蒙古,2015年这4省区合计净碳源占全国的45%。近年来,黑龙江、湖北和广西也成为净碳汇省区,成为农业低碳化水平最高的地区。2015年,三省区净碳汇量超过8 538.2万吨(见表4—12)。

表4—12　　1997—2016年我国31个省(市、区)农业净排放量　　单位:万吨

年份	1997	1999	2001	2003	2005	2007	2009	2011	2013	2015
北京	168.55	211.26	281.29	321.74	252.12	219.88	195.33	189	196.51	187.13
天津	−29.18	27.15	61.23	114.72	152.59	90.23	100.2	101.63	100.57	83.16
河北	3 245	3 530	3 630.47	3 745.09	3 994.99	2 496.27	2 394.81	2 076.89	1 901.14	1 746.56
山西	1 194.34	1 371.03	1 449.52	1 192.84	1 160	789.47	896.77	678.91	630.04	641.58
内蒙古	1 598.48	1 716.07	1 686.45	2 144.85	2 613.62	2 707.94	3 030.42	2 700.01	2 600.14	3 034.59
辽宁	1 344.6	1 186.34	1 368.73	1 489.9	1 518.82	1 445.1	1 793.2	1 427.8	1 251.31	1 406.19
吉林	945.06	644.69	1 018.8	731.16	705.3	1 063.13	947.5	286.58	110.09	150.69
黑龙江	−50	361.89	652.96	117.2	873.68	961.57	552.61	−314.3	−298.44	−998.38
上海	379.75	513.54	487.92	372.24	330.43	313.91	276.46	274.76	261.76	106.49
江苏	4 931.03	5 057.57	4 913.64	5 060.69	5 213.07	4 744.86	4 691.24	4 552.83	4 320.71	1 032.88
浙江	2 250.5	2 209.45	2 161.9	2 150.19	2 261.85	2 185.44	2 117.56	2 091.45	2 066.48	862.82
安徽	4 223	4 353.21	4 402.56	4 826.79	4 166.59	3 373.48	3 361.71	3 447.44	3 425.73	493.19
福建	2 045.08	2 254.19	2 182.15	2 131.64	2 322.51	2 195.8	2 134.6	2 145.1	2 045.53	1 276.67
江西	3 457.74	3 531.65	3 434.07	3 432.16	3 885.86	3 419.8	3 482.03	3 526.72	3 535.37	1 103.08
山东	3 767.98	4 369.16	4 659.58	4 568.6	4 546.15	3 317.76	2 229.18	2 125.8	2 085.85	1 452.08

续表

年份	1997	1999	2001	2003	2005	2007	2009	2011	2013	2015
河南	4 691.87	5 106.1	5 510.68	6 638.79	6 152.85	4 475.51	4 797.37	4 951.8	4 587.48	3 643.32
湖北	-2 922.58	-2 680.54	-2 477.5	-2 289.86	-2 513.74	-2 560.03	-2 762.73	-2 848.45	-2 976.67	-3 106.31
湖南	4 727.19	4 841.56	4 818.27	5 306.19	6 053.56	5 691.07	5 745.14	5 805.15	5 765.34	2 728.97
广东	1 908.49	2 391.64	2 912.45	2 826.25	2 924.23	2 551.7	2 617.57	2 420.68	2 185.68	1 066.78
广西	1 147.73	1 262.96	1 222.92	-64.91	-181.01	-3 571.13	-3 202.63	-2 835.38	-3 623.98	-4 433.87
海南	210.3	186.42	375.43	313.2	547.44	205.74	257.14	405.48	299.63	362.18
重庆	1 510.06	1 631.06	1 741.67	1 676.76	1 705.22	1 496.79	1 626.03	1 668.55	1 502.69	1 068.6
四川	4 476.25	4 661.39	5 353.69	5 272.44	5 607.61	5 533.58	5 403.66	5 183.88	5 031.31	3 690.36
贵州	2 252.01	2 339.72	2 482.04	2 664.18	2 811.13	2 166.89	2 144.25	2 350.63	2 093.27	1 810.13
云南	985.22	716.69	1 100.97	829.1	1 503.61	1 422.43	1 184.44	1 181.76	864.87	1 128.47
西藏	1 484.09	1 395.27	1 455.18	1 552.27	1 630.62	1 612.96	1 660.28	1 618.21	1 634.9	1 671.6
陕西	1 499.37	1 692.58	1 709.85	1 911.85	1 885.01	1 662.44	1 746.6	1 850	2 066.87	1 827.4
甘肃	1 191.17	1 320.83	1 493.98	1 566.28	1 848.43	1 762	1 773.63	1 836.25	1 839.87	1 850.72
青海	1 216.97	1 147.29	1 209.92	1 241.49	1 229.11	1 212.48	1 234.12	1 242.93	1 263.46	1 267.69
宁夏	229.69	439.44	357.32	399.75	454.34	459.49	453.54	448.77	501.79	471.14
新疆	1 572.7	1 483.88	1 508.23	1 452.25	1 451.04	651.15	1 910.75	1 713.16	1 342.3	1 746.82
合计	55 652.48	59 273.81	63 166.4	64 671.82	67 106.97	54 097.68	54 792.19	52 303.95	48 611.58	29 372.72

随着农业技术的创新和推广,继续通过粮食和农副产品的产量提高从而增加碳汇依然是未来低碳农业发展的重要途径。依靠低碳农业技术,减少过量农药化肥投入,提高化肥农药利用效率,是未来低碳农业发展的不二选择。要想促使这些减排增汇的低碳农业技术持续不断地创新和推广,需要建立相应的低碳农业制度。同时,各省区市低碳农业发展的禀赋差异很大,农业结构差异也很大,要因地制宜,遵循自然规律和社会经济规律,探索科学的差异化制度与进行技术互动,持续支持低碳农业发展。

第五章　中国农业碳排放的动力、技术效率与低碳潜力

5.1　农业碳排放动力分析

5.1.1　数据与方法

农业碳排放动力分析是通过对某一时段引致农业碳排放变化的因素分解,对碳排放量变化的因素贡献进行比较。农业碳排放主要来自如下几个方面:

一是来自农业的直接排放,包括水稻种植排放、牲畜肠道发酵排放、耕作对土壤扰动引致的农地排放。

二是农业生产直接能源消耗带来的碳排放,包括农用一次能源(如煤炭和柴油)的排放。

三是化肥、农药、农膜、饲料生产运输过程中隐含的碳排放。

四是农业生产废弃物处置导致的温室气体排放,包括秸秆焚烧排放、粪便及其他废弃物引致的排放(具体见第四章3.1节)。

虽然广义的农业包含农、林、牧、渔四个部门,但林业和渔业在农业增加值中比重较小,林业是重要的碳汇源,也是重要的低碳化动力。渔业包括天然渔业和人工养殖,鱼类(尤其是滤食性鱼类)及甲壳类和

若干水生类动植物都具有较强的碳汇功能,也不是主要的碳源。因此本节仍将农业碳排放归结为农资投入引致的碳排放、稻田引致的碳排放、土壤引致的碳排放、畜牧业引致的碳排放,只把渔业直接消耗的化石能源置于农资投入中计算碳排放,而不计入饵料生产及鱼类本身呼吸等产生的碳排放,也不计入林业的碳排放。

本节使用的数据主要来自《中国统计年鉴》《中国能源统计年鉴》《中国农业统计年鉴》《中国农业统计资料汇编》等,其中,GHG 的 CO_2 当量换算因子来自 IPCC。具体收集的数据包括:1997—2016 年各省、直辖市和自治区的化肥(氮肥、磷肥、钾肥、复合肥、叶面肥、生物化肥)、农药(复方配药、杀虫剂、除草剂、激素、杀菌药)、农膜(一次性地膜和多次用农膜)、能源(煤炭、柴油、电力)、水稻种植面积(早稻、中稻和晚稻)和产量、其他主要作物(包括小麦、玉米、谷子、高粱、大麦、其他谷类、大豆、其他豆类、薯类、花生、油菜、其他油料作物、棉花、蔬菜、草莓、瓜类、花卉等)种植面积、秸秆及其他废弃物等。畜牧业排放主要考虑牛、马、驴、骡、骆驼、绵羊和山羊等(具体参见第四章 3.1 节)。

本节计算农业碳排放动力的方法主要为对数平均迪氏指数法(Logarithmic Mean Divisia Index,LMDI)。使用该方法衡量技术减排动力的关键是选择合适的变量。根据农业生产的碳排放特征,选择投入引致的碳密度、单位耕地稻谷产出率变化、化肥施用密度变化作为农业生产中减排 GHG 的技术动力。这些变量为负值,且绝对值越大,显示技术进步对减排农业 GHG 的贡献越大。为了彰显技术在减排农业 GHG 中的作用,本书还设立其他变量作为对比依据。具体而言,本模型中的其他变量主要包括:ΔC_1 为投入排放增加,ΔC_2 为 CH_4 排放增加,ΔC_3 为 N_2O 排放增加,ΔC_4 为畜牧业排放增加;GAP 为农业产值变化,R_P 为稻谷产量变化,F_w 为化肥使用量变化;I_d 为投入碳密度,P_c 为耕地稻谷产出率变化,F_d 为化肥施用密度变化;C_s 为投入碳结构变化,P_s 为稻谷种植结构变化,C_d 为 N_2O 排放密度变化;H_a 为畜牧业增加值,I_d 为畜牧业排碳密度,H_s 为畜牧业碳排放结构。

在本节中,二氧化碳排放量的计算涵盖了农业的整个生命周期,包括与投入有关的排放、土壤中的 N_2O 排放和稻田 CH_4 排放。闵继

胜等和田云等[1]建立的模型概略地计算了农业的二氧化碳排放量,本书直接使用他们的排放计算模型。具体而言,计算公式如下:

$$C_a = \sum C_i = \sum T_{ij} \times \delta_{ij} \qquad (1)$$

这里C_a是农业总排放量,C_i是第i个排放源的CO_2排放量,T_{ij}是第i个排放源第j类投入量,δ_{ij}是第i个排放源第j类投入的碳排放系数。在农业活动的整个生命质期里,农业温室气体来自投入相关的CO_2排放(C_{ta})、稻田相关的$CH_4(CO_2\,eq)$排放(C_r)、土壤相关的N_2O ($CO_2\,eq$)排放(C_{ts})和牲畜排放的CO_2(C_h)。因此,

$$C = C_{ta} + C_r + C_{ts} + C_h \qquad (2)$$

按照从Ang[2]的研究发展而来的LMDI模型,中国农业CO_2排放还可以表示为公式(3)—(7):

$$C = \sum \text{GAP} \times \frac{C}{\text{GAP}} \times \frac{C_i}{C} \times \frac{C_{ij}}{C_i} = \text{GAP} \times I_d \times C_s \times S_s \qquad (3)$$

其中,C为全部CO_2排放量,GAP是农业总产值,I_d是农业产值形成的二氧化碳排放密度,C_s是二氧化碳排放地区结构,S_s是碳排放的部门结构,C_i是第i类地区的CO_2排放,C_{ij}是第i地区第j个部门碳排放。

$$C_{ta} = \sum A_{tva} \times \frac{C_{ta}}{A_{tva}} \times \frac{C_{tai}}{C_{ta}} \times \frac{C_{taij}}{C_{tai}} = A_s \times A_d \times A_{rs} \times A_{ss} \qquad (4)$$

其中,C_{ta}为农资投入引致的CO_2排放量,A_{tva}为农业增加值(不包括林业和渔业),C_{tai}为第i个地区农资投入排放量,C_{taij}为第i个地区第j种农资碳排放量,A_s为农业规模因素,A_d为农业投入引致的碳排放密度,A_{rs}为农业投入引致的碳排放地区结构,A_{ss}为农业碳排放的投入种类结构。

---

[1] 闵继胜,胡浩. 中国农业生产温室气体排放量的测算[J]. 中国人口、资源与环境,2012,22(7):21—27. 田云,李波,张俊飚. 我国农地利用碳排放的阶段特征及因素分解研究[J]. 中国地质大学学报(社会科学版),2011,11(1):59—63.

[2] Ang,B. W. ,Zhang,F. Q. ,2000. A survey of index decomposition analysis in energy and environmental studies[J]. *Energy*,25(12),1149—1176. Ang,B. W. ,2004. Decomposition analysis for policy making in energy:which is the preferred method? [J]. *Energy Policy*,32(9),1131—1139. Ang,B. W. ,2005. The LMDI approach to decomposition analysis:a practical guide[J]. *Energy Policy*,33(7),pp. 867—871. Ang,B. W. ,Liu,F. L. ,2001. A new energy decomposition method:perfect in decomposition and consistent in aggregation[J]. *Energy*,26(6),537—548.

$$C_r = \sum S_a \times \frac{C_r}{S_a} \times \frac{C_i}{C_r} \times \frac{C_{ij}}{C_i} = S_{ra} \times R_d \times C_{rs} \times S_{rs} \quad (5)$$

其中,C_r 是来自稻田的 $CH_4(CO_2\,eq)$ 总量排放,S_a 是水稻播种面积,C_i 为第 i 个地区水稻碳排放量,C_{ij} 是 i 地区第 j 种水稻排放 CO_2 当量,S_{ra} 为规模因子,R_d 为单位水稻面积的碳排放(即碳排放密度),C_{rs} 为水稻碳排放的地区结构,S_{rs} 为水稻碳排放的播种类型结构。

$$C_{ts} = \sum S_t \times \frac{C_{ts}}{S_t} \times \frac{C_{tsi}}{C_{ts}} \times \frac{C_{tsij}}{C_{tsi}} = S_{ts} \times S_{Sd} \times S_{res} \times S_{ss} \quad (6)$$

其中,C_{ts} 为土壤引致的 $N_2O(CO_2\,eq)$ 排放,S_t 为播种面积,C_{tsi} 为第 i 地区土壤释放的 CO_2 当量数,C_{tsij} 为第 i 地区第 j 种播种类型的土地释放的 CO_2 当量数,S_{ts} 为规模因素,S_{sd} 为土壤引致的 $N_2O(CO_2\,eq)$ 排放密度,S_{res} 为土壤排放的 $N_2O(CO_2\,eq)$ 地区结构,S_{ss} 是播种土地面积的种植结构。

$$C_h = \sum H_{av} \times \frac{C_h}{H_{av}} \times \frac{H_{ci}}{C_h} \times \frac{H_{cij}}{H_{ci}} = H_a \times H_d \times H_{rs} \times H_{ss} \quad (7)$$

其中,C_h 为畜牧业碳排放,H_{av} 为畜牧业增加值,H_{ci} 为第 i 地区 CO_2 排放量,H_{cij} 为第 i 地区第 j 种牲畜 CO_2 排放量,H_a 为规模因子,H_d 为畜牧业产出的碳排放密度,H_{rs} 为畜牧业碳排放地区结构,H_{ss} 为牲畜种类结构。

如果 ΔC、ΔC_1、ΔC_2、ΔC_3、ΔC_4 分别代表总排放量变化、投入引起的 CO_2 排放量变化、稻田引起的 CO_2 排放量变化、土壤 N_2O 排放量变化和畜牧业排放量变化,则从 a 年到 b 年的温室气体排放量变化(ΔC)可以表示为公式(8):

$$\begin{aligned}\Delta C &= C^b - C^a \\ &= C_{1a}^b - C_{ta}^a + C_r^b - C_r^a + C_{ts}^b - C_{ts}^a + C_h^b - C_h^a \\ &= \Delta C_1 + \Delta C_2 + \Delta C_3 + \Delta C_4\end{aligned} \quad (8)$$

根据 LMDI 的可加性,公式(7)可以改写为公式(9)~(28):

$$\Delta C_{\text{gap}} = \sum \frac{C_{ij}^b - C_{ij}^a}{\ln C_{ij}^b - \ln C_{ij}^a} \ln\left(\frac{\text{GAP}^b}{\text{GAP}^a}\right) \quad (9)$$

$$\Delta C_{I_d} = \sum \frac{C_{ij}^b - C_{ij}^a}{\ln C_{ij}^b - \ln C_{ij}^a} \ln\left(\frac{I_d^b}{I_d^a}\right) \quad (10)$$

$$\Delta C_{C_s} = \sum \frac{C_{ij}^b - C_{ij}^a}{\ln C_{ij}^b - \ln C_{ij}^a} \ln\left(\frac{C_s^b}{C_s^a}\right) \quad (11)$$

$$\Delta C_{S_s} = \sum \frac{C_{ij}^b - C_{ij}^a}{\ln C_{ij}^b - \ln C_{ij}^a} \ln\left(\frac{S_s^b}{S_s^a}\right) \qquad (12)$$

$$\Delta CA_s = \sum \frac{C_{ij}^b - C_{ij}^a}{\ln C_{ij}^b - \ln C_{ij}^a} \ln\left(\frac{A_s^b}{A_s^a}\right) \qquad (13)$$

$$\Delta CA_d = \sum \frac{C_{ij}^b - C_{ij}^a}{\ln C_{ij}^b - \ln C_{ij}^a} \ln\left(\frac{A_d^b}{A_d^a}\right) \qquad (14)$$

$$\Delta C_{Ar_s} = \sum \frac{C_{ij}^b - C_{ij}^a}{\ln C_{ij}^b - \ln C_{ij}^a} \ln\left(\frac{A_{rs}^b}{A_{rs}^a}\right) \qquad (15)$$

$$\Delta C_{As_s} = \sum \frac{C_{ij}^b - C_{ij}^a}{\ln C_{ij}^b - \ln C_{ij}^a} \ln\left(\frac{A_{ss}^b}{C_{ss}^a}\right) \qquad (16)$$

$$\Delta C_{Sr_a} = \sum \frac{C_{ij}^b - C_{ij}^a}{\ln C_{ij}^b - \ln C_{ij}^a} \ln\left(\frac{S_{ra}^b}{S_{ra}^a}\right) \qquad (17)$$

$$\Delta C_{R_d} = \sum \frac{C_{ij}^b - C_{ij}^a}{\ln C_{ij}^b - \ln C_{ij}^a} \ln\left(\frac{R_d^b}{R_d^a}\right) \qquad (18)$$

$$\Delta C_{C_{rs}} = \sum \frac{C_{ij}^b - C_{ij}^a}{\ln C_{ij}^b - \ln C_{ij}^a} \ln\left(\frac{C_{rs}^b}{C_{rs}^a}\right) \qquad (19)$$

$$\Delta C_{S_{rs}} = \sum \frac{C_{ij}^b - C_{ij}^a}{\ln C_{ij}^b - \ln C_{ij}^a} \ln\left(\frac{S_{rs}^b}{S_{rs}^a}\right) \qquad (20)$$

$$\Delta C_{S_{ts}} = \sum \frac{C_{ij}^b - C_{ij}^a}{\ln C_{ij}^b - \ln C_{ij}^a} \ln\left(\frac{S_{ts}^b}{S_{ts}^a}\right) \qquad (21)$$

$$\Delta C_{S_{sd}} = \sum \frac{C_{ij}^b - C_{ij}^a}{\ln C_{ij}^b - \ln C_{ij}^a} \ln\left(\frac{S_{sd}^b}{S_{sd}^a}\right) \qquad (22)$$

$$\Delta C_{S_{res}} = \sum \frac{C_{ij}^b - C_{ij}^a}{\ln C_{ij}^b - \ln C_{ij}^a} \ln\left(\frac{S_{res}^b}{S_{res}^a}\right) \qquad (23)$$

$$\Delta C_{S_{ss}} = \sum \frac{C_{ij}^b - C_{ij}^a}{\ln C_{ij}^b - \ln C_{ij}^a} \ln\left(\frac{S_{ss}^b}{S_{ss}^a}\right) \qquad (24)$$

$$\Delta C_{H_a} = \sum \frac{C_{ij}^b - C_{ij}^a}{\ln C_{ij}^b - \ln C_{ij}^a} \ln\left(\frac{H_a^b}{H_a^a}\right) \qquad (25)$$

$$\Delta C_{H_d} = \sum \frac{C_{ij}^b - C_{ij}^a}{\ln C_{ij}^b - \ln C_{ij}^a} \ln\left(\frac{H_d^b}{H_d^a}\right) \qquad (26)$$

$$\Delta C_{H_{rs}} = \sum \frac{C_{ij}^b - C_{ij}^a}{\ln C_{ij}^b - \ln C_{ij}^a} \ln\left(\frac{H_{rs}^b}{H_{rs}^a}\right) \qquad (27)$$

$$\Delta C_{H_{ss}} = \sum \frac{C_{ij}^b - C_{ij}^a}{\ln C_{ij}^b - \ln C_{ij}^a} \ln\left(\frac{H_{ss}^b}{H_{ss}^a}\right) \qquad (28)$$

5.1.2 计算结果

从细分变化来看,种植业碳排放从 1997 年的 84 168.96 万吨增加到 2014 年的 97 574.59 万吨,2015 年仍为 76 186.64 万吨。其中,由农资投入引致的农业碳排放增长迅速,从 1997 年的 49 973.81 万吨增加到 2015 年的 62 319.71 万吨;与稻田相关的碳排放从 1997 年的 24 509.16 万吨增加到 2015 年的 2 117.306 万吨(2014 年为 23 597.79 万吨);与土壤相关的碳排放从 1997 年的 7 239.62 万吨增加到 2015 年的 18 683.76 万吨(见表 5—1)。碳排放增加的趋势在短期内难以因自动逆转而显著减少。但牲畜引致的碳排放从 1997 年的 42 464.22 万吨变为 2015 年的 41 798.84 万吨,排放量基本稳定,略有下降。

中国农业碳排放首先来自相关农资投入,如化肥、农药、农膜等。中国农业生产中的农资投入数量和密度都很大,呈现过度投入状态。2016 年中国化肥使用量为 21.9 公斤/亩,而世界平均水平为 8 公斤/亩,欧盟为 8.8 公斤/亩,美国为 8.4 公斤/亩。中国的化肥使用量分别是世界平均水平、欧盟平均水平和美国平均水平的 2.7 倍、2.6 倍和 2.5 倍[1],远高于世界平均水平和发达国家水平。高碳农资过量投入必然引致大量碳排放。

其次是畜牧业引致的碳排放。近年来,随着人们收入水平提高,居民对动物食品的需求快速增加,推动了畜牧业迅速扩张,在动物肠道排放、动物粪便排放等抑制技术尚无法低成本普及的情况下,畜牧业温室气体排放占有较大的比重。

再次是稻田排放。我国人多地少,人均粮食占有量低,但需求增长快。在这样的背景下,我国主要粮食作物水稻的生产不断强化。密集的高碳农资投入、较高的复种指数及低碳生产的高成本与水稻种植的微利,使农户不愿顾及水稻生产过程中的碳排放问题,使中国水稻生产引致的碳排放量大、密度高,成为中国农业的第三大碳源(见表 5—1)。

---

[1] 王克.农资市场期待"大户时代"[J].中国经济周刊,2017(39):70—71.

表5-1　　　　　　　1997—2015年农业碳排放变化　　　　　单位：万吨

项目＼年份	1997	2000	2003	2006	2009	2012	2015
总体碳排放	126 633.2	129 821.9	131 588.4	129 980	136 925.3	140 073.8	117 985.5
相关农资投入碳排放	49 973.8	50 455.3	51 429.6	55 120.5	59 474.8	61 839.2	62 319.7
稻田相关的碳排放	24 509.16	23 482.8	21 452.38	23 206.89	23 510.33	23 546.95	2 117.306
土壤碳排放	7 274.153	7 551.503	7 659.009	7 742.03	8 209.966	8 711.899	6 899.561
牲畜碳排放	42 464.22	45 839.71	48 485.34	39 900.96	41 737.6	41 117.16	41 798.84
能源消费碳排放	2 951.658	2 984.77	3 031.474	4 202.204	4 088.886	4 814.755	4 956.419
种植业碳排放	84 168.96	83 982.21	83 103.03	90 079.04	95 187.71	98 956.66	76 186.64

总体而言，农业生产的扩大是农业碳排放增加的稳定驱动力。碳排放密度提高是农业碳排放增加的主要动力，这主要因为中国耕地资源紧缺。为了扩大农业产出水平必须增加农资投入，必然带来单位土地面积密集的化肥、农药、农膜、能源投入，单位土地面积的碳排量不断增加，碳排放密度必然提高。碳排放地区结构也成为农业碳排放动力（见表5-2）。

表5-2　　　　　　　1997—2015年农业碳排放动力结构　　　　　单位：亿吨

	全国	1997—2000	2000—2003	2003—2006	2006—2009	2009—2012	2012—2015	1997—2015
全部农业	规模GAP	1.7781	1.6843	2.3609	1.8489	1.8674	1.5275	10.2714
	排碳密度I_d	-1.4592	131.2764	127.3258	126.1690	128.2137	113.9807	115.8513
	地区结构C_s	1.9888	1.5240	-4.3949	1.9634	-1.0899	0.1533	0.1954
	部门结构S_s	-1.9888	-134.3081	-125.4527	-129.2868	-128.6763	-117.8703	-127.1829
	合计ΔC	0.3189	0.1766	-0.1608	0.6945	0.3149	-2.2088	-0.8648
农资	规模(A_s)	0.5543	0.3973	0.9906	0.7526	0.8963	0.8993	4.4658
	排碳密度A_d	49.1873	49.0911	50.9219	54.1338	56.4399	56.6183	2662.5700
	地区结构A_{rs}	-2.7205	0.6351	2.1599	0.8511	2.7285	-1.0323	2.3305
	类型结构A_{ss}	-46.9697	-50.0213	-53.5863	-55.3134	-59.7557	-56.4231	-2667.9313
	合计ΔC_1	0.0515	0.1021	0.4862	0.4241	0.3090	0.0622	1.4351
水稻	规模S_{ra}	-0.1402	-0.2750	0.1958	0.0550	0.0402	0.0058	-0.1139
	排碳密度R_d	-1.2067	-1.0222	-0.9648	-1.0557	-1.1247	-1.3498	-1.4063
	地区结构C_{rs}	-1.2336	-12.016	-4.0303	-0.1285	-2.2592	47.1020	4.2221
	种类结构S_{rs}	2.4779	13.1103	4.9748	1.1596	3.3474	-46.0010	-3.0412
	合计ΔC_2	-0.1026	-0.2030	0.1755	0.0303	0.0037	-0.2430	-0.3392

续表

	全国	1997—2000	2000—2003	2003—2006	2006—2009	2009—2012	2012—2015	1997—2015
土壤	规模 S_{ts}	0.0111	−0.0191	−0.0013	0.0332	0.0252	0.0139	0.0549
	排碳密度 S_{sd}	−4.5083	−4.5789	−4.5963	−4.7358	−4.9843	−4.7512	−4.4178
	地区结构 S_{res}	−0.2474	−0.4204	−0.5005	0.1296	0.0308	−0.4502	−1.3583
	种植结构 S_{ss}	4.7723	5.0292	5.1065	4.6199	4.9785	5.0062	5.6559
	合计 ΔC_3	0.0277	0.0108	0.0083	0.0468	0.0502	−0.1812	−0.0652
畜牧业	规模 H_a	0.7789	0.8805	0.8523	0.6014	0.4474	0.2513	3.6766
	排碳密度 H_d	28.9589	29.8530	25.6064	21.7198	21.1132	20.4359	24.3249
	地区结构 H_{rs}	0.7299	2.0741	−7.7054	4.3009	1.2417	−3.1082	2.0627
	种类结构 H_{ss}	−30.1302	−32.5430	−19.6118	−26.4384	−22.8644	−17.5108	−34.2441
	合计 ΔC_4	0.3375	0.2646	−0.8584	0.1837	−0.0620	0.0682	−4.1799

要想遏制农业碳排放不断增加的趋势，发展低碳农业，需要技术创新，打破当前农业生产的技术结构和制度。当然，各种低碳农业技术的集成使用，农业减排效应也更为明显。如东滩低碳农业试验中，通过同时使用快速秸秆厌氧发酵制沼气技术、沼气发电技术、配方施肥技术、水稻—西瓜—绿肥轮作技术、激素诱导捕虫技术、有机肥生产技术、减量投入技术、低碳建筑技术等综合集成，产生了良好的农产品增产增质、减少污染、美化环境、明显减少的 CO_2 排放效应。

虽然技术已成为明显的减排农业 GHG 的重要动力，但粮食产量的增加、总投入的增加、化肥农药投入的增加，投入结构和稻谷的种植结构等形成了支持农业 GHG 排放增加的更大力量，致使农业 GHG 排放总量还在增加，尚未达到排放顶点。当前需要加大低碳农业技术的创新、应用与推广，促使农业成为零排放和净碳汇，让农业成为全球温室气体减排坚实而雄厚的动力。

从畜牧业来看，其规模、排碳密度和地区结构都是碳排放的驱动力量，而牲畜的种类结构则是减少畜牧业碳排放的主要力量（见表 5—2）。

从水稻生产来看，播种规模、水稻种类结构是推动水稻碳排放的动力，而排碳密度和地区结构优化是减少农业碳排放的主要动力（见表 5—2），降低稻田碳排放密度的技术已经成为推动农业碳减排的第二大动力。这些技术包括有机肥替代技术、免耕技术等。上海农学院农学系实验农场的实验表面，免耕直播早大麦，比常规翻耕明显降低了碳排放，同时增产 18.3%。其原因是 0～15cm 土壤紧实度大，含水增加，免耕技术可以提高热容量，增强根系越冬活力，促进大麦越冬和根壮。

目前，在上海、北京等地区出现了化肥使用的零增长、负增长或低速增长，农业能源、农膜等投入增速减缓或负增长，而农业产出能力增速相对较快的现象，碳排放密度降低成为间接减少碳排放的最重要动力，同样表明低碳投入技术是农业 GHG 减排的首要动力。这些技术主要包括秸秆利用等生物能源和有机肥生产技术、新型植保技术、配方施肥技术、土壤改良与绿肥有机肥养地技术、耕作技术与轮作技术等。如拜耳公司为中国水稻农户提供了一种农药减量化植保技术，从目前设立的近 300 个示范项目来看，该项目取得了植物健康、增产增收、减少化肥农药用量的显著成绩。该项目在龙游县的实验表明：与农户自主用药相比，拜耳的解决方案使亩产提高 180～190kg。

就土壤碳排放来看，只有碳排放密度是减缓碳排放的动力源，播种规模、碳排放的地区结构和作物种植结构等都是推动碳排放的动力源（见表 5－2）。

就农资投入情况来看，生产规模、排碳密度和碳排放的地区结构是农业碳排放增加的重要动力，只有投入结构是农业低碳化发展的抑制力量（见表 5－2）。

中国农作物的生长过程中土地释放的温室气体与大量化肥、农药等过量使用有关。2002—2013 年中国化肥使用量呈现不断增长的趋势，从 2002 年的 287.5kg/ha 增加到 2013 年的 364.4 kg/ha（见表 5－3）。

表 5－3　　　　　　2002—2013 年中国化肥施用　　　单位：kg/1 000ha

年份	2002	2003	2004	2005	2006	2007	2008
数量	287.5	295.6	306.9	308.5	325.8	332.2	335.6
年份	2009	2010	2011	2012	2013	2014	2015
数量	342.7	349.3	357.3	372.6	364.4		

资料来源：联合国粮农组织。

中国每公顷平均使用的化肥和杀虫剂数量大大高于美国、英国、日本、澳大利亚、巴西等国家的平均使用水平（见表 5－4、表 5－5）。大量且不断增加的农药和化肥投入间接带来大量且不断增加的 CO_2 排放和以高碳为特征的农业快速发展。

表 5-4　　　2002—2010 年部分国家平均化肥投入量　　　单位：吨/1 000ha

国家	中国	美国	巴西	印度	加拿大	墨西哥	日本
数量	245	67	32	79	35	81	112
国家	韩国	澳大利亚	俄罗斯	英国	德国	西班牙	法国
数量	180	20	8	175	81	50	14

资料来源：联合国粮农组织。

表 5-5　　　1992—2010 年部分国家杀虫剂平均投入量　　　单位：吨/1 000ha

国家	中国	美国	巴西	印度	加拿大	日本	墨西哥	德国
数量	8.43	2.356	0.759	0.27	0.79	4.045	3.307	2.837
国家	韩国	澳大利亚	俄罗斯	英国	意大利	法国	西班牙	埃及
数量	13.31	2.53	0.2	4.327	9.051	4.503	1.731	1.705

资料来源：联合国粮农组织。

我国农膜、能源等投入也不断增加，自然增加了农业的碳排放。我国水稻田管理落后，CH_4 排放水平居高不下。因为传统的耕作制度等因素，N_2O 排放也不断增加。

农资投入的过量和不断增加致使 CO_2 排放不断增加。调节投入结构，减少过度投入和增加轻碳农资投入，将是低碳农业近期发展的首要选择。

5.1.3　结论与进一步分析

(1)结论

从 1990 年起，中国农业碳排放量大幅增长，用 CO_2 等效计算的与水稻相关 CO_2 排放和土壤 N_2O 排放呈现增加的趋势，由 CO_2 等效计算的与水稻相关的 CH_4 与播种面积和管理不稳定引起的农业二氧化碳排放也呈现增加的趋势。化肥、农药、能源、塑料薄膜等的投入过多是间接增加二氧化碳排放的主要动力，水田和土壤管理不当也引起大量的 CH_4 和 N_2O 排放。从以上分析可以得出如下发展低碳农业的结论：

第一，减少农业碳排放的主要途径是低碳农业技术创新。可通过减少化肥使用、减少化学农药施用、减少化石能源使用和增强清洁能源替代、减少塑料薄膜使用等，减少碳排放。

第二,提高水田管理技术水平是一个有效的途径。可通过有效和科学的管理,保持土壤中合适的水分并在适当的时间进行灌溉,减少甲烷排放。通过提高耕作技术,推进测土配方施肥和有机肥、化肥配施和有机肥替代技术、清洁能源替代技术,减少土壤 N_2O 等相关排放。鉴于农业 N_2O 的来源与化肥施用相关,在控制化肥投入的同时,还要施加反硝化剂,以减少该类气体排放。

第三,目前中国具有许多适宜性低碳农业技术,如分布式电网技术、储能技术、配方施肥技术、清洁能源技术、有机肥生产与低碳化肥技术、生物防虫技术、低残毒农药技术、高效化肥技术、氮肥深施技术、稻田管理技术、农田(旱田)N_2O 减排技术、减量化肥投入技术、土壤固碳技术、控释肥长效肥技术、秸秆饲料化技术、秸秆能源化技术等(米松华,2013[①]),应加强在这些领域的创新支持,形成更有效的实用技术,并因地制宜,集成应用和推广,从而提高农业减排 GHG 的综合效应。

第四,制定系统的低碳补贴政策,激励低碳农业技术综合集成,显化低碳技术创新的水平,增加碳减排效益,鼓励农户减少碳排放,使低碳农业规范和低碳农业实践活动得到有效落实。

(2)进一步讨论

从更长阶段的农业发展历程看,按照联合国粮农组织的数据,1961—2014 年中国农畜牧业的碳排放总量及各部门的绝对量都在不断增加,由 2.54 亿吨增加到 7.12 亿吨。其中,化肥施用、牲畜肠道排放和稻田排放是最主要的碳源,而稻田排放在农业总排放中的占比从 1961 年的 39% 逐步下降到 2014 年的 16%。化肥投入引起的排放在农业总排放中占比从 1961 年的 1.4% 上升到 1999 年的 24.9%,后降到 2014 年的 21.8%。牲畜肠道发酵排放在农业总排放中占比从 1961 年的 30.4% 下降到 2014 年的 28.7%。粪便管理带来的碳排放在农业总排放中的占比分别从 1961 年的 8.3% 和 11.2% 上升到 2014 年的 10.5% 和 11.7%。秸秆非燃烧和秸秆燃烧引起的碳排放在农业总排放中的占比从 1961 年的 4.6% 和 1.2% 变为 2014 年的 5.1% 和 0.7%(FAO,2016)。

可见,农业减排除了需要关注化肥、稻田管理外,还需要重点关

[①] 米松华.我国低碳现代农业发展研究[D].浙江大学博士论文,2013:18—121.

注牲畜肠道发酵和粪便管理。虽然秸秆引起的碳排放比重较低,燃烧引起的碳排放也在不断下降,但秸秆的有效利用会得到双重红利:析出清洁能源或有机肥,同时减轻污染,美化环境,带来生态价值。

另外,农业化石能源的消费一直在增长中。随着农业现代化发展,农业的机械化、设施化、信息化和智能化都需要能源的进一步支持,这自然增加了化石能源的消费。如 1997 年农业化石能源消费仅为 4 241.87 万吨标煤,2015 年农业化石能源消费达到 7 350.23 万吨标煤,增长了 73.28%。随着农业的进一步发展,化石能源消费减降压力增大,给低碳农业发展形成不小的挑战。因此,大力发展清洁能源,替代化石能源,开发碳中性能源,提高农业能效,是低碳农业不可忽视的重要领域。

5.2　农业碳排放的技术效率分析

5.2.1　数据与模型

5.2.1.1　农业减排 CO_2 的相关研究

传统农业首先要保证的是农业的基本功能——粮食安全,而保证粮食安全需要农业生产低碳化和生态化。将传统农业转变为适度的低碳农业,能够提高食品的安全性[1],并可获得其他收益[2]。

Lal[3] 认为,全球土地类型变化,如砍伐森林、生物质燃烧,将自然系统变成农地系统,排干湿地耕种,使 78.12Pg 土壤有机碳释放到大气中。由于土地和土壤利用的不科学,一些土壤失掉 1/2~2/3 原有的土壤碳,即失掉 30~40 吨碳/ha.a,通过适当的管理可以恢复土壤

---

[1] Fan, S. G. and Ramirez, A., 2012. Achieving food security while switching to low carbon agriculture[J]. *Journal of Renewable Sustainable Energy*, 4(4):101—108.

[2] Konyar, K., 2001. Assessing the role of US agriculture in reducing greenhouse gas emissions and generating additional environmental benefits[J]. *Ecological Economics*, 38, 85—103.

[3] Lal R., 2011. Sequestering carbon in soils of agro-ecosystems[J]. *Food Policy*, 36, S33—S39.

碳汇 0.05～1 吨/ha. a[①]。Lal 估计：土壤有机碳的流失，降低了农作物产量和土地利用效率。通过恢复土地利用，采用科学的管理方式，增加土壤碳汇，可以提高土地质量，增加农产品产量，抵偿化石二氧化碳排放，减轻气候变化。全球土壤碳汇的技术潜力为 1.2～1.3bt C/yr，若增加 1t C/ha/yr 的土壤碳汇，可以提高土壤质量，增加 24～32mt 的粮食和 6～10mt 根茎类食物[②]。

刘海涛等学者的 9 年实验也表明：有机的农业碳减排可以将农业变为净碳汇，同时增加农业产量[③]。

农业碳减排具有巨大的外部性，减少碳排放不是农业发展的唯一目标。要推进农业 GHG 减排，还需要培训和转变农民的低碳化投入、低碳化管理和环境保护意识与技能，增强农民的脱贫与增收激励，推动新农村建设和美丽乡村建设。

全球 GHG 减排中，农业技术减排具有很大的潜力。Dinesh K. Benbi 研究表明，通过提高或改善氮肥效率、水肥管理、栽培技术和作物结构，到 2030 年农业减排潜力可达 5.5～6.0 Gt CO_2 eq/a[④]。Falloon 估计，到 2030 年全球农业技术减排潜力为 5 500～6 000mt CO_2 eq/a[⑤]。David and Christopher 在加州的一项研究表明：1980—2000 年随着生物质和碳还田，作物产量年增长 20%。若果园从 70 万公顷增加到 100 万公顷，由于替换了大田作物，增加了木质碳汇，模型估计农业碳汇将达 0.19t/ha. a。一年生非水稻作物耕田土壤碳汇为 0.09 吨/ha. a。若从一年生农田转变为多年生农田，土壤碳汇增加，即从一年生作物到葡萄园碳汇 0.68吨/ha·a，转向果园碳汇 0.85 吨/ha·a。20 世纪 90 年代，稻田因秸秆免烧而增加碳汇 0.55t/ha，360 万公顷农地大致在 21 年里的土壤碳汇可达 1 100 万吨，木质生物质碳汇可

[①] Lal,R. ,2004. Soil carbon sequestration to mitigate climate change[J]. Geoderma,123,1—22.

[②] Lal R. ,2011. Sequestering carbon in soils of agro-ecosystems[J]. *Food Policy*,36,S33—S39.

[③] 刘海涛,李静,李霄,等.以有机肥替代化肥可减少温带农田温室气体排放量[J]. 科学通报,2015,60(6):598—606.

[④] Benbi,D. K. ,2013. Greenhouse Gas Emissions from Agricultural Soils:Sources and Mitigation Potential[J]. *Journal of Crop Improvement*,27(6),752—772.

[⑤] Falloon,P. ,Smith,P. ,Powlson,D. S. ,2004. Carbon sequestration in arable land—the case for field margins[J]. *Soil Use Management*,20,240—247.

达350万吨,合计为1 450万吨,相当于同期加州化石燃料排碳的0.7%。如果加州农业采取保护性耕作,改变杏树和胡桃修剪,并将果园废物全部用来发电,可以抵消1.6%的本州化石能源排碳[1]。Yan等估计,若采取50%免耕和50%秸秆还田,中国可以增加农业碳汇32.5 Tg C/a,相当于农业年排放CO_2的4%[2]。中国因氮肥排放的N_2O占世界排放总量的30%,而氮肥生产和施用消耗的能源占工业部门化石能源消费量的10%,综合氮肥生产和施用过程中的GHG总排放量占中国GHG排放总量的8%。开发针对秸秆禁烧的生物炭技术,减少化肥使用量具有很好的前景。通过政策与技术相结合,中国农业理论上可望完成减排目标的20%。

目前,关于中国农业低碳发展潜力的研究不多。本书基于国内外数据库、统计资料,利用DEA模型分析低碳农业发展潜力。

5.2.1.2 数据来源和模型

(1)数据来源

本书中使用的土地、资本、粮食产量、化肥、农药、能源等数据来源于联合国粮农组织数据库、OECD数据库、世界银行数据库、《中国能源统计年鉴》《中国农业年鉴》《中国统计年鉴》等。计算碳汇的因子主要来自一些相关研究。

(2)模型:Malmquist指数模型

基于Fare等提出的产出导向的TFP指数[3],Malmquist生产指数可以表示为:

$$M_0^t = D_0^t(x^{t+1}, y^{t+1})/D_0^t(x^t, y^t) \tag{1}$$

$$M_0^{t+1} = D_0^{t+1}(x^{t+1}, y^{t+1})/D_0^{t+1}(x^t, y^t) \tag{2}$$

其中,

$$D_0^t(x^t, y^t) = \inf\{\theta:(x^t, y^t/\theta) \in S^t\} = (\sup\{\theta:(x^t, \theta y^t) \in S^t\})^{-1}$$

$$D_0^{t+1}(x^{t+1}, y^t) = \inf\{\theta:(x^{t+1}, y^{t+1}/\theta) \in S^{t+1}\}$$

---

[1] David, A. K., Christopher, B. F., 2006. Carbon sequestration in California agriculture, 1980−2000[J]. *Ecological Applications*, 16(5), 1975−1985.

[2] Yan, H. et al., 2007. Potential and sustainability for carbon sequestration with improved soil management in agricultural soils of China[J]. *Agriculture, Ecosystems and Environment*, 121, 325−335.

[3] Fare, R., Grosskopf, S., Norris, M., Zhang, Z., 1994. Productivity growth, technical progress, and efficiency change in industrialized countries[J]. *American Economic Review*, 84, 66−83.

$$= (\sup\{\theta : (x^{t+1}, \theta y^{t+1}) \in S^{t+1}\})^{-1}$$

S^t, S^{t+1} 分别表示 t 和 $t+1$ 时期的技术,x^t, x^{t+1} 分别表示 t 和 $t+1$ 时期的投入,y^t, y^{t+1} 分别表示 t 和 $t+1$ 时期的产出,若$(x^t, y^t) \in S^t$,则 $D_0^t(x^t, y^t) \leqslant 1$。

若(x^t, y^t)处于前沿面上,则 $D_0^t(x^t, y^t) = 1$,

$$MALMI = M_0(x^{t+1}, y^{t+1}, x^t, y^t)$$
$$= \left[\frac{D_0^t(x^{t+1}, y^{t+1})}{D_0^t(x^t, y^t)} \times \frac{D_0^{t+1}(x^{t+1}, y^{t+1})}{D_0^{t+1}(x^t, y^t)}\right]^{-1/2} \quad (3)$$
$$= EFFCH \times TECH$$

其中,

$$EFFCH = \left(\frac{D_0^t(x^{t+1}, y^{t+1})}{D_0^t(x^t, y^t)}\right)^{-1/2} \quad (4)$$

$$TECH = \left(\frac{D_0^{t+1}(x^{t+1}, y^{t+1})}{D_0^{t+1}(x^t, y^t)}\right)^{-1/2} \quad (5)$$

式中,$MALMI$ 为 Mlmquist 指数,$EFFCH$ 表示技术效率变化,$TECH$ 表示技术进步。$EFFCH > 1$ 表示效率提高,$TECH > 1$ 表示技术进步;反之亦反,表示效率降低和技术落后。

基于以上分析和模型,本书在估算和分析低碳农业的效率和技术策略时,充分考虑了必需的投入要素,即劳动力(L)、土地(S_a,即播种面积)、资本(C,即固定资产投资)、能源(E)和化肥(F_e),同时充分考虑了产出要素,即农业增加值(Y)、粮食(F_o)、碳汇(C_s)、单位碳排放带来农业增加值(C_d)和碳排放总量(C_t)。

产出导向的 DEA 要关注投入结构的合理性、产出中温室气体总量控制、碳汇的提供能力、增加值代表的福利水平、粮食数量和单位温室气体排放的农业增加值,还要考虑低碳农业效率的技术进步贡献和技术管理的成效。

5.2.2 基于农业碳排放的前沿技术效率分析

就区域效率的相对大小而言,各省区市表现为相对稳定的序列,说明不同省区市的农业低碳化发展呈现模式化和固化的态势,省区市间技术溢出较弱,低碳农业发展的绩效较弱,无法激发省区市范围内低碳农业发展的激烈竞争态势。这说明要加快低碳农业发展的步伐,应该进行差异化技术创新激励,推动低碳农业发展的制度改革,形成有冲击力的低碳农业发展的制度—技术范式,体现各省区市的比较优势、竞争优势,形成此起彼伏的低碳农业技术效率增长态势,形成相互激励的非均衡增长模式。

从表5-6可以看出,1997—2015年各省市的EFFCH指数在不同时段内变化不大,指数值也不大,大多数时段内EFFCH值都小于等于1,说明农业低碳化管理效率基本没有变化,甚至在下降。就东部、中部和西部而言,除了东部2000—2003年、2006—2009年,中部1997—2000年、2003—2006年、2006—2009年,西部1997—2000年、2009—2012年的平均EFFCH指数略大于1,说明农业低碳化效率基本稳定并略有提高外,东部1997—2000年、2003—2006年、2009—2012年、2012—2015年,中部2000—2003年、2009—2012年、2012—2015年,西部2000—2003年、2003—2006年、2006—2009年的EFFCH都小于1,而且1997—2015年东、中、西部EFFCH分别只有0.984 8、0.957 7和0.969 7,说明农业低碳管理效率不但没有提高,反而在缓慢下降,而且中部下降得最大,其次是西部,再次是东部。就全国来看,只有1997—2000年、2006—2009年的EFFCH略大于1,其余时段的EFFCH值均小于1。1997—2015年的EFFCH仅有0.972 1,说明农业低碳化管理效率在下降。这一现象也可以从1997—2015年大多数省区市的农资投入、畜牧业规模等都在增加得到认证。

表5-6　　1997—2015年农业低碳化效率分析(EFFCH)

	EFFCH						1997—2015
	1997—2000	2000—2003	2003—2006	2006—2009	2009—2012	2012—2015	
北京	1.0000	1.0000	0.9215	1.0732	0.9254	1.0927	1.0000
天津	1.0000	1.0000	1.0000	0.9981	0.9483	0.9583	0.9071
河北	1.0000	1.0000	1.0000	0.9958	1.0037	0.9107	0.9102
辽宁	0.9915	1.0086	1.0000	1.0000	1.0000	1.0000	1.0000
上海	1.0000	1.0000	1.0000	1.0000	1.0000	1.0000	1.0000
江苏	1.0000	1.0000	1.0000	1.0000	1.0000	1.0000	1.0000
浙江	1.0000	1.0000	1.0000	1.0000	1.0000	1.0000	1.0000
福建	1.0000	1.0000	1.0000	1.0000	1.0000	1.0000	1.0000
山东	1.0000	1.0000	1.0000	1.0000	1.0000	1.0000	1.0000
广东	1.0000	1.0000	1.0000	1.0000	1.0000	1.0000	1.0000
广西	1.0000	1.0000	1.0000	1.0000	1.0000	1.0000	1.0000
海南	1.0000	1.0000	1.0000	1.0000	1.0000	1.0000	1.0000
东部平均	0.9993	1.0007	0.9935	1.0056	0.9898	0.9968	0.9848

续表

	EFFCH						1997—2015
	1997—2000	2000—2003	2003—2006	2006—2009	2009—2012	2012—2015	
山西	0.9837	1.0833	0.8636	1.0295	1.0194	0.9391	0.9071
内蒙古	1.0694	0.8912	0.9754	0.9554	0.9553	0.9389	0.7966
吉林	1.0000	1.0000	1.0000	1.0000	1.0000	1.0000	1.0000
黑龙江	1.0000	1.0000	1.0000	1.0000	1.0000	1.0000	1.0000
安徽	0.9711	0.9711	1.1306	1.0000	1.0000	1.0000	1.0663
江西	1.0044	0.9926	1.0032	1.0013	1.0000	1.0000	1.0044
河南	1.0519	0.9091	1.0999	1.0000	0.9406	1.0515	1.0404
湖北	0.9600	0.9228	0.9259	1.0270	1.0291	0.9698	0.8407
湖南	1.0000	0.9579	1.0440	1.0000	0.9897	0.9740	0.9640
中部平均	1.0045	0.9698	1.0051	1.0015	0.9927	0.9859	0.9577
重庆	1.0000	1.0000	0.6950	1.1326	0.8909	1.1533	0.8088
四川	1.0000	1.0000	1.0000	1.0000	1.0000	1.0000	1.0000
贵州	1.0998	0.9850	1.0152	1.0000	1.0000	1.0000	1.0998
云南	1.0181	0.9940	0.9148	0.9319	1.1800	0.7823	0.7964
西藏	1.0000	1.0000	1.0000	1.0000	1.0000	1.0000	1.0000
陕西	1.1028	0.9244	0.9906	0.9989	1.0264	0.9579	0.9919
甘肃	1.0356	0.9597	0.9886	1.0252	1.0275	0.9355	0.9682
青海	0.8141	1.1554	1.2012	1.0000	1.0000	1.0000	1.1298
宁夏	1.0274	0.9084	1.1192	0.8981	0.9868	0.9748	0.9023
新疆	1.0000	1.0000	1.0000	1.0000	1.0000	1.0000	1.0000
西部平均	1.0098	0.9927	0.9925	0.9987	1.0112	0.9804	0.9697
全国平均	1.0042	0.9891	0.9965	1.0022	0.9975	0.9883	0.9721

从各个省区来看,除广西、黑龙江、安徽、重庆、贵州、云南1997—2015年的累积TECH指数都小于1说明技术进步率在下降外,其余省区市的TECH指数都大于1,说明技术进步在缓慢增加。从东部、中部和西部来看,该指数呈现东部大于西部大于中部的格局,说明技术进步率依次递减(见表5—7)。

表5—7　　　　　1997—2015年农业低碳化效率分析

	TECH						1997—2015
	1997—2000	2000—2003	2003—2006	2006—2009	2009—2012	2012—2015	
北京	1.0000	1.0027	1.0696	1.0809	1.2272	1.0569	1.0704
天津	0.9718	1	1.0285	1.0178	1.1180	1.1490	1.0456
河北	1.0000	1.0071	1.1200	1.0937	1.1087	1.1504	1.0785
辽宁	0.9665	1.0691	1.0243	1.0000	1.1386	1.0000	1.0316
上海	0.9387	1.0000	1.0563	1.1908	1.1373	1.0593	1.0605

续表

	TECH						1997—2015
	1997—2000	2000—2003	2003—2006	2006—2009	2009—2012	2012—2015	
江苏	1.0000	1.0000	1.0000	1.0000	1.0000	1.0000	1.0000
浙江	1.0000	1.0000	1.0869	1.0000	1.0408	1.0000	1.0208
福建	1.0000	1.0000	1.0000	1.0383	1.1488	1.0197	1.0332
山东	0.9790	1.0000	1.0284	1.0388	1.0087	1.0000	1.0090
广东	0.9932	1.0000	1.0919	1.0000	1.0035	1.0085	1.0156
广西	0.9335	1.0000	1.0000	1.0000	1.0000	1.0000	0.9886
海南	1.0000	1.0000	1.0000	1.0820	1.0000	1.0000	1.0132
东部平均	0.9819	1.0066	1.0422	1.0452	1.0776	1.0370	1.2106
山西	0.8765	0.9475	1.0021	1.0000	1.0957	1.1078	1.0017
内蒙古	0.8989	1.0553	1.1055	1.1207	1.1702	1.0953	1.0707
吉林	0.9866	1.0834	1.0000	1.0000	1.0000	1.0000	1.0112
黑龙江	0.9097	1.0000	1.0000	1.0000	1.0000	1.0000	0.9844
安徽	0.9760	0.9948	1.0000	1.0000	1.0000	1.0000	0.9951
江西	0.9970	0.9880	1.0173	1.0027	1.0456	1.0000	1.0083
河南	0.9665	1.0003	1.0864	1.0000	1.1382	0.9982	1.0299
湖北	0.9405	1.0140	1.0349	1.0035	1.1055	1.2339	1.0514
湖南	0.9510	0.9936	1.0174	1.0000	1.0130	1.1082	1.0128
中部平均	0.9447	1.0085	1.0293	1.0141	1.0631	1.0604	1.0184
重庆	0.8994	0.9489	1.0000	0.9629	1.1058	1.0101	0.9858
四川	0.9984	1.0000	1.0000	1.0000	1.1476	1.0000	1.0229
贵州	0.8525	0.9078	0.9062	0.8912	1.0000	1.0000	0.9247
云南	0.9553	0.9946	1.0151	0.9994	0.9532	0.9990	0.9858
西藏	1.0000	1.0000	1.0000	1.0000	1.0000	1.0000	1.0000
陕西	0.9460	1.0368	1.0262	1.0266	1.0843	1.1221	1.0389
甘肃	0.8684	1.0327	1.0346	1.0174	1.0522	1.0458	1.0063
青海	1.0835	1.0067	1.0113	1.1109	1.1445	1.0000	1.0580
宁夏	0.9159	1.0886	0.9695	1.0913	1.0293	1.0532	1.0226
新疆	0.9919	1.0000	1.0317	1.0000	1.0000	1.0000	1.0039
西部平均	0.9511	1.0016	0.99946	1.010	1.0517	1.0230	1.0040
全国平均	0.9612	1.0055	1.0247	1.0248	1.0651	1.0393	1.0885

从 1997—2015 年看，多数省区市和全国总体 TECH 指数相对 EFFCH 指数来说要大一些，说明农业低碳化技术效率主要来自缓慢的技术进步，而管理技术对农业低碳化的贡献越来越小，说明农业低碳化根本没有引起农户的重视，粗放的农业碳管理日益成为低碳农业

发展的障碍(见表5—8)。从1997—2015年的MLMI指数来看,河北、北京、上海、青海、宁夏MLMI指数在1.05以上,表明累积效率较高;黑龙江、山西、重庆、云南、贵州、广西的累积指数值小于1,说明综合效率在下降。其他省区市MLMI指数大多为1~1.04,表明技术效率略有提高。

表5—8　　　　　　　1997—2015年农业低碳化效率分析

	MLMI						1997—2015
	1997—2000	2000—2003	2003—2006	2006—2009	2009—2012	2012—2015	
北京	1	1.0027	0.9857	1.1602	1.1357	1.1549	1.0705
天津	0.9718	1	1.0285	1.0160	1.0603	1.1012	1.0288
河北	1	1.0071	1.1200	1.0891	1.1129	1.0477	1.0617
辽宁	0.9583	1.0783	1.0243	1.0000	1.1386	1.0000	1.0316
上海	0.9387	1.0000	1.0563	1.1908	1.1373	1.0593	1.0605
江苏	1.0000	1.0000	1.0000	1.0000	1.0000	1.0000	1.0000
浙江	1.0000	1.0000	1.0869	1.0000	1.0408	1.0000	1.0208
福建	1.0000	1.0000	1.0000	1.0383	1.1488	1.0197	1.0332
山东	0.9790	1.0000	1.0284	1.0388	1.0087	1.0000	1.0090
广东	0.9932	1.0000	1.0919	1.0000	1.0035	1.0085	1.0156
广西	0.9335	1.0000	1.0000	1.0000	1.0000	1.0000	0.9886
海南	1.0000	1.0000	1.0000	1.0820	1.0000	1.0000	1.0132
东部平均	0.9812	1.0073	1.0352	1.0513	1.0655	1.0326	1.0278
山西	0.8622	1.0265	0.8654	1.0295	1.1169	1.0404	0.9855
内蒙古	0.9614	0.9404	1.0784	1.0708	1.1179	1.0283	1.0309
吉林	0.9866	1.0834	1.0000	1.0000	1.0000	1.0000	1.0112
黑龙江	0.9097	1.0000	1.0000	1.0000	1.0000	1.0000	0.9844
安徽	0.9478	0.9660	1.1306	1.0000	1.0000	1.0000	1.0058
江西	1.0014	0.9806	1.0236	1.0040	1.0456	1.0000	1.0090
河南	1.0166	0.9094	1.1949	1.0000	1.0707	1.0496	1.0367
湖北	0.9030	0.9357	0.9582	1.0306	1.1377	1.1965	1.0215
湖南	0.9510	0.9517	1.0621	1.0000	1.0026	1.0794	1.0066
中部平均	0.9489	0.9771	1.0348	1.0150	1.0546	1.0438	1.0102
重庆	0.8994	0.9489	0.6950	1.0905	0.9852	1.1650	0.9516
四川	0.9984	1.0000	1.0000	1.0000	1.1476	1.0000	1.0229
贵州	0.9375	0.8942	0.9200	0.8912	1.0000	1.0000	0.9394
云南	0.9726	0.9887	0.9286	0.9314	1.1248	0.7815	0.9491

续表

	MLMI						1997—2015
	1997—2000	2000—2003	2003—2006	2006—2009	2009—2012	2012—2015	
西藏	1.0000	1.0000	1.0000	1.0000	1.0000	1.0000	1.0000
陕西	1.0433	0.9584	1.0166	1.0255	1.1130	1.0748	1.0375
甘肃	0.8993	0.9911	1.0228	1.0430	1.0811	0.9783	1.0009
青海	0.8820	1.1631	1.2148	1.1109	1.1445	1.0000	1.0797
宁夏	0.9410	0.9888	1.0851	0.9800	1.0157	1.0267	1.0052
新疆	0.9919	1.0000	1.0317	1.0000	1.0000	1.0000	1.0039
西部平均	0.9565	0.9933	0.9915	1.0073	1.0612	1.0026	0.9990
全国平均	0.9639	0.9940	1.0210	1.0265	1.0610	1.0262	1.0134

从三大地带看，综合技术效率呈现东部＞中部＞西部。从1997—2015年全国的效率变化看，总体呈现上升的趋势，说明各省区市的低碳农业效率在缓慢提升。

总体而言，各省区市及全国的MLMI、EFFCH和TECH指数都较小，说明要想将低碳农业发展提到议事日程上来，不论低碳农业管理技术效率还是低碳农业技术进步率都必须大幅度提高才有可能。在耕地资源紧缺、粮食自给压力加大、减少人为碳排放国际国内压力加大、畜牧产品需求增长迅速、居民对生态环境日趋重视的情况下，加强低碳技术创新、依靠低碳管理技术和低碳技术、推动低碳农业发展成为必然选择。

5.3 农业发展的低碳潜力及差异化分析

5.3.1 研究方法

低碳发展潜力是指尚未发挥出来的能力和水平。而对低碳农业的发展潜力的理解可以有很多，这里简单理解为在一定的技术和效率水平及一定的投入和产出状况下尚未发挥出来的减少碳排放的能力。低碳农业发展具有多重目标。

首先，低碳农业生产的目的是保证粮食的数量安全、质量安全。没有足够的粮食产出，不能保障必要的农副产品产出，低碳农业就失去发展的意义。

其次,低碳农业要具有一定的收益能力。如果低碳农业缺乏营利能力,难以形成持续不断的投资激励,就无从持续发展。

再次,低碳农业要具有明显的减少温室气体排放的能力,体现低碳农业的本质特征。农业碳减排最重要的是源头治理,也就是说,要通过对投入和生产过程的干预减少碳的排出量。

再次,低碳农业要发挥农业的碳汇功能。增加碳汇是从末端减排的重要手段。而且,增加碳汇会提高生态环境品质,比单纯的温室气体减排更能增加福利水平。

最后,低碳农业要注重低碳农业的技术水平,不仅从绝对量上减少 CO_2 排放,同时关注低碳农业期望产出的碳排放密度,也就是要提高单位温室气体排放的粮食产量和农业收益水平。低碳农业的最终目标是提升人民的福利水平。

为了衡量低碳农业在多种发展目标下的碳减排潜力,本书以典型的投入指标和典型的产出指标来分析低碳农业的发展潜力。本书选择 5 个投入指标和 5 个产出指标,从投入产出关系的分系统中寻求农业低碳化的潜力。

投入指标包括:①资本投入,用固定资产投资额来表征;②劳动力,是低碳农业发展不可或缺的要素;③播种面积,表示投入土地资源情况;④能源,是低碳农业发展的基本投入要素;⑤化肥,是低碳农业增产的基本保障。

低碳农业的产出指标包括:①粮食产量;②增加值数量,决定农户对低碳农业的基本态度;③碳汇量;④CO_2 排放数量;⑤排碳密度。

低碳农业的发展是一个循环往复的投入产出过程。首先,低碳农业要关注投入环节,力求通过节省投入,优化投入结构,降低投入碳源,来增加合意的产出,特别是控制土地、资本、劳动力、能源和化肥等必要投入品。其次,低碳农业要注重产出管理,增加合意产出,包括粮食、增加值、碳汇量。低碳农业还要尽量减少污染物的产出,尤其是 CO_2 排放。低碳农业要关注过程管理,让投入要素物尽其用,让要素投入的数量组合、时序、空间布局与生产过程有机匹配,提高投入品的使用效率。在一定的要素投入、技术水平和制度安排下,要发展低碳农业,要使农业降低碳排放,关键要弄清低碳农业的效率水平、投入结构、技术进步、管理水平,判断农业低碳化的可行性,判断和计算农业碳排放的潜力。当前农业碳排放量越是大于前沿技术管理下的碳排放量,则发展低碳农业、减少农业碳排放的潜力就越大;反之亦反。

为此,本书使用 DEA 模型测度低碳农业的发展潜力。虽然不同技术效率的单元中农业低碳化水平存在明显差异,但低碳化水平最高的单元必定处在前沿面上,具有最高效率。而处于前沿面以内的单元,低碳化发展缺乏效率。只有努力提高技术管理水平,优化投入结构,才能将低碳农业效率提高到前沿水平。这必然伴随合意产出的增加,带来碳排放的减少——表明其具有农业碳减排潜力。

5.3.2 相关模型

模型 1:径向模型[①]

将有效率定义为在既定投入水平下生产出最少的非期望产出和最多的期望产出,并假设有 N 个投入(X)、M 个期望产出(Y)、J 个非期望产出(b),则投入、期望产出和非期望产出的向量集可分别表示为:

$$X=(X_1,X_2,\cdots,X_N)\in R_+^N$$

$$Y=(Y_1,Y_2,\cdots,Y_M)\in R_+^M \text{ 和 } b=(b_1,b_2,\cdots,b_J)\in R_+^J$$

则可能性技术集合可以表示为:

$$P(X)=\{(X^t,b^t,Y^t)|X^t \text{ 生产}(Y^t,b^t)\}$$

$P(X)$ 具有 0 点连接性、联合产出的弱可处置性、期望产出的强可处置性和投入的强可处置性。

0 点连接性表示期望产出和非期望产出密切关联,要生产期望产出就必然伴有非期望产出生成。当然,没有污染就没有产出。弱处置性表示处置污染是要付出成本的,强可处置性表示不需要成本的处置。这样,生产的可能性集合可以用方向距离函数来表示。若 $g=(g_y,g_b), g\in R_+^M\times R_+^J$,则产出的方向距离函数可表示为:

$$\vec{D}_0(X,Y,b:g_y,g_b)=\max\{\beta:(Y+\beta g_y,b-\beta g_b)\in P(X)\} \quad (6)$$

方向性向量 g 决定了期望产出增加和非期望产出减少的方向。

[①] 李静,李红,谢丽君. 中国农业污染减排潜力、减排效率与影响因素[J]. 农业技术经济,2012(6):118—126.

参考 Chung、Färe 和 Grosskopf 的方法，本书将方向性向量设定为 $g=(y,-b)$，即等同于各自实际值，表示不同比例地增加期望产出和降低非期望产出[①]。

对于一个决策单元，若只有一种期望产出 y 和一种非期望产出 b，则根据产出角度的方向性距离函数（Output Directional Distance Function，ODDF），其有效率的路径不是沿着 OA 的射线方向投影到前沿面的 A′点，而是遵照向量 g 投影到 A′点，这样在碳减排的同时也能够增加期望产出（见图 5—1）。

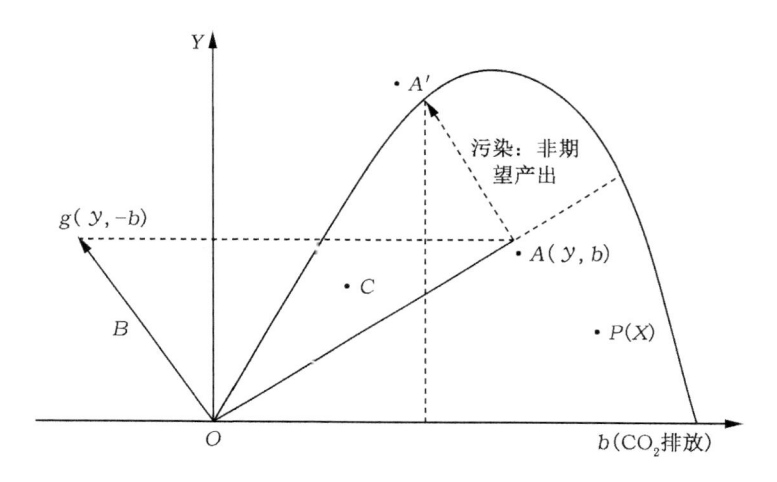

图 5—1 低碳农业的基本效应

DDF 函数中对 CO_2 排放的弱可处置性规定，很好地解释了减少碳排放、发展低碳农业要付出成本的原因，很好地区分了期望产出和非期望产出的不同效应，为准确度量污染的外部性提供了工具。但弱可处置性使生产者不愿自动减排，需要政府强制，或通过补贴、税收等来驱动。对于某一决策单元的距离函数 $\vec{D}_0(\cdot)=AA'/Og=\beta$，显然 β 度量了各个决策单元同时增加期望产出和减少非期望产出的最大可能比例（即离前沿面的距离）。β 越大，此决策单元距离前沿面越远，减少非期望产出的潜力越大，减少非期望产出的效率越小，反之亦反；若

---

① Chung, Y. H., Färe, R., Grosskopf, S., 1997. Productivity and undesirable outputs: a directional distance function approach[J]. *Journal of Environmental Management*, 51(3), 229—240.

$\beta=0$,此决策单元位于生产前沿面上,减少非期望产出的潜力为 0。根据 Chung、Färe 和 Grosskopf 的研究,同时增加期望产出和减少非期望产出的效率为 $1/(1+\beta)$,这一公式很好地度量了兼顾期望产出和非期望产出两者的效率水平[①]。

$\vec{D}_0(X,Y,b:g_y,g_b)$ 可以通过 DEA 形式求解。在规模报酬不变的情况下,第 K 个决策单元第 t 期的方向距离函数值的规划为:

$$s.t. \sum_{k=1}^{k}\lambda_K^t Y_K^t \geqslant (1+\beta)Y_{Km}^t, m=1,2,\cdots,M$$

$$\sum_{k=1}^{k}\lambda_K^t b_K^t = (1+\beta)b_{Kj}^t, j=1,2,\cdots,J$$

$$\sum_{k=1}^{k}\lambda_K^t X_{Kn}^t \leqslant X_{Kn}^t, n=1,2,\cdots,N$$

$$\lambda_K^t \geqslant 0, t=1997,1998,\cdots,2016, k=1,2,\cdots,31 \quad (7)$$

其中,X 是指各省区市农业劳动力、固定资产、土地以及能源、化肥等投入变量,期望产出是指农业增加产值、碳汇,非期望产出是指 CO_2,λ 是线性规划的权重向量,可由 DEA 求解给出最佳的权重值。

$\sum_{k=1}^{k}\lambda_K^t b_K^t = (1+\beta)b_{Kj}^t, j=1,2,\cdots,J$ 表示 b 具有弱可处置性,表明减少农业碳排放是要付出成本的。

模型 2:SBM 模型

DEA 模型是一种评价决策单元相对效率的模型,由 Charnes 和 Cooper 首先提出[②]。它的基本含义是:假设有 K 个决策单元,每个决策单元有多个投入、多个产出,而且产出中既有合意的期望产出也有非合意的非期望产出(当然期望产出越多越好,非期望产出越少越好);假设每个决策单元有 N 种投入 x_n 和 M 种期望产出 y_m 与 I 种非期望产出 u_i,则 DEA 效率评价模型为[③]:

---

① Chung,Y. H.,Färe,R.,Grosskopf,S.,1997. Productivity and undesirable outputs: a directional distance function approach[J]. *Journal of Environmental Management*,51(3),229—240.

② Charnes,A.,Cooper. W. W.,1978. Rhodes E. Measuring the efficiency of decision making units[J]. *European Journal of Operational Research*,2(6),429—444.
Cooper,W. W.,Seiford,L. M.,Tone,K.. Data Envelopment Analysis[M]. Boston: Kluwer Academic Publishers,Second Edition,2007,89—120.

③ 潘丹,应瑞瑶. 中国农业生态效率评价方法与实证——基于非期望产出的 SBM 模型分析[J]. 生态学报,2013,33(12):3837—3845.

$$\text{Min}\theta$$
$$s.t. \sum_{k=1}^{k} Z_K X_{nk} \leqslant \theta x_{n0}, n=1,2,\cdots,N$$
$$\sum_{k=1}^{k} Z_K y_{mk} \leqslant \theta y_{m0}, m=1,2,\cdots,M$$
$$\sum_{k=1}^{k} Z_K u_{mk} \geqslant \theta u_{i0}, i=1,2,\cdots,I$$
$$\sum_{k=1}^{k} Z_K y = 1; Z_k, \geqslant 0, \theta \leqslant 1 \tag{8}$$

其中,θ 为效率,其值在 0~1 之间,$\theta=1$ 表示决策单元完全有效。x_{n0}, y_{m0}, u_{i0} 分别为决策单元的投入、期望产出和非期望产出向量。若 $Z_k(k=1,2,\cdots,K)$ 为决策单元的权重等于 1 及非负值,表示该模型是可变规模报酬的 DEA 模型。若去掉 Z_k 的和为 1 的限制,则该模型变为不变规模报酬的 DEA 模型。

这个模型的不足也是显而易见的:它本质上是径向和角度的 DEA 模型,会造成投入要素的"拥挤"或"松弛",当投入或产出存在非零松弛时,径向 DEA 模型会高估生产效率,而角度 DEA 模型仅关注投入或产出中某一个方面,会造成评价结果不准确。

为了克服这一缺点,Tone 提出了非径向、非角度的 SBM 模型[1]:

$$\text{Min}\rho = \frac{1 - \frac{1}{N}\sum_{n=1}^{N} S_n^x / x_{n0}}{1 + \frac{1}{1+M}\left(\sum_{m=1}^{M} S_m^y / x_{m0} + \sum_{i=1}^{I} S_i^u / x_{m0} / u_{i0}\right)}$$

$$s.t. \sum_{k=1}^{k} Z_K X_{nk} + s_n^x = x_{n0}, n=1,2,\cdots,N$$
$$\sum_{k=1}^{k} Z_K y_{mk} - s_m^y = y_{m0}, n=1,2,\cdots,M$$
$$\sum_{k=1}^{k} Z_K u_{mk} + s_i^u = u_{i0}, i=1,2,\cdots,I$$
$$\sum_{k=1}^{k} Z_K y = 1; Z_k \geqslant 0, s_n^x \geqslant 0, s_m^y \geqslant 0, s_i^u \geqslant 0$$

s_n^x, s_m^y, s_i^u 分别表示投入、非期望产出的冗余及期望产出的不足;

---

[1] Tone, K., 2001. A slacks-based measure of efficiency in data envelopment analysis [J]. *European Journal of Operational Research*, 130(3), 498-509.

$\rho \in [0,1]$。当 $\rho=1$ 时，$s_n^x=s_m^y=s_i^u=0$，表示决策单元完全有效率，不存在期望产出不足或过多的投入或非期望产出。$\rho<1$ 时，表示决策单元存在效率损失，可能是过多投入、过少的期望产出、过多的非期望产出中一个或多个因素引起的，要想提高效率，就需要优化投入产出。而且，在 $\rho<1$ 时，根据 Cooper 等人的研究方法，还可以分解效率的损失来源：从绝对量看，s_n^x、s_m^y、s_i^u 分别表示相应的冗余量和不足量，从产出冗余和不足可以分析出提高期望产出的潜力和减少非期望产出的潜力[①]。

从相对角度看，可以计算冗余率和不足率：

投入冗余率：$IE_x = \frac{1}{N} \sum_{n=1}^{N} S_n^x / x_{n0}$

期望产出不足率：$IE_y = \frac{1}{1+M} \left(\sum_{m=1}^{M} S_m^y / x_{m0} \right)$

非期望产出冗余率：$IE_u = \frac{1}{1+M} \left(\sum_{i=1}^{I} S_i^u / u_{i0} \right)$

可见，提高效率的基本途径是降低冗余率，提高期望产出水平，同时从相对角度分析在现有技术水平下提高期望产出的潜力和减少非期望产出的潜力。

这一模型的优点还表现为：这是一种非径向、非角度模型，具有无量纲性，能去除量纲及角度差异带来的偏差和影响，能真实地体现所衡量的生产效率的本质。当然，将松弛变量引入模型可以直接测量松弛变量所带来的与最佳生产前沿比较的无效率，解决了传统 DEA 模型中投入和产出的松弛性问题，减少了变量松弛带来的非效率因素。

5.3.3 低碳潜力及差异化

表 5-9 显示，按照 2015 年各省区市的投入产出情况，在不同的视角下，全国及不同省区市农业碳减排绝对数量、相对数量存在一致性和差异性。在不考虑投入产出导向且规模收益不变的情况下总体减排潜力在 2.78 亿吨。减排潜力比较大的省区分别是内蒙古、江苏、山东、河南、湖北、四川、云南、西藏、青海、新疆，这些省区的减排潜力

---

① Cooper, W. W., Seiford, L. M., Tone K., Data Envelopment Analysis[M]. Boston: Kluwer Academic Publishers, Second Edition, 2007, 121-128.

都在 1 000 万吨以上。内蒙古、西藏、青海和新疆减排潜力相对更大，主要是这四个自治区以畜牧业为主，而粮食产量很小，碳密度相对过大，出现了相对较高的减排量。其余则是农业较为发达的省区市，减排潜力自然较大，减排潜力率也大多在 30% 以上。

表 5—9　　　　2015 年不同情况下中国农业碳减排潜力　　单位：10 000t，%

	排放量原值	潜力(1)	潜力(2)	潜力(3)	潜力(4)	潜力率(1)	潜力率(2)	潜力率(3)	潜力率(4)
北京	266.7	111.56	110.33	0	12.21	41.83	41.37	0	4.58
天津	311.8	26.18	4.84	0	0.00	8.40	1.55	0	0.00
河北	6085.8	887.51	1009.04	822.28	1131.51	14.58	16.58	13.51	18.59
山西	1969.8	410.12	530.25	390.62	358.72	20.82	26.92	19.83	18.21
内蒙古	6139.2	2606.21	3060.59	2575.22	3007.46	42.45	49.85	41.95	48.99
辽宁	3534.6	766.62	629.76	785.16	661.81	21.82	17.82	22.21	18.72
吉林	3722	631.75	−0.04	395.92	−0.04	16.97	0.00	10.64	0.00
黑龙江	5046.8	0	0	0	0.00	0.00	0.00	0.00	0.00
上海	229.2	150.11	73.77	0	0.00	65.49	32.19	0	0.00
江苏	4904.1	1276.34	0	1310.03	0	26.03	0	26.71	0
浙江	1732.4	0	0	9.46	0	0	0	0.55	0
安徽	4482.6	0	0.01	0	0.01	0	0	0	0
福建	1981.4	0	0	0.00	0	0	0	0.00	0
江西	3224.7	597.38	374.61	743.98	330.60	18.53	11.62	23.07	10.25
山东	7509.2	1570.08	0	340.04	0	20.91	0	4.53	0
河南	11069.6	3590.95	3622.38	5058.47	0.00	32.44	32.72	45.70	0.00
湖北	5867.9	1365.24	1780.59	1319.34	1695.60	23.27	30.35	22.48	28.90
湖南	5968	744.38	661.69	368.51	325.81	12.47	11.08	6.17	5.46
广东	4539.6	891.98	619.24	947.26	561.72	19.65	13.64	20.87	12.37
广西	4521.2	0	0	0	0.00	0.00	0.00	0.00	0.00
海南	928.7	132.13	−0.02	330.30	0	14.23	0.00	35.57	0
重庆	2117.9	227.54	0.01	130.65	0.01	10.74	0.00	6.17	0.00
四川	7256.3	2254.79	2232.51	2575.05	2066.22	31.07	30.77	35.49	28.47
贵州	3158.4	557.55	511.58	415.07	371.24	17.65	16.20	13.14	11.75
云南	5758.1	1499.64	2007.56	1323.03	1757.17	26.04	34.86	22.98	30.52
西藏	1715.8	1585.78	1555.57	318.68	318.68	92.42	90.66	18.57	18.57
陕西	3222.5	801.43	1115.68	708.42	959.75	24.87	34.62	21.98	29.78
甘肃	3055.6	630.60	832.15	779.45	962.74	20.64	27.23	25.51	31.51
青海	1397.1	1146.01	1122.97	0	0	82.03	80.38	0	0.00
宁夏	849.3	325.51	414.72	0	0.03	38.33	48.83	0	0.00
新疆	5419.7	2997.46	2677.78	2941.57	2625.50	55.31	49.41	54.28	48.44

续表

	排放量原值	潜力(1)	潜力(2)	潜力(3)	潜力(4)	潜力率(1)	潜力率(2)	潜力率(3)	潜力率(4)
合计	117985.5	27784.84	24947.50	24588.53	17146.71	—	—	—	—
总减排潜力率	—	—	—	—	—	23.55	21.14	20.84	14.53

注：潜力(1)～(4)分别对应非径向非投产出规模收益不变、径向投入导向—规模收益不变、非径向非投产出规模收益可变和径向投入导向规模收益可变情况下的减排。这四种情况下的减排潜力率分别对应潜力率(1)～(4)。

在不考虑投入产出导向且规模收益可变的情况下，农业总体减排潜力为2.46亿吨。减排潜力比较大的省区分别是内蒙古、江苏、河南、湖北、广东、四川、云南、新疆。这些省区除了广东稍低于1 000万吨外，其他都在1 000万吨以上，减排潜力率也大多在30%以上。这一结果与不考虑投入产出导向且规模收益不变情况下的潜力省区大致相同，但总体减排潜力略小。

在径向投入导向和规模收益不变的条件下，若农业总体减排潜力为2.50亿吨，占全部排放量的21.14%。减排潜力较大的省区分别是河北、内蒙古、山东、河南、湖北、四川、云南、西藏、青海、新疆，除陕西和甘肃1 000万吨弱外，其余都在1 000万吨以上。尤其是西藏、内蒙古、青海、新疆等省区，由于畜牧业引致的碳排放量较多，碳密度较高，碳汇较低，粮食产量较少，导致投入产出要到达前沿面，就必须大量减少碳排放，因此减排潜力大，减排潜力率也在30%以上。

在径向投入导向和规模收益可变的条件下，农业总体减排潜力为1.71亿吨，占全部排放量的14.53%。减排潜力较大的省区分别是河北、内蒙古、湖北、四川、云南、陕西、甘肃、新疆，除陕西和甘肃略少于1 000万吨外，其余都在1 000万吨以上。内蒙古、甘肃、新疆等畜牧业引致的碳排放量较多，碳密度较高，碳汇较少，粮食产量较少等，导致要使投入产出到达前沿面，就需要大量减少碳排放，因此减排潜力大，减排潜力率也在30%以上。但这一条件下农业总体减排潜力和减排潜力率都明显低于径向投入导向和规模收益不变条件下的相应量。

综上所述，中国农业总体碳减排潜力为15%～24%，减排总量为1.71亿吨～2.57亿吨，减排潜力大的省区大体一致但存在差异性，在当前技术水平和生产前沿下减排潜力很大。当然，这一潜力和潜力率将随着农业生产技术和低碳农业技术的研发创新和扩散采用进一步增减，农业碳绝对排放量将大幅度下降，对应的碳汇量将继续大幅度上升,农业将带来可观的净碳汇量,进而从净碳源变成净碳汇。

需要特别说明的是,对一些粮食大省区和减排潜力巨大的省区来说,利用当前逐步兴起的低碳种植技术,碳减排的可行性十分明显。只要逐步建立起低碳农业制度和激励政策体系,促进低碳农业技术的研发创新和扩散采用,有效减少农业碳排放的可行性会很高。对于像新疆、西藏、青海、内蒙古等畜牧业占较大比例的农业碳源潜力区来说,虽然潜力大,但由于当前的牲畜肠道减排技术尚不成熟,牧场粪便减排难度大,其有效的低碳畜牧业制度与激励低碳畜牧业政策体系难以制定,要想将这些减排潜力变为现实,挑战很大。

第六章 技术集成与低碳农业发展的综合绩效与成本效益

6.1 低碳农业发展的关键维度及效应

如前文所述，农业经济活动的碳排放主要包括：

①农业源温室气体直接排放，包括水稻种植排放、牲畜肠道发酵排放、施肥（如氮肥）引致的农地排放；

②农业生产中能源消耗带来的碳排放，包括农用一次能源（如煤炭和柴油）等的排放；

③化肥、农药、农膜生产运输过程中隐含的碳排放；

④农业生产废弃物处置导致的温室气体排放，包括秸秆焚烧排放、粪便及其他废弃物引致的排放。

低碳农业基本覆盖了上述4个方面的农业碳减排及整个农业产业链的低碳化活动。如节省和降低农用资料投入（包括化肥、农药、农膜、电力、柴油、汽油、建材等），注重生产过程的低碳管理（包括肥水使用方式和时间管理、稻田管理、粪便管理等），优化产出结构（一方面增加期望产出，另一方面减少 CO_2 及其他非期望产出）等。从结果来看，低碳农业发展可以概括为如下几个关键维度：成本、产量、碳减排能力、生态安全、经济收益、社会效益和福利变化等（见图6-1）。

第六章 技术集成与低碳农业发展的综合绩效与成本效益　135

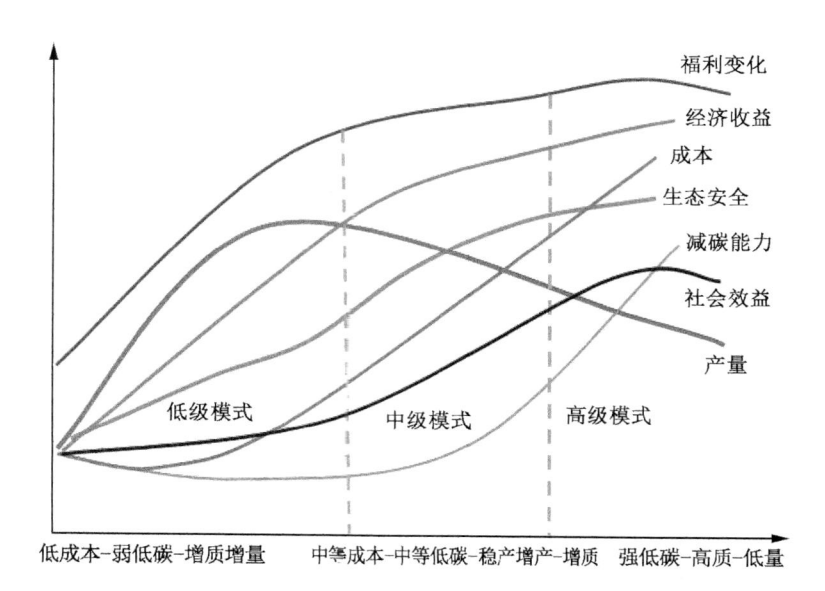

图 6—1　低碳农业发展水平及关键维度变化示意图①

在实施低碳农业的过程中,随着减碳能力的加强,成本会大大降低,然后逐步增加。低碳农业在强低碳阶段成本上升加快,在大面积的零排放或净碳汇农业的实施中成本可能变得高昂,并导致收益或福利减少甚至为负值。

在低碳农业发展的初段,农副产品产量有不断增加的可能,然后逐步下降。在强低碳战略不断推进中,农副产品的产量可能明显减少,低碳能力增强可能成为整体福利增加缓慢(或倒退)的负向力。

就生态安全而言,随着低碳农业的推进和低碳水平的提高,低碳农业的生态安全会逐步增强。

就社会效应而言,低碳农业发展关键要处理好农业、农民和农村的关系。一方面,低碳农业发展可以提高对城市的保障水平:输送更多有机产品、绿色产品或无公害产品,输送农村劳动力,促进城镇化,为城市工业、服务业提供更大的市场;另一方面,随着社会经济的发展与进步,农民的生产生活发生以下变化:

---

① 顾海英,等."低碳+农业"适度发展的效应及其对策建议[J].经济研究参考,2016(62):14—19.

①石油动力、电力等替代人力、畜力,农民生产的机械化程度不断提高。

②耐用消费品不断增加。

③薪柴、秸秆等传统家庭能源消费减少,代之以煤气、煤炭、电力、柴油、汽油等消费不断增长,农村商品化能源比重不断提高(史清华,2015①)。

④消费内容不断丰富,对环境宜居性要求不断提高。如农民在不断增加居住面积的同时,日益关注宅院美化和生态环境安全。降低农业碳排放,还必须处理好农业、农民和农村现代化和美丽乡村建设的关系。从长远角度出发,要促进农民对农村自然生态资源价值的认知程度,树立保护生态资源的意识和低碳意识,改变粗放使用、无偿使用、破坏性开发农村自然环境与资源的行为;要注重对农村环境的改善和污染修复,为城乡居民提供生态保障、生态旅游休闲娱乐场所;要鼓励农村节约能源、水资源等,减少碳排放和废弃物排放,提高垃圾资源化和无害化处理率,改善农村居住环境,加快美丽乡村建设。

就经济收益而言,经济收益是决定低碳农业发展的最重要因素。农户最直接的目标就是增加经济收益,提高可支配收入。在低碳农业的初级和中级阶段,由于农业生产的自然环境改善,农产品的绿色或有机比重增加,价格升高,产量依然会增加,导致经济收益不断增加。但随着低碳农业的深入推进,"低碳+"的成本快速增加,导致农业经济收益增长减缓甚至零增长和负增长。

就整体福利而言,随着低碳农业的推进,整体福利会增加。但在高度(或过度)低碳农业阶段,农产品的大面积减产将带动总体福利的下降。可见,积极、灵活地推动低碳农业发展战略,形成适度的低碳农业水准,是保证增大福利的基本取向。

低碳农业在这个过程中分低成本—弱低碳—增质增量、中等成本—中等低碳—稳产增产—增质、强低碳—高质—低量三个作用区段,较好地反映了低碳经济层面的核心作用和衍生效应,存在农户、农村、地区、全国和全球多角度的福利效应(见图6—2)。可以肯定的是:只要决策科学,可以找到适度的低碳农业发展战略,保证农户、农村、地区、国家及全球性的最大化福利。

---

① 史清华,彭小辉,张锐.中国农村能源消费的田野调查——以晋黔浙三省2 253个农户调查为例[J].管理世界,2014(5):80—92.

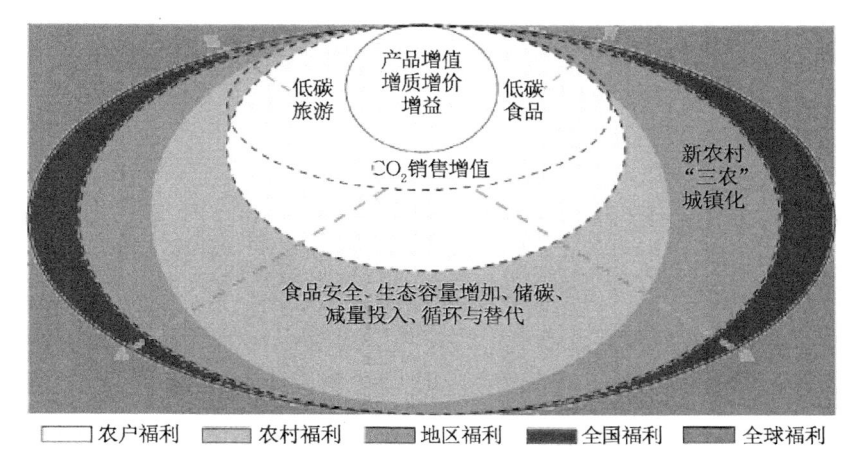

图 6—2 地区低碳农业的福利结构示意图

6.2 低碳农业的基本效应

低碳农业效应包括直接效应和间接效应,即低碳农业在保证和促进粮食安全的同时,仍然存在巨大的生态和社会溢出效应。

6.2.1 可观的经济效应

低碳农产品与通过过度使用化肥、农药导致的高污染农产品比较,具有产品安全、品质好的特性,因此售价更高,单位农产品收益更大。

低碳农业工程在低级、中级阶段,可以提高农产品产量。农业越粗放,越容易产生明显的低碳正效应(FAN,2015)。

如果价格效应和产量效应都增加,必然给低碳农业带来良好的增值效应。价格效应大于产量效应,也会带来增值。在东滩低碳农业园区的试验中,产量效应和价格效应都呈现出来,产值由 500 多万元增加到 925 万元。

随着低碳水平提高,可能带来产量的减少。这时,如果价格效应低于农产品减量效应,就可能带来增值减少,但这种情况发生的概率较小。

因此,低碳农业可以带来农业生产的增量、增质、提价、增值,进而产生可观的经济效应。黄德林等研究表明,中国农业温室气体下降5%,会增加福利11.6亿美元。①

6.2.2 显著的生态效应

(1)低碳农业具有节约投入与减排控污效应

低碳农业的关键措施之一是减少过量的化肥和农药投入,其直接效应表现为节省成本,并带来明显的 CO_2 减排效应。

东滩实验表明:使用配方施肥和科学管理技术后,玉米、小麦、水稻等作物在2008年的基础上减少了30%的化肥投入,并未减少产出水平,这自然降低了成本。同时,减少化肥投入带来16.85吨二氧化碳/吨氮肥、8.21吨二氧化碳/吨磷肥和4.18吨二氧化碳/吨钾肥的碳排放减少。2011年由于有机肥替代、有机肥和化肥配施,节省或减少化肥施用,园区比2008年减少了975.93吨由化肥施用带来的 CO_2 排放。另一项初步计算表明,上海实施化肥、农药减量化低碳战略以来,取得了很好的成效。2014年上海的农药、化肥使用比1999年分别减少65.9%和50.34%,单位耕地排放的 CO_2 也相应减少40%,而单位耕地的粮食明显增产,收益也明显增加。

此外,低碳农业的推进还会逐步控制农业面源污染,进一步提高环保投资能力、农村污水废气及生活垃圾的达标排放率与处理控制能力。

(2)低碳农业具有资源循环利用及减排增值效应

低碳农业的另一基本特征是充分利用秸秆及相关农业废弃物,开发生物能源、有机肥,替换化石燃料和化肥,从而降低成本,减排 CO_2。东滩的实验表明,将秸秆、人畜粪便、厨房垃圾等纳入CPU(中央处理单元),可产生沼气、电力、有机肥,进而构造循环通道,可减少 CO_2 排放3 355.28吨、生产电力48.25万元、有机肥24.74万元、沼气5万元,合计77.99万元。从长期看,有机肥的使用可以增强土壤肥力,平

---

① 黄德林,蔡松峰.中国农业温室气体减排潜力及其政策含义[R].中国—欧盟农业可持续发展及生态补偿政策研究项目专刊.政策机制研究,第25—41页[EB/OL](2013-02-28).https://wenku.baidu.com/view/09a0f34ba8956bec0975e366.html.

衡营养,减少土壤化学污染和土壤板结,进而促进农作物增产。

循环减排还可以从绿肥养地技术中得到体现。东滩试验中的绿肥生物养地试验结果表明,种植绿肥能不同程度地提高土壤有机质含量,其中,紫云英、蚕豆、豌豆、黑麦草、黄花苜蓿翻埋还田后土壤有机质增量分别比对照土壤中含量多2克/千克左右。这表明种植紫云英、蚕豆、豌豆、黑麦草等绿肥更利于农田土壤固碳,每年每公顷可固定二氧化碳19 500公斤。而应用绿肥生物养地技术后,下茬水稻每公顷可减少氮肥投入10%～30%(折合纯氮22.5～67.5kg),间接减少450～1 350kg二氧化碳排放。

(3)低碳农业具有土壤减排增汇及总体碳排放控制效应

中国20世纪80年代以前农户以绿肥、农家肥等作为主要肥料,化肥仅作为辅助。20世纪80年代后期以来,农户逐步减少费时费力的有机肥使用而代之以化肥,致使土壤贫瘠,储碳能力减弱。通过重新增加有机肥使用,可减少因化肥使用带来的碳排放,同时增加土壤储碳能力。

刘海涛等[①]在生态农场实验中,将玉米秸秆粉碎后饲养肉牛,然后将牛粪腐熟后施入冬小麦、夏玉米轮作的农田中。结果表明,用有机肥替代化肥可显著减少农田温室气体排放量,其固碳潜力达8.8吨/公顷/年。施用有机肥还增加了土壤肥力,进而提高了小麦和玉米产量。有机肥全部替代化肥后,农田变为典型的碳库,而全部施用化肥,农田则为典型碳源。东滩低碳农业实验的项目之一也是有机肥替代化肥,其重要效果之一就是在实验中减少了144吨CO_2。

从农业排碳控制来看,低碳农业将带来碳排放强度下降、农业碳汇增强的效应。

(4)低碳农业具有促进环境安全效应

农业田间管理是低碳农业发展的重要内容。一方面,通过稻田管理等可以减少化肥、农药的使用,进而改善土壤环境,提高地表水和地下水水质,增加物种多样化;另一方面,加强投入管理可以减少过量灌溉,节省电力,进而助力噪声污染的解决。

综上所述,低碳农业可以促进整体环境质量与安全水平的提高。

---

① 刘海涛,李静,李霄等.以有机肥替代化肥可减少温带农田温室气体排放量[J].科学通报,2015,60(6):598-606.

6.2.3 良好的社会效应

低碳农业可以促进城镇化的发展及若干社会问题的解决。如低碳农业作为低肥、低药的新农业，可以为城市提供绿色安全食品，保障城镇生活；作为少耕的新农业，减少了农村耕地占用和劳动力需求，不仅可为城市建设储备土地，还可以为城镇发展提供劳动力和常住人口，推动城镇化发展。作为具有提供绿色基础设施功能的新农业，减少了风沙、洪涝和大气污染等，可以为城市提供绿色、安全的休闲空间，有利于推动生态农业旅游的发展，进而增加收益和就业。对都市农业而言，低碳农业战略更为城市低碳科技发展创造需求，农业废物利用美化和优化了城市景观，提升了不动产价值，这在推进新农村建设的同时也部分解决了"三农"问题，增强了城镇竞争力。

自生态岛和生态农业战略推进以来，上海崇明岛的生态村、低碳社区、低碳农业、生态农业发展迅速。2013年5月，上海生态农业发展有限公司成立，确立了崇明生态、低碳农产品在上海市场的品牌效应，全年在市区新开设门店205家，销售额达7亿元。与此同时，崇明的生态、低碳休闲旅游业亦稳步发展，2015年共接待游客466.8万人次，实现营业收入10亿元，比上年增长34.9%。

低碳农业的此种效应在全国范围内开始显露出来。据不完全统计，2015年全国低碳、休闲农业和乡村旅游超过22亿人次，营业收入超过4 400亿元，从业人员790万人，其中，农民从业人员630万人，带动了550万户农民受益（陈晓华，2015）。

6.3 低碳农业综合绩效分析：以东滩低碳农业园为例

6.3.1 案例概述

崇明东滩低碳农业园位于崇明岛东片区。这里毗邻东滩湿地，环境良好，农地的适应性高，上实集团给予的支持优势明显，具有建设低碳农业经济的理想条件。本区总占地 200 公顷，其中耕种面积为 166.7 公顷，是上海市科委 2008 年正式委托上海实业东滩投资开发（集团）有限公司研究并建设的生态低碳岛项目和循环经济现代农业项目。该园区分为生态农业种植区、生物质能系统示范工程区（CPU）、农业展示休闲区、基本物质循环与流动区（见图 6－3），是一个典型的低碳农业实验项目。

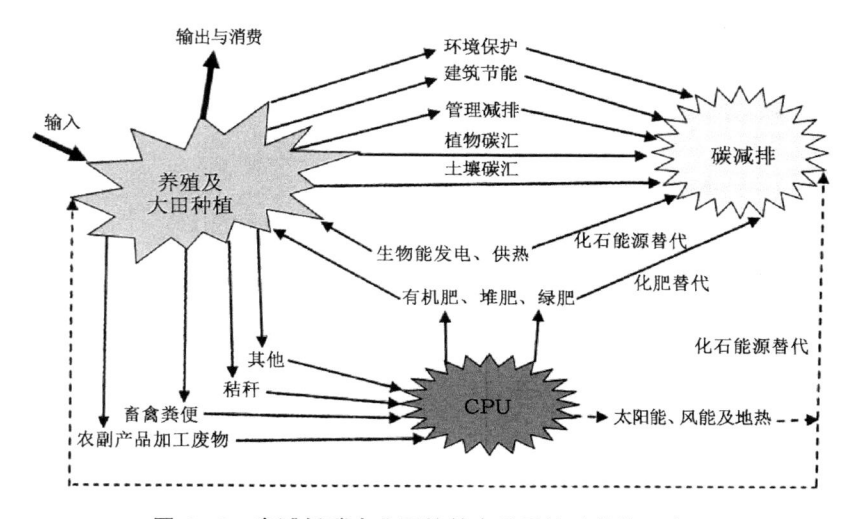

图 6－3　东滩低碳农业园的基本物质流动结构示意图

该项目以低碳集成技术与农业密切结合为核心，其基本内容是以低碳集成技术（如秸秆快速厌氧发酵沼气发生技术、秸秆和沼渣及农畜粪便有氧发酵和快速翻倒有机肥生产技术、生物养地技术、有机肥—化肥配施技术、生物及物理农作物病虫害控制技术、土壤增碳汇技术、化肥减量投入技术、低碳建筑技术、低碳管理技术、控耕免耕技术、清洁能源替代技术）装备农业，以低碳理念为引导，以实验和示范为目标，以政府研发资金为支持，构造低碳农业实践。

6.3.2　低碳农业的评估方法

6.3.2.1　低碳农业评估体系

诚如前文所述，低碳农业具有多方面的效应，其福利分属于农户、农村、地区、全国和全球层次。衡量、识别和解构这些效应，对调控和发展低碳农业十分重要。虽然这种解构可以用福利、效用、收益等综合指标衡量，但它们不能体现具体的组构和性质。有鉴于此，为了反映更丰富的低碳农业效应水平，本书以东滩实验前后数据的对比，利用多指标法中的 AHP 法，对东滩试验园区低碳农业的效应进行分析评价。

基于上述低碳农业的效应分析方法，依据代表性原则、简洁性原则、全面性原则和非重复性原则，本书初步选择由 43 个指标构成的指标体系，经征询专家意见，最后确定 33 个初级指标、6 个 2 级指标，构成衡量低碳农业效应的指标体系，然后利用层次分析法对低碳农业的效应进行分析：

(1) 资源循环利用

具体表达指标为：清洁能源比率(C_{11})、能源强度(C_{12})、单位产值耗水(C_{13})、秸秆综合利用率(C_{14})、畜禽粪便综合利用率(C_{15})等。

(2) 污染控制效应

具体表达指标为：土壤内梅罗指数(C_{31})、地表水水质达标率(C_{32})、大气环境质量指数(C_{33})、环境噪声平均值(C_{34})、物种多样性指数(C_{35})。

(3) 环境质量适宜性与安全性

具体表达指标为：环境保护投资指数(C_{21})、农村污水排放达标率(C_{22})、废气排放达标率(C_{23})、单位面积农药施用量(C_{24})、单位面积化肥施用量(C_{25})、生活垃圾处理率(C_{26})等。

(4) 碳排放控制效应

具体表达指标为：碳排放强度(C_{41})、农业碳汇(C_{42})、土地固碳(C_{43})、清洁能源使用率(C_{44})、建设节碳率(C_{45})等。

(5) 经济效应

具体表达指标为：固定资产产出率(C_{51})、农业劳动生产率(C_{52})、土地产出率(C_{53})、农产品加工增值率(C_{54})、科技进步贡献率(C_{55})、农林病虫害防治率(C_{56})、绿色有机农产品率(C_{57})等。

(6) 社会效应

具体表达指标为：单位面积就业人数(C_{61})、职工(农户)人均工资(收入)(C_{62})、单位面积旅游人数(C_{63})、社会满意度(C_{64})、政府补贴(C_{65})等。

这些指标的逻辑结构见图 6—3，(1)~(4) 可以归结为环境效应。

6.3.2.2 权重计算

本书采用 AHP 模型计算权重。AHP 首先由 Saaty[①] 提出,是一种将决策者对复杂系统的决策思维模型化的过程,其步骤为:

①弄清决策目标及需要遵循的准则和主要约束,确定主要的表达指标,构造层次结构图(见图6-4)和判断矩阵。

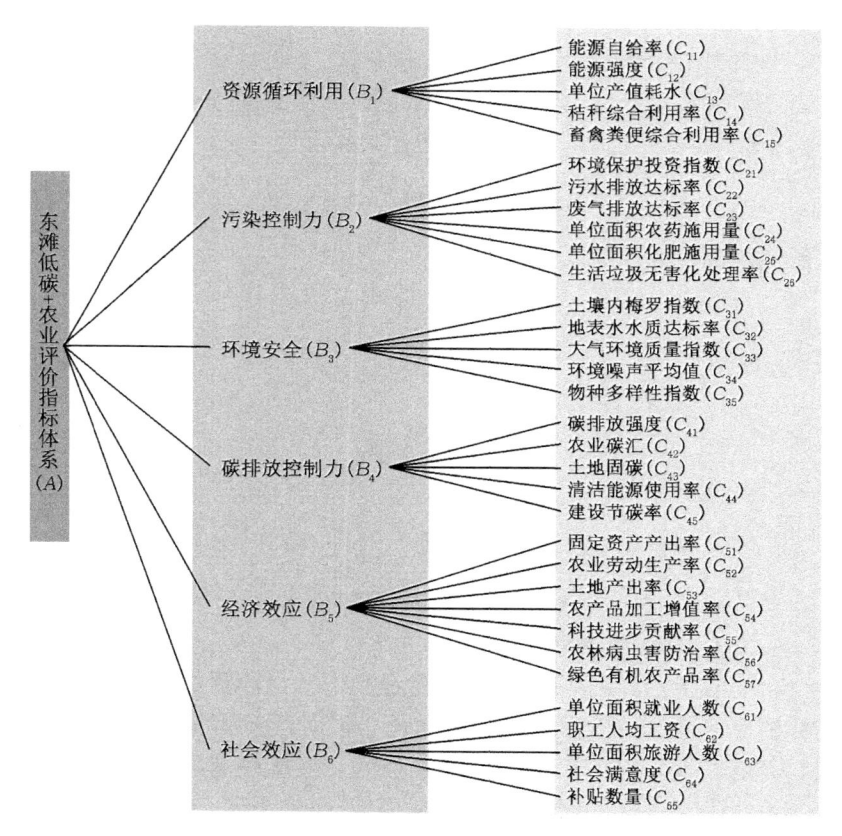

图 6-4 东滩试验园区低碳农业效应分析评价图

东滩低碳农业评价指标体系(A)
- 资源循环利用(B_1)
  - 能源自给率(C_{11})
  - 能源强度(C_{12})
  - 单位产值耗水(C_{13})
  - 秸秆综合利用率(C_{14})
  - 畜禽粪便综合利用率(C_{15})
- 污染控制力(B_2)
  - 环境保护投资指数(C_{21})
  - 污水排放达标率(C_{22})
  - 废气排放达标率(C_{23})
  - 单位面积农药施用量(C_{24})
  - 单位面积化肥施用量(C_{25})
  - 生活垃圾无害化处理率(C_{26})
- 环境安全(B_3)
  - 土壤内梅罗指数(C_{31})
  - 地表水水质达标率(C_{32})
  - 大气环境质量指数(C_{33})
  - 环境噪声平均值(C_{34})
  - 物种多样性指数(C_{35})
- 碳排放控制力(B_4)
  - 碳排放强度(C_{41})
  - 农业碳汇(C_{42})
  - 土地固碳(C_{43})
  - 清洁能源使用率(C_{44})
  - 建设节碳率(C_{45})
- 经济效应(B_5)
  - 固定资产产出率(C_{51})
  - 农业劳动生产率(C_{52})
  - 土地产出率(C_{53})
  - 农产品加工增值率(C_{54})
  - 科技进步贡献率(C_{55})
  - 农林病虫害防治率(C_{56})
  - 绿色有机农产品率(C_{57})
- 社会效应(B_6)
  - 单位面积就业人数(C_{61})
  - 职工人均工资(C_{62})
  - 单位面积旅游人数(C_{63})
  - 社会满意度(C_{64})
  - 补贴数量(C_{65})

②层次单排序及一致性检验:设某个判断矩阵为 A,λ_{max} 是 A 的

[①] Saaty, T. L.. The Analytic Hierarchy Process[M]. McGraw-Hill International, New York, 1980.

Saaty, T. L., 2007. Time dependent decision-making: dynamic priorities in the AHP/ANP: Generalizing from points to functions and from real to complex variables[J]. *Mathematical and Computer Modelling*, 46, 860—891.

最大特征值，W 是相应的特征向量，$AW = \lambda_{max} W$。

如果指标 $CR = CI/RI < 0.10$，则可认为该判断矩阵有满意的一致性。其中，$CI = (\lambda_{max} - M)/(M-1)$，$M$ 为判断矩阵的阶数；RI 为判断矩阵的随机平均一致性指标，是一个只随判断矩阵阶数变化的常数。

③层次总排序及一致性检验：设 $K-1$ 层上 $N^{(K-1)}$ 个元素相对于总目标的排序权重向量为 $(W_1^{(K-1)}, W_2^{(K-1)}, \cdots, W_{N(K-1)}^{(K-1)})$，第 K 层上 N^K 个元素对 $K-1$ 层上第 j 个元素的排序权重为 $(P_{1j}^{(K)}, P_{2j}^{(K)}, \cdots, P_{N(K)j}^{(K)})$，第 K 层上元素对总目标的合成权重为：

$$W_i^{(K)} = \sum_{j=1}^{N(K-1)} \left(p_{ij}^{(K)} W_i^{(K-1)} \right), i = 1, 2, \cdots, n$$

判断矩阵的一致性指标为

$$CR = CI/RI_j$$

其中，

$$CI = \sum_{j=1}^{N(K-1)} (W_j^{(K-1)}) CI_j$$

$$RI = \sum_{j=1}^{N(K-1)} (W_j^{(K-1)}) RI_j$$

则：

$$CR = \sum_{j=1}^{N(K-1)} (W_j^{(K-1)}) CI_j / \sum_{j=1}^{N(K-1)} (W_j^{(K-1)}) RI_j$$

若 $CR < 0.10$，则认为有满意的一致性。

6.3.2.3 数据处理

由于各指标量纲不同，本书通过最大值—最小值标准化来实现各指标的可加性。各指标的最大值和最小值对绩效指数绝对值影响较大，为保证其科学合理，最大值和最小值主要按照国家相关标准及有关参考值确定，涉及标准和参考数据很多，在此不逐一列出。

由于指标具有正向、负向和中性之分，正向指标与目标之间的关系表现为越大越好，在原始数据标准化过程中采用如下公式处理：

$$X'_i = (X_i - X_{i\max})/(X_{i\max} - X_{i\min})$$

其中，X'_i 为指标标准化数值，X_i 为第 i 个指标原始值，$X_{i\max}$ 和 $X_{i\min}$ 分别为第 i 个指标原始值中最大和最小的数值（下同）。

若指标为逆向指标，它与目标之间的关系表现为越小越好，在原始数据标准化过程中用如下公式处理：

$$X'_i = (X_{i\max} - X_i)/(X_{i\max} - X_{i\max}), i = 1, 2, \cdots, n$$

若指标为中性指标,指标值越趋近某一目标值就越好。处理方法为:

$$X_{jz}=|X_j-X_{jz}|, X'_{jz}=(X_{jz\max}-X_{jz})/(X_{jz\max}-X_{jz\min}), j=1,2,\cdots,n$$

其中,X_j 为第 j 个指标的原始值,X_{jz} 为第 j 个指标的最佳值,X'_{jz} 为第 j 个指标的标准化值。$X_{jz\max}$、$X_{jz\min}$ 分别为第 j 个指标中的最大与最小值。

6.3.2.4 综合绩效计算

利用标准化指标数据和相对权重数值,可计算综合绩效指数。为充分体现基层指标的独立性和高层指标的可互替与可融合性,构造如下计算公式:

$$X_i = \sum_{i=1}^n W_i \cdot X''_i, i=1,2,\cdots,n$$

其中,W_i 为指标权重,X''_i 为各指标标准化数值,R_i 为综合指数。

6.3.3 结果及分析

为构建指标体系,可利用专家系统建立判断矩阵,计算出各指标的权重(见表6-1、表6-2和图6-5)。最终结果显示,东滩低碳园区运行后的综合效应指数为88.41%,比58.36%的常规农业综合效应指数高30.05个百分点,充分显示了低碳农业带来的正效应(见表6-3)。

表6-1　　　　　　　　B_1-B_6 层指标权重

指标	B_1	B_2	B_3	B_4	B_5	B_6
权重	0.1717	0.1311	0.1382	0.2062	0.2620	0.0897

注:若 $CR \leqslant 0.10$,则认为有满意的一致性。

表6-2　　　　　　　　$A-C$ 权重

指标	C_{11}	C_{12}	C_{13}	C_{14}	C_{15}	C_{16}	C_{21}	C_{22}	C_{23}
权重	0.0235	0.0307	0.0781	0.0158	0.0193	0.0328	0.0489	0.0174	0.0157
指标	C_{24}	C_{25}	C_{26}	C_{31}	C_{32}	C_{33}	C_{34}	C_{35}	C_{41}
权重	0.0117	0.0163	0.0243	0.0251	0.0439	0.0241	0.0085	0.0241	0.0352
指标	C_{42}	C_{43}	C_{44}	C_{45}	C_{51}	C_{52}	C_{53}	C_{54}	C_{55}
权重	0.0120	0.0098	0.0246	0.0146	0.0170	0.0485	0.0253	0.0229	0.0266

续表

指标	C_{56}	C_{57}	C_{58}	C_{61}	C_{62}	C_{63}	C_{64}	C_{65}
权重	0.0187	0.0536	0.0241	0.0506	0.0506	0.0264	0.0746	0.0048

注：若 $CR \leqslant 0.10$，则认为有满意的一致性。

表 6-3　各指标的最终得分及综合绩效指数

	园区本底绩效分数	园区运行后绩效分数	上海常碳绩效分数
能源自给率(C_{11})	0	3.12	0.23
能源强度(C_{12})	4.85	4.85	4.01
单位产值耗水(C_{13})	1.99	1.99	1.99
农作物秸秆综合利用率(C_{14})	1.41	3.66	2.66
畜禽粪便综合利用率(C_{15})	3.00	3.00	1.92
环境保护投资指数(C_{21})	2.23	2.32	2.32
污水排放达标率(C_{22})	0.00	2.40	2.27
废气排放达标率(C_{23})	0.00	2.10	1.18
单位面积农药施用量(C_{24})	1.99	2.05	1.74
单位面积化肥施用量(C_{25})	1.66	2.04	1.20
生活垃圾无害化处理率(C_{26})	0.25	1.36	0.72
土壤内梅罗指数(C_{31})	4.11	4.11	4.11
地表水内梅罗指数(C_{32})	1.82	2.93	1.82
大气环境质量指数(C_{33})	2.08	2.08	1.63
环境噪声平均值(C_{34})	2.00	2.00	0.62
物种多样性指数(C_{35})	1.88	2.26	1.51
碳排放强度(C_{41})	5.42	5.84	3.39
农业碳汇(C_{42})	2.14	2.37	1.18
土地固碳(C_{43})	1.77	3.54	0.83
清洁能源使用率(C_{44})	0.00	4.79	1.83
建设节碳率(C_{45})	0.00	1.89	2.42
固定资产产出率(C_{51})	1.94	3.30	2.46
农业劳动生产率(C_{52})	4.17	4.67	2.46
土地产出率(C_{53})	1.79	3.22	2.88
农产品加工增值率(C_{54})	2.21	3.31	2.21
科技进步贡献率(C_{55})	1.95	2.74	1.95
农林病虫害综合防治率(C_{56})	2.78	2.96	2.43
绿色、有机农产品率(C_{57})	2.59	2.71	0.83
单位面积就业人数(C_{61})	0.10	0.12	0.75
职工人均工资(C_{62})	1.13	1.41	0.88

续表

	园区本底绩效分数	园区运行后绩效分数	上海常碳绩效分数
单位面积旅游接待人数(C_{63})	0.00	0.29	1.79
社会满意度(C_{64})	1.09	2.99	2.94
人均财政收入(C_{65})	0.0	0.00	0.47
综合绩效得分	58.36	88.41	61.61

资料来源：原始数据来自上实东滩公司。

计算结果显示，在低碳农业效应中，环境效应最高，达64.72%（$B_1+B_2+B_3+B_4$）；其次为经济效应，占26.2%；最后是社会效应（见表6—1）。经济效应主要归农户所有，其他效应主要以外部性形式呈现，恰好反映了在巨大的外部性面前要发展低碳农业困难重重。从低碳农业发展的角度出发，我们发现，重视其广泛的溢出效应，从更多受益者的角度支持农业低碳化，将更有意义。

计算结果显示，能源自给率(C_{11})、能源强度(C_{12})、单位产值耗水(C_{13})、秸秆综合利用率(C_{14})、环境保护投资指数(C_{21})、农村污水排放达标率(C_{22})、碳排放强度(C_{41})、农业碳汇(C_{42})、土地固碳(C_{43})、清洁能源使用率(C_{44})、固定资产产出率(C_{51})、农业劳动生产率(C_{52})、土地产出率(C_{53})、农产品加工增值率(C_{54})、农林病虫害防治率(C_{56})、绿色有机农产品率(C_{57})、社会满意度(C_{64})等指标的权重都大于0.03，表明这些部分对低碳农业综合效应的贡献比较大（见图6—5）。

从各个基层指标来看，除少数几个指标外，低碳技术集成运用于农业后，大部分指标都有不同程度的增加（见图6—5），这表明采用秸秆—沼气—电力热力综合生产技术，可促进生物质能源开发与资源循环利用。同时，集成技术的采用可促使能源强度、排碳强度等较大幅度地下降，二氧化碳的减排成效显著。园区基期年排放二氧化碳3 556.03吨，低碳农业园区运行后年净减排二氧化碳4 380.08吨，年产生净碳汇824吨，即每公顷可产生4.12吨净碳汇/年，每亩年净吸收275kg二氧化碳。这表明该园区由净碳源农业改变为净碳汇农业。

经济效益明显提高，园区投产后增加值比基年的554.6万元增加66.85%，农业劳动生产率、土地产出率、农产品加工增值率、科技进步贡献率、农林病虫害综合防治率、绿色农产品率都显著提高。从东滩低碳农业园区运行后各绩效指标的得分率来看，各主要指标的得分率都很高。虽然单位面积农药施用量、单位面积化肥施用量、农业碳汇、

148 技术、制度与低碳农业发展

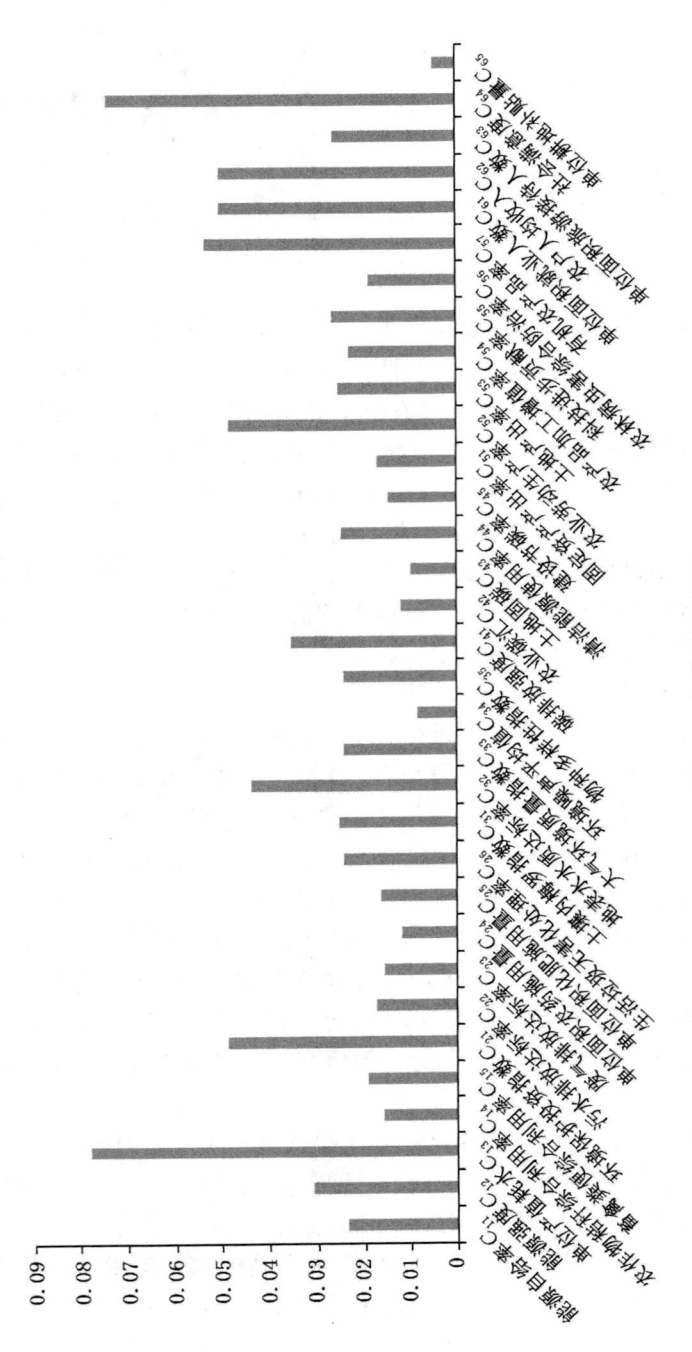

图6-5 各指标权重图

建设节碳率、固定资产产出率等指标得分率较低,但这些指标较建成前也有明显提高。这表明园区的经济效率得到很大提高,污染控制能力和环境质量明显提高。

社会满意度、人均补贴等得分较高,而单位面积就业人数、单位面积旅游接待人数等得分率虽然较低,但相较于基年也有一定的提高。这表明社会效应较好:居民享受到更多社会福利,有利于推进城市化;增加居民收入,有利于"三农"问题的解决和新农村建设(见图6—6)。

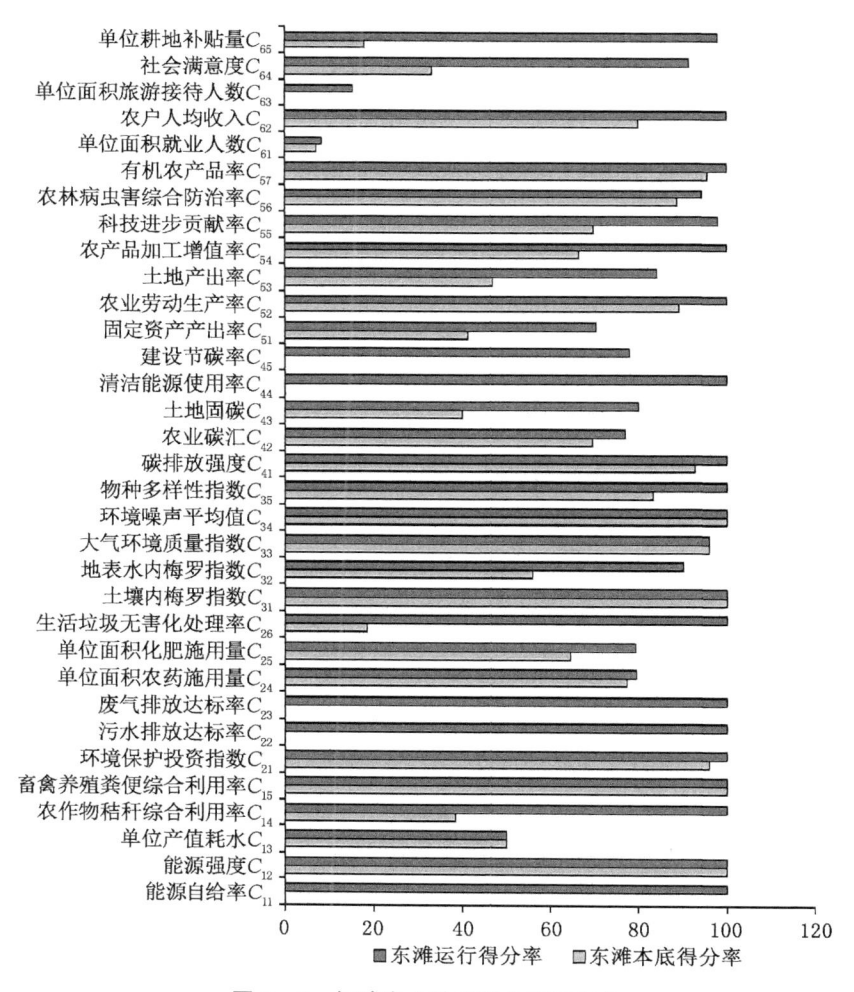

图6—6 低碳农业效应细分指标变化

以上分析表明:适度的低碳农业将大幅度提高农业劳动生产率,在增加粮食产量和加强粮食安全的基础上,产生巨大的期望溢出效应,增加国民福利并可持续发展。

6.4 低碳农业的成本—效益分析

6.4.1 农业减排

东滩低碳农业的试验中,碳减排来自多个方面,如稻田的 CH_4 排放、土壤的 N_2O 排放、化肥等投入引起的相关排放、秸秆燃烧等引起的 CO_2 排放等。具体而言,使用秸秆制造有机肥,减少了燃烧排放和化肥与化石能源引致的 CO_2 减排。以下从5个方面计算低碳农业减排:

(1)来自农业废弃物的碳减排

$$\Delta C_1 = \alpha_1 \times (R_1 + R_2) + \alpha_2 \times R_3 \times \tau + \alpha_3 \times R_3 \times \varphi \quad (1)$$

其中,ΔC_1 表示 CO_2 当量(CO_2eq)的温室气体减排,R_1 表示用于沼气工程的秸秆数量,R_2 表示用于有机肥生产的秸秆数量,R_3 表示有机肥厂消耗的牛粪数量,α_1 表示每单位秸秆燃烧产生的 CO_2 排放量,α_2、α_3 表示每吨鲜牛粪在露天中排放的 CH_4 和 N_2O,τ 代表单位 CH_4 的 CO_2 当量,φ 表示单位 N_2O 的 CO_2 当量。

$R_1 = 600t, R_2 = 747.47t, \alpha_1 = 1.84tCO_2e/t, \alpha_2 = 24d_1 \times d_y, \alpha_3 = 24d_2 \times d_y$。

d_1 和 d_2 分别表示牛粪的 CH_4 和 N_2O 排放密度,d_y 表示牛粪的堆积时间。按照东滩低碳园区的实验,$d_y = 60d, d_1 = 9.0 \times 10^{-4} \text{kg/kg} \cdot \text{h}, d_1 = 1.521 \times 10^{-5} \text{kg/kg} \cdot \text{h}, \tau = 25tCO_2e/tCH_4, \varphi = 296\ tCO_2e/tN_2O$。

(2)来自化肥和农药减量化的碳减排

与2008年相比,通过使用自产有机肥,大大降低了农药和化肥的使用量。通过以下公式计算这些减排量:

$$\Delta C_2 = \beta_1 \times F + \beta_2 \times P \quad (2)$$

其中,ΔC_2 代表减少二氧化碳排放,F 和 P 分别表示化肥和农药的使用量减少,β_1 指单位化肥的排放量,β_2 表示单位农药生产的排放量。

根据 DLCAP 的计算，$\beta_1=16.85$t CO_2e/吨氮肥纯折量，$\beta_2=15.50$，$F=14.24$ 吨，表明项目有机肥氮肥配施，可以减少氮肥(纯折量)投入 21.91%；$P=1.23$ 吨，表明项目节约农药 7.5 公斤/公顷(或 33.34%)。

(3) 来自电力消费的减排

实验中的建筑采用了低碳建筑技术，与普通建筑相比，用电要少很多。由于中国的电力大部分是由燃煤电厂发的，可计算出如下减排量：

$$\Delta C_3 = \delta \times E \times \omega_1 \times \omega_2 \times \omega_3 \qquad (3)$$

其中，ΔC_3 表示二氧化碳减排量；E 表示普通建筑单位面积用电量，$E=100$kw·h/m^2；ω_1 表示实验中建筑物与普通建筑物相比的节电率，$\omega_1=39\%$；ω_2 表示单位用电煤耗，$\omega_2=0.404$kgce/kw·h；ω_3 表示用于发电的单位煤炭排放量，$\omega_3=2.50$tCO_2e/tce；δ 表示实验建筑面积，$\delta=1\,290$ 平方米(这里的参数来自 DLCAP)。

(4) 土壤和植被碳汇

在试验中，通过采用低碳技术(如增加有机肥和种植绿肥的土壤碳汇，通过增加果园和减少葡萄园面积进而增加植被的封存能力，选择高碳汇绿肥)增加的碳汇量计算公式如下：

$$\Delta C_4 = \gamma_1 \times S_1 + \gamma_2 \times S_2 + \gamma_3 \times S_1 + \gamma_4 \times S_3 + \gamma_5 \times S_4 \qquad (4)$$

其中，ΔC_4 表示通过土壤和植被封存减少二氧化碳排放量；S_1 和 S_2 分别表示总耕地和林地面积；γ_1 表示每公顷农田封存的 CO_2，$\gamma_1=0.72$tCO_2e/ha；γ_2 表示每公顷植被(含果林和景观林)增加的 CO_2，$\gamma_2=1.50$tCO_2e/ha；S_3 和 S_4 分别表示总绿肥种植面积和稻谷种植面积；γ_3 和 γ_4 表示每公顷农田和绿肥土壤二氧化碳封存量；$\gamma_3=0.34$t/ha；$\gamma_4=11.511$t/ha；γ_5 表示每公顷稻田额外封存的 CO_2，$\gamma_5=0.73$t/ha。

(5) 可再生能源替代化石能源的碳排放

实验消耗的是自产可再生能源——沼气。其替代化石能源所减少 CO_2e 的计算公式如下：

$$\Delta C_5 = \mu_i \times \sum_{i=1}^{n} y_i \qquad (5)$$

其中，ΔC_5 表示减少的二氧化碳排放；y_i 是指通过实验技术直接或间接节省化石能源的数量；μ_i 表示单位化石能源的排放量。可再生能源包括沼气发电、沼气、太阳能和风能，但太阳能和风能的使用量非常小,只能用于照明。项目使用沼气来加热温室和厌氧发酵罐。

6.4.2 低碳工程技术的成本和收益

本项目采用综合工程技术来减少碳排放,其成本(C_{lp})包括电力、原材料、劳动力、固定资本的维护和折旧,效益(B_{lp})包括自产沼气、沼气发电、有机肥、沼液和政府补贴,净收益(NV_{lp})为总收益与成本之间的差额。此外,可以计算总成本(NVR_{lp})、平均单位排放成本(AC_{lp})和单位排放的平均效益(AB_{lp})。

6.4.3 本项目的成本和收益计算

基于上述分析,实验的总成本计算如下:

$$C_T = \sum_{i=1}^{n} a_i C_i + d_h C_h + C_{lp} \quad (6)$$

式中,C_T 表示实验的总成本,C_i 表示每公顷作物 i 的成本,C_h 表示每公顷园艺用地的成本,a_i 表示作物 i 的播种面积,d_h 表示园艺用地面积。

实验的总收益计算如下:

$$B_T = \sum_{i=1}^{n} a_i B_i + d_h B_h + \sum_{j=1}^{m} S_j + B_{lp} \quad (7)$$

式中,B_T 表示实验的总体收益,B_i 表示每公顷作物 i 的收益,B_h 表示每公顷园艺用地面积的收入,S_j 表示第 j 种补贴,净收益(NB_T)是总收益减去实验的总成本。

6.4.4 结果和讨论

6.4.4.1 减少温室气体排放

本项目产生的温室气体净减排量相当可观,达到 4 426.46 吨二氧化碳当量,意味着每年东滩低碳园区每公顷土地减少二氧化碳排放量 26.55 吨(见表 6—3)。虽然实验只采用成熟的低碳技术,但这与基期碳排放量 3 556.03 吨二氧化碳当量碳排放量相比,仍得到 870 吨二氧化碳的净减排量(见表 6—4 和表 6—5)。可以预见,通过农业活动的技术变化,未来农业将有巨大的低碳减排潜力。

表6—4　　　　　　东滩低碳农业园区的减排量及其结构

项目	碳减排(t)	百分比(%)	注释
(1)秸秆利用	2 479.35	56.01	用于生产沼气和有机肥
(2)有机肥替代化肥	585.33	13.22	有机肥替代化肥减少化肥生产中的化石燃料而减少 CO_2 排放,因减少化肥使用可减少氧化亚氮的排放
(3)有机肥化肥配施	240.00	5.42	配施可以减少41%的化肥使用
(4)有机肥厂减排	50.60	1.14	有机肥厂通过翻倒技术减少 N_2O 排放
(5)牛粪利用减排	253.25	5.72	牛粪来自附近的裕安农场。若牛粪直接堆放在露天,会大量释放甲烷。本项目采用翻倒技术,大量减少使用过程中的甲烷排放
(6)绿色能源替代化肥	110.37		沼气发电替换煤炭等化石能源发电,可以减少 CO_2 排放
(7)低碳建筑	50.6	1.14	低碳建筑产生的 CO_2 减排
(8)生物防治害虫	19.33	0.43	削减农药使用量7.5kg/ha,直接减少 CO_2 排放 116kg/ha
(9)植被碳汇	144.00	3.25	农作物和其他植被提供碳汇
(10)土壤碳汇	493.96	11.16	有机肥和绿肥增加了土壤碳汇,稻田管理减少了甲烷排放
总减排量	4 426.46	100.00	
其他碳排放源	46.38		项目建设使用水泥7吨、钢铁3吨、柴油2.26吨、汽油0.09吨、砖瓦37.33吨、塑料膜6吨
净减排	4 380.08		

资料来源:Fan,C. Z. ,Wei,T. Y. ,2016. Effectiveness of integrated low-carbon technologies:evidence from a pilot agricultural experiment in Shanghai, *International Journal of Climate Change Strategies and Management* ,8(5),758—776.

本项目通过减少秸秆焚烧、多用清洁能源和有机肥料,使用低碳建筑等方式减少碳排放。其中,减排量最大的是减少秸秆焚烧,占总减排量的50%以上;37%的减排量来自表6—4中第2~5项和第10项的有机肥生产和消费。显然,减少秸秆焚烧是减少农业碳排放的核心。相比之下,化石能源的替代和建筑的低碳建设只占总减排量的很小一部分。但沼气和电力的生产远远没有达到设计目标，用生物质替代化石能源来减少二氧化碳的排放仍然有很大的潜力。

这些结果表明，鼓励将秸秆用于沼气和有机肥生产以及鼓励利用牛粪等残余物来促进有机肥的生产和消费两项低碳政策是有效的。即使只有成熟的低碳技术被采用，这两项政策的效果也会导致农业部门的CO_2零排放甚至是负排放。然而，这些技术尚未在中国广泛应用，关键的障碍是农民在农业活动中采用这些技术可能遭受经济损失。

表6—5　基期的排放量（园区投产前的排放量及其结构）

项目	数量(t)	排放因子(tCO_2 eq /单位)	CO_2排放(t)	比重(%)
秸秆燃烧(t)	800.00	1.84	1 472.00	34.88
电力(Mwh)	82.93	0.86	71.32	1.69
柴油(t)	3.00	3.95	11.85	0.28
汽油(t)	1.20	4.00	4.80	0.11
氮肥折纯(t)	65.00	16.85	1 095.25	25.95
磷肥折纯(t)	15.00	8.21	123.15	2.92
钾肥(t)	15.00	4.18	62.70	1.49
农药(t)	3.75	15.50	58.13	1.38
水泥(t)	72.50	1.50	108.75	2.58
砖瓦(t)	25.79	0.52	13.41	0.32
钢铁(kg)	20.00	2.70	54.00	1.28
塑料(kg)	60.00	0.85	51.00	1.21
稻田甲烷排放(hm^2·a)	135.00	2.74	369.50	8.76
土壤氧化亚氮排放(t)	167.00	4.34	724.18	17.16
总排放(t)			4 220.03	100
土壤碳汇(hm^2·a)	190.00	0.80	152.00	
森林碳汇(t)	40.00	12.80	512.00	
总碳汇(t)			664.00	
净排放(t)			3 556.03	

资料来源：Fan, C. Z., Wei, T. Y., 2016. Effectiveness of integrated low-carbon technologies: evidence from a pilot agricultural experiment in Shanghai[J]. *International Journal of Climate Change Strategies and Management*, 8(5), 758—776.

6.4.4.2 低碳工程技术的成本和收益

东滩低碳园区在实验中采用了综合工程技术来减少二氧化碳排放,实施这些技术的成本和收益见表6-6。地方政府(SSTC)以直接投资和补贴的形式为实验提供了财政支持。为评估这个实验对私人投资者是否有利可图,研究者计算了若私人完全承担所有投资情况下的成本和收益。

研究结果表明,在政府的大力资助下,这些技术的净效益是正面的。即使没有政府碳减排补偿,投资者每吨二氧化碳减排也可获得44.4元的净收益,占总成本的16%。这可以激励投资者实施该类项目。然而,如果政府不支持,投资者每吨二氧化碳当量会亏损155元,占总成本的36%。自2013年12月20日首次交易以来,上海环境能源交易所的损失是四氧化碳平均价格(38元/吨)的四倍。

这表明这些技术在上海和其他地区作为工业企业出现至少有两个条件:一个条件是起始投资高。本项目实验中,初始投资超过600万元,是年度总成本的三倍多,相当于每吨二氧化碳减排需要1000多元的初始投资。另一个条件是需要政府的支持。如果私人投资者在没有政府支持的情况下实施这些技术,则会产生相当大的损失。为了使企业盈利,二氧化碳价格必须高达每吨155元,这与美国提出的25美元的配额价格上限(IPCC,2010)大致相当。但近年来二氧化碳价格已下降到一个较低的水平。根据世界银行(2012)的统计,2011年全球二氧化碳价格仅为每吨17.12美元,2013年下降到只有5.27美元(世界银行,2014)。

中国自2013年6月开始在七个区域市场开始二氧化碳交易。在上海环境能源交易所,二氧化碳价格从每吨26元至48元不等。在整个中国碳市场,二氧化碳价格最高不超过120元,平均价格为每吨30元(2013年6月18日至2015年3月22日)。以当前市场价格评估的碳补偿来弥补,私人投资者仍会受到相当大的损失。由此看来,这些技术在经济上并不十分有效。

表6-6　　　　2011年低碳工程技术的成本和收益

总成本(C_{lp},包括固定资产折旧、利息、电力成本、材料成本、劳动成本、维修成本等)	1 234 038.00*	1 889 340.00
全部利润(B_{lp})	1 428 500.00*	1 212 500.00

续表

净利润（NV_{LP1}，包括电力、有机肥价值、节药节肥、补贴，不包括CO_2市场价值）	194 462.00*	−676 840.00
净利润（NV_{LP2}，包含CO_2市场价值）	325 864.00*	−545 438.00
减排每吨CO_2的成本和收益	—	—
全部成本（AC_{lp}，不包括CO_2减排收益）	281.74*	431.35
全部收益（AC_{lp}，不包括CO_2减排收益）	326.14*	276.82
净收益（不包括CO_2减排收益）	44.40*	−154.53
净收益（不包括CO_2减排收益；30元/吨）	74.40*	−124.53

注：*表示计入政府补贴。

资料来源：上实东滩及IPCC（2007）。

6.4.4.3 低碳农业园区的成本—效益分析

低碳农业技术除了可以带来农产品产量提高外，还能带来其他效益。如有机肥可以带来农产品产量和质量的提升。在市场上，这类农产品可以卖到更高的价格。2008年本项目涉及的土地主要种植水稻、小麦、玉米、园艺等作物，种植面积分别为106.67公顷、73.33公顷、26.67公顷和13.33公顷，另有33.33公顷林地，总产出241.6万元（2005年不变价格）。

尽管低碳园区内种植了多种作物，但西瓜是最主要的经济作物，是园区最重要的净收入来源。统计表明，每公顷的西瓜可以带来的净收益相当于玉米的7.43倍、园艺的4.65倍、水稻的9.55倍和小麦的14.87倍。上海是一个有着2 400万人的大都市，是一个巨大的西瓜消费市场。随着长江隧桥的开通，运输成本大大降低，其市场潜力进一步扩大。当然这不是一般城市能模仿和推广的。

2011年项目实施后，水稻、小麦、西瓜、玉米、园艺作物和绿肥种植面积分别调整为73.33公顷、53.33公顷、33.33公顷、26.67公顷、13.33公顷和33.33公顷。这些作物的净收益和低碳工程技术带来的净收益加起来达到542.4万元。若不考虑政府的资金支持，整个实验的总净收益在2011年仍然保持正值，高达475万元，即整个实验的净收益几乎是基年的两倍。如果这些净效益来自综合低碳技术的实施，那么可以认为，即使没有政府的财政支持，大型农场也可以从实施这些低碳工程技术中获益很多。

但是,这些技术很少被中国的大农场采用。本实验结束后,西瓜种植仍在继续,但实验投资者 SIIC 没有进一步采用和推广这些低碳技术。如投资者所述,除了政府的补贴外,2011 年的净收益确实来自西瓜种植,如果改为种植其他作物,净收益将为负值。投资者虽然知道综合低碳技术可以提高土地生产力和产品质量,但还是放弃了对它们的使用,原因主要有如下几个方面:

首先,因这些技术而增加的农作物产量是隐含的,不足以支付这些技术的成本;

其次,产品质量需要时间来获得市场和消费者的认可,在得到市场认同之前低碳农业的高成本和低收益无法通过更高的低碳农产品的市场价格来弥补;

最后,政府在试验后不再对这些技术进行补贴,投资者将因保持低碳综合技术的运行而遭受损失。

6.4.4.4 短期制度安排下的低碳绩效分析及启示

本低碳农业案例实质上是短期设立了一个全面执行的低碳农业制度。这个制度由上海市科委、上实集团、大学及相关研究机构和外围企业共同建构。它给了低碳农业项目可预见性的收益,也带来了更高的收益预期。实验项目的实施资金主要来自政府,政府得到了实验结果,为低碳农业政策制定提供了依据。上实东滩也得到了低碳农业收益并获取了相关资产,如以秸秆、牲畜粪便等为原料的沼气发生制造设施、有机肥制造设施、低碳展览中心,并申请了多项专利。参与的大学及研究机构可以得到研究"材料"和工作机会,以及研究经费和田野实验的支持。外围企业得到了"产品或服务的订单"和收益,而且不同参与或交易主体之间的交易成本很低。在这种制度的作用下,东滩低碳园区表现出了其对低碳农业技术创新的激励、合作、降低风险、传递信息、降低成本的诸多功能,尤其是寻找出适于本地的关键低碳农业技术[有机肥化肥替代技术、(绿肥有机肥)养地增(碳)汇技术、清洁能源技术、耕作轮作技术、面源污染控制技术、低碳建筑技术等],并得到了良好的经济效益。另外,这种短暂的制度安排和实践隶属于政府提供的一种具有正外部性的公共物品。这种实践项目的高投入性、高风险性、低收益性和剧烈的正外部性,使得企业或私人不愿提供社会合意的供给量,因此政府具有责无旁贷的承担责任。除了为低碳农业政策制定奠定基础外,该园区也产生了很好的示范效应。

当然，这一项目的实施需要政府主导下的特定制度安排。在目前尚未具备这种制度要素和制度环境的情况下，一旦过了项目期，这类低碳农业发展也就失去了成长的制度"温床"。但它为未来的低碳农业发展提供了制度创新的可能性和范式，即对低碳农业创新形成激励并辅以低风险、易合作、通信息、外部利益内部化等积极因素，形成有效的低碳农业效应。着眼于全球低碳减排的目标、困境和未来趋势，没有足够的低碳技术创新，要想完成全球温室气体减排额度，将全球温度在2050年前控制在增加2℃的设想无疑是天方夜谭。因此，设立偏重低碳农业技术创新的制度，将是未来促进低碳农业经济发展的路线图。

第七章 低碳农业发展的制度保障与战略

7.1 低碳农业发展的技术与制度制约分析

目前,我国低碳农业发展的障碍主要表现为传统思想的约束、相关制度的不完善以及发展低碳农业过程中遭遇的技术锁定等[①]。当前技术与制度对低碳农业发展的制约因素可归结为如下几个方面:

7.1.1 低碳农业发展缺乏中长期规划与制度保障

首先,低碳农村建设需要法律体系的支撑。我国农村的环境保护工作起步晚,现行的环保法律都是针对工业部门和城市的情况制定的,对农村环境管理和污染治理的具体困难考虑不够,具体规定不足且不系统。

其次,低碳农村建设需要清晰的产权制度保障。由于农村土地等资源产权关系不明晰,致使农村的环境资源具有一定的"公共特性",以致农村的环境污染不像工业污染那样具有明确的责任主体,这在很

---

① 郭少云. 我国低碳农业技术创新的主要障碍及其克服[J]. 农业经济,2014(9):22—24.

大程度上加大了农村环境污染治理的难度[①]。

再次,低碳农村建设需要低碳农业发展评价制度和环境监督制度的支持。我国于 2011 年 1 月 19 日正式发布了《中国低碳城市评价体系》,对城市低碳评价的内容及标准进行了规定,但农村低碳的评价体系依然缺失。从环境监督体系看,因缺乏具体的监管机构,农村的环境监测和检查体系也不完整。我国耕地面积总量较大,农民的低碳意识薄弱,也使政府对低碳农业的监督管理难以实施。

最后,低碳农村建设需要长期规划。中国于 2003 年 1 月和 2008 年 8 月颁布了《中华人民共和国清洁生产促进法》和《循环经济促进法》,但它们注重的是短期内的规划和效果,对低碳农业发展没有做出长远的规划,这是当前低碳农业可持续发展的重要约束。

7.1.2　农业碳减排的价值显化和变现困难

首先,低碳农产品的市场价值难以实现。受收入水平和传统消费观念的制约,消费者更青睐价格低廉的农产品,对价格较高的低碳农产品往往望而却步。由于目前政府对消费市场的管理力度不足,劣质和假冒产品的违法成本较低,以致市场难以支持低碳农产品的发展。尽管低碳农产品物有所值,能够获得消费者的高度评价,价格也大多处于消费者负担得起的范围,却难以顺畅地货币化。

其次,碳减排的环境价值难以实现。碳减排的环境价值可以从需求曲线体现出来。总需求曲线是个人需求曲线的垂直加总,碳减排的环境价值决定于 CO_2 减排影响范围内的个人对环境需求的加总,其正确定价需要完善的碳交易市场来支持。然而,当前全球碳交易市场尚未很好地建立起来,全国的统一市场尚未形成,地方市场尚未建立或处于缓慢建立的过程中,即使在运行的地方市场上,由于碳交易较少,碳泄露严重,也很难发现碳减排的环境价值。CO_2 减排的环境价值不断被低估,碳交易价格水平不高且不断走低,没有反映出地方对全国和全球范围内 CO_2 减排的环境贡献。如 2013 年 12 月 20 日—2014 年 12 月 16 日,中国市场 CO_2 交易的平均价格仅为 38.38 元/

---

① 赵静,刘建亚. 低碳农业发展面临的实践和理论问题思考[C]. 北京:中国农业出版社,低碳农业研讨会论文集,2010.

吨,其间最低价格只有9元/吨(见图7-1)。诚然政府对低碳农户的生产有所补贴,但这些补贴仅仅弥补了小部分的正外部性价值,农户的收益仍然只有很少部分能够变现。让农户自主减排CO_2,从而使碳减排达到环境价值完全显化十分困难。低碳农业的环境价值显化和变现难以实现,严重扭曲了低碳农业实践者的价值。长此以往,必将严重挫伤农户进行低碳农业生产的积极性。

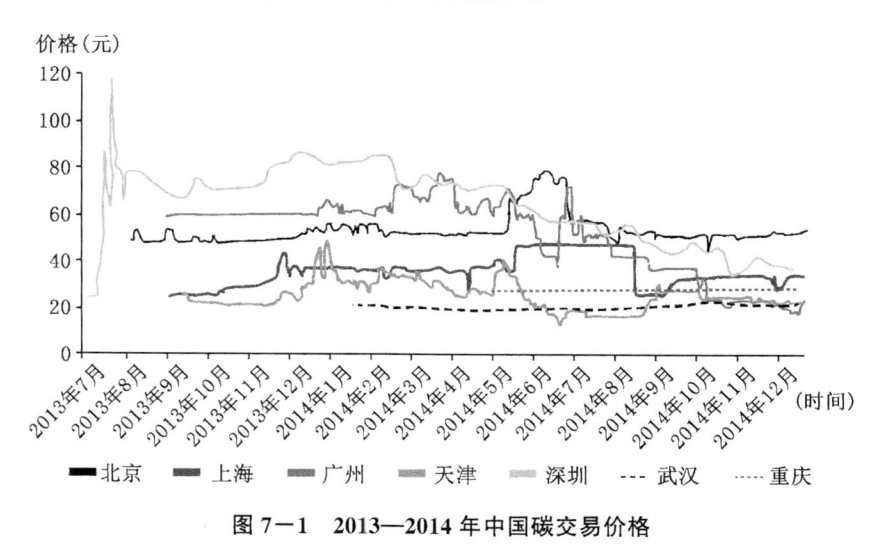

图7-1 2013—2014年中国碳交易价格

7.1.3 传统生产和消费行为的惯性制约

长期以来,面对农产品的较低价格弹性和不发达的全国统一大市场,生产者的生产行为抑或消费者的消费行为常常具有很强的惯性。

从生产方面看,传统的生产习惯制约着低碳农业的发展。面对消费者对大数量且低价格的需求,农民养成了传统的耕作习惯和经营惯性,以降低成本、增加产量为基本目标,主要通过大量投入化肥农药、焚烧秸秆等手段降低成本,增加收益。目前,我国农业生态生产单位基本上以农户为主,而农户的生产较为分散、独立,农村生产缺乏普遍的紧密组织与支持。根深蒂固的粗放生产方式和管理方式直接影响了农业规模化、集约化、标准化生产的组织,提高了低碳农业发展的成本。

从消费方面看,家庭收入水平是低碳农业发展的又一制约因素。调查显示,家庭月收入在1 000元以下的人对5%的低碳绿色产品溢价的态度是不接受,而家庭月收入在8 000元以上的人100%购买过绿色产品。① 可见,较高的收入水平是创造低碳农业需求的主要力量之一。目前我国人均收入水平较低,对低碳农业发展极为不利。

同时,传统消费习惯对低碳农业发展的制约也十分严重。我国多数消费者的消费习惯是更看重产品的价格和数量,而不是产品的质量。就低碳有机蔬菜而言,该类食品通常具有健康、富有营养、口味好且可食用、纤维多等优点,在国外深受消费者欢迎。据调查,56%的美国人习惯性购买、消费有机蔬菜,73%的法国人和60%的丹麦人会经常购买有机蔬菜,而习惯性购买有机蔬菜的中国人却不足1%。②

近年来,随着收入水平的提高,人们对低碳农产品的消费需求本应有迅速增加的趋势,消费惯性却依然引导消费者保持低价格、低质量的消费偏好,以致人们对低碳农产品的评价不高、偏好不强,无法形成对低碳农产品的消费拉动,严重阻碍了低碳农业影响的放大,进而成为组织低碳农业生产的严重制约因素。

要推进低碳农业战略,不仅需要改变农民的生产惯性,使其形成发展低碳农业的积极性和自我约束性,还需要着力培育消费者对低碳农产品的消费兴趣和消费习惯。为此,需要加强低碳农业的宣传,引导消费者对低碳农产品产生良好的认知和偏好,提高消费者的评价水平,加强低碳农产品的品牌建设与维护,建立严格的低碳农产品认证管理制度,逐步形成低碳农产品的消费支持机制。

7.1.4 低碳设施与低碳文化建设滞后,金融支持不足

(1)低碳设施建设匮乏

任何农业发展都需要基础设施支持,如水利设施、电力设施、科研设施等。由于这些基础设施主要通过政府提供,因此具有明显的外部

---

① 贾广林.徐州新农村低碳建设生态模式研究[J].中西部科技,2010,9(5):41-43,45.

② 解卫华,肖兴基,罗羽.国外有机蔬菜发展现状与启示[J].中国蔬菜,2009(15):1-5.

性。目前,我国低碳农业战略实施所需要的低碳基础设施,如秸秆—沼气—发电设施、低碳农业综合集成技术研发设施、低碳技术共享平台、分布式电网、储能设施、生物天敌与杀虫诱捕设施、低碳农业灌溉设施、低碳文化设施、农业碳汇交易设施、低碳技术应用设施等,都十分匮乏。低碳农业所具有的调节气候、支持生态旅游、消纳人畜粪便垃圾等生态设施的功能,尚未纳入生态基础设施的建设内容。

(2)低碳文化建设滞后

文化是社会成员所共有的哲学思想、信念、价值、观念与认知等,它深植于社会成员心中,并对社会成员产生一股无形的约束力。文化是用以区别该社会群体与其他社会群体相异性的重要标志,并影响着外界对该社会群体的看法。文化运用社会压力和社会认知等手段来扩大其影响力,具有激发个人或组织构建社会责任感、发挥带头和示范作用等能力。[1]

全球大气污染问题产生的根源在于高碳文化盛行导致的低碳文化不发育,以及人类思想深处不确定的自然观的延续。解决全球大气污染问题的一个关键即在于积极发展低碳文化,以低碳文化代替高碳文化。低碳文化首先为人们提供一个对低碳化生产和生活的认知和接受的自然机制,是低碳化发展的重要基础。同时,低碳文化价值体系一旦被大部分人接受,相当于建立起一个具有共同的低碳价值观念、低碳消费偏好的社会。在这个社会里,人们具有良好的自觉一致能力、聚焦能力和凝聚能力,而这些能力将成为驱动低碳化发展的内在动力。

低碳农业不仅对人类社会发展是有益的,也是人类可持续发展的必然要求。将低碳农业活动上升到文化的高度,建立低碳农业文化,对维持碳循环平衡、实行农业碳减排有着重要的价值。低碳农业文化的建立必将使低碳农业观念与人们的世界观相关联,进而成为低碳农业发展永恒的内生动力。[2]

(3)金融支持不足

低碳农业是资金密集型产业,低碳技术的研发和广泛采用需要很高的资金支持,表现为很高的成本,而农业的微利弱性使其对成本的负荷能力十分有限,冲淡了低碳农业的直接收益,让许多谋求实践者

---

[1] 富立友.知识视角的组织文化[M].上海:上海财经大学出版社,2010:10—11.
[2] 罗顺元.论低碳文化与文明前景[J].未来与发展,2010(5):11—15.

望而却步。因此,深化的低碳农业需要付出很高的代价,需要充足的基础设施支持和相关的补贴。也就是说,低碳农业的实施需要外在的补贴,如碳减排资金和外部性补偿资金等。这自然需要发育良好的低碳金融制度来支持。如果没有低碳金融制度支持,私人投资者难以实施或持续实施低碳农业发展战略。

目前,我国对低碳农业的金融支持还十分薄弱。农业项目资金由上级财政拨付专款、地方财政配套和农民自筹三方面共同负担,但资金常常不能到位,以致低碳农业发展所需要的资金非常匮乏。在农业科技推广方面,发达国家农技推广经费一般占到农业总产值的0.6%~1.0%,发展中国家占0.5%左右,我国却不足0.2%。[①] 在这种农业技术推广体系下,政府对低碳农业科技发展的资金支持远远不足。不仅如此,我国的财政支农资金还存在缺乏有效的协调机制、使用分散、投入交叉重复等问题,难以做到有效支持低碳农业发展。

7.1.5 有机产品市场发展滞后

有机产品市场发达是推动有机农业发展、推动低碳农业建设的重要模式之一。我国有机食品的市场容量很大,增长很快,但以全国每人年均食品消费额计算,发展则明显不足。2015年我国有机食品销售额占常规食品销售额的0.1%,与发达国家平均2%的水平相比,相差20倍。我国有机食品的销售额仅占全球的6%,远低于美国的47%。[②] 我国有机农产品市场发育滞后,无法拉动生产者快速增产,也无法满足消费者日趋增长的需求,是目前低碳农业发展过程中不争的事实。

在市场上,制约有机食品消费的关键是价格。相对于常规产品,有机产品的生产成本高、产量低、价格高。目前,国外有机产品的价格一般比常规食品高30%,而我国有机产品的价格一般为常规食品

---

① 兴连娥.WTO框架下中国农业科技推广的障碍与对策[J].农业科技管理,2003,22(2):26-28.

② 2015年FIBL-AMI的调查。

的 3～5 倍,有的甚至达到 10 倍以上①,以致普通大众对有机食品难以接受。造成这种现象的原因,除我国的相应市场还很稚嫩,某些不法经营者利用消费者对有机食品日益重视的心理和利用市场管理的漏洞,乘机赚取高额利润外,还与我国有机产品人工投入成本高有关。另外,有机农业的产量要比传统农业低 8%～25%,成为危及粮食安全的因素,难以被政府管理部门所接受,以致其生产规模无法快速提升。这也制约了有机农产品市场的扩张,进而制约了有机农业的发展。

7.1.6 支持政策与制度的缺位致使风险规避乏力

农业是种植业、畜牧业、林业和渔业等行业的集合,从碳源上控制农业碳排放的关键在于控制种植业和畜牧业的碳排放。但是,由于关联到农民的利益及正在推进的新农村和美丽乡村建设,低碳农业系统十分复杂,涉及农业生产的方方面面。要实现低碳农业系统和农业—农民—农村系统的有效融合,进而产生明显的总体大于部分之和的溢出效应,是一个复杂的工程,具有很大的不确定性和风险性,急需政府政策与制度的支持。

良好的低碳农业政策可以激励农户在推进低碳农业过程中形成自我约束和环境观念,农户的自我约束在低碳农业发展中恰恰是最重要的。② 当前,中国出台了一系列节能减排政策,但大多以对工业生产领域的规范为主,农业环境政策尚不完善或不合理,部分领域甚至处于缺失的状态,这对低碳农业发展极为不利。我国低碳农业政策的不足,不仅导致其对农户收入和福利的影响有限,而且不能有效地帮助低碳农户规避采用新技术的风险。③ 虽然我国部分地区存在农业补贴较多的现象,但总体补贴不足,依然无法有效、持久地刺激低碳农业发

---

① 谢玉梅,冯超. 有机农业发展和有机食品价格的国际比较[J]. 价格理论与实践,2012(5)84—85.
② 温铁军,董筱丹,石嫣. 中国农业发展方向的转变和政策导向:基于国际比较研究的视角[J]. 农业经济问题,2010(10):88—93.
③ 向东梅,周洪文. 现有农业环境政策对农户采用环境友好技术行为的影响分析[J]. 生态经济,2007(2):88—91.

展,无法规避农户发展低碳农业的风险,更无法充分激励和培育农户发展低碳农业的热情和信心。

7.2 制度与技术互动支持低碳农业发展的有利条件分析

7.2.1 消费者需求动力

中国社会科学院社会所公布的《2007年全国公众环境意识调查报告》显示,在访问的14类问题中,82%的人"谈食色变",81%的人"饮水思危",73%的人选择"忍气吞声"。[①] 我国公众对环境污染的关注度仅次于医疗、就业、收入差距问题,居第四位,对环境问题的不满与日俱增。1993年我国居民因环境问题的信访为53 752件,2014年上升到113 086件;2007年全国畜养、农药化肥污染信访超过630件,2009年高达500件。[②]

由此可见,消费者急切需要以安全无害为基本特征的农产品,而低碳农业产品生产与供给符合这一基本特征,能满足消费者的基本诉求。

7.2.2 技术创新驱动

当前,技术研发创新领域积累了许多成熟的或即将成熟的低碳技术,它们若在农业中应用推广会创造可观的收益。这些技术主要包括生物能源和有机肥生产技术、新型植保技术、配方施肥技术、土壤改良与绿肥有机肥养地技术、耕作与轮作技术、低毒高效农药技术、滴灌微灌技术等。这些技术都有利于发挥良好的低碳农业效应。

免耕与轻型栽培技术是通过减少深耕来减弱对土壤的扰动并节省耕作机械燃料,从而降低碳排放并增加产量,这是低碳农业发展的重要内容。1983年上海农学院农学系实验农场免耕直播早大麦,比常规翻耕明显降低了碳排放,同时增产18.3%,其原因是0~15cm土壤

[①] 孙秀艳. 公众环保:要关注 更要参与[N]. 人民日报,2007-01-16.
[②] 国家环保部. 中国环境统计年报[M]. 中国环境出版社,1993—2015.

容重比翻耕好,紧实度大,含水增加,热容提高,可增强根系越冬活力,促进大麦越冬和根壮。① 1988年上海市土肥所开始研究稻麦轻型栽培土壤理化性质及施肥,经多年实验证明:与常规栽培相比,水稻增产55%~75%,大麦增产13%~19%,土壤肥力不会下降,物理性状改善,0~5cm的耕作层有机质和全氮明显富集,这个过程减少了碳排放。② 2015年上海市农委对农户的调查资料表明,测土配方施肥、生物农药技术、生物防虫技术、休耕少耕深耕技术等对低碳农业发展十分有效。

先进植保技术可以减少农药使用,降低农药残留和土壤污染风险,同时减少农药生产所需燃料带来的碳排放。据衢州市植保站的研究,该地区每年使用的农药仅有0.1%左右作用于目标病虫,99.9%的农药进入生态系统。因此,农药减量的意义更多地在于降低生态系统的污染负荷。在此背景下,拜耳公司为中国水稻农户提供了一种农药减量化植保技术。从设立的近300个示范项目来看,该项目取得了植物健康、增产增收、减少化肥农药用量的显著成绩。该项目在龙游县的实验表明:与农户自主用药相比,拜耳的解决方案使亩产提高了18~190千克。2013年在农业部农技推广中心的支持下,拜耳公司提供样品进行大面积实验,得到亩均比过去增收202元的成效③是更加注重经济效益和环境效益的双赢。它不仅通过减少农药使用次数大幅降低了人工成本,更重要的是农药减量使用也降低了环境风险。

在没有大的技术突破的情况下,采用多种低碳集成技术是实施低碳农业的重要策略。在东滩低碳农业试验中,通过同时使用快速秸秆厌氧发酵制沼气技术、沼气发电技术、配方施肥技术、水稻—西瓜—绿肥轮作技术、激素诱导捕虫技术、有机肥生产技术、减量投入技术、低碳建筑技术,产生了良好的农产品增产增质、减少污染、美化环境、减少CO_2排放等效应。

7.2.3 相关低碳政策影响

我国出台了一系列政策、计划,为推进低碳农业战略的实施提供

---

① 章道忠,孙国强.上海农业科研志[M].上海:上海科学院出版社,1996:122.
② 章道忠,孙国强.上海农业科研志[M].上海:上海科学院出版社,1996:122.
③ 霍桃.土壤重金属污染:化肥农药滥用成罪魁祸首[N].中国环境报,2013-06-26.

了一定支持。作为最大的 CO_2 排放国，2009 年中国在哥本哈根会议上承诺，到 2020 年单位 GDP 排碳减少 40%～45%。我国"十二五"规划规定期内单位 GDP 减少 16% 的能源消费和 17% 的 CO_2 排放。党的十八大提出要推行生态文明建设。2013—2015 年出台了《应对气候变化法》《国家应对气候变化规划（2014—2020）》。"十三五"规划纲要确定期内单位国内生产总值二氧化碳排放量下降 18%。此后我国相继发布了《全国农业可持续发展规划 2015—2030》《中共中央国务院关于加快生态文明建设的意见》《国务院办公厅关于加快转变农业发展方式的意见》及农业部、发改委和财政部《关于推进农业废弃物资源化利用试点的方案》等一系列文件。除上述举措外，我国还修订了环境保护法，出台了"水十条""大气十条""土壤十条"，实行能源消费总量和强度双控制度，实施近零碳排放区示范工程，建设全国碳交易市场，大幅增加森林碳汇。所有这些都成为推动低碳农业发展的制度支持。

在 2015 年巴黎会议上，中国政府宣布，到 2030 年中国碳排放减少 60%～65%（UNFCCC，2015）[①]，明确提出 2030 年二氧化碳排放达到峰值等一系列行动目标。为此，我国着手建立系统的生态文明制度体系，实行严格的生态环境保护责任制，加强环境督察，确保行动目标落到实处。"土壤十条"明确提出，到 2020 年受污染耕地安全利用率达到 90%，污染地块安全利用率达到 90% 以上；到 2030 年受污染耕地安全利用率、污染地块安全利用率均达到 95% 以上。[②]

在这一系列计划、规划目标制定并付诸实施的同时，我国政府还出台了绿色金融政策，推出有机肥补贴、稳产高产田补贴和绿色无公害农产品生产基地补贴等。所有这些均有利于低碳农业的发展。

在此背景下，许多地区响应国家相关政策，促进生态化、低碳化现代农业发展，并取得了明显成效。在国家相关低碳政策的支持下，上海出台了《上海市循环经济试点工作实施方案》，争取将崇明列为国家生态文明先行示范区，制定实施《崇明建设世界级生态岛专项规划》等，并在崇明推行生态农业、有机农业为主线的低碳农业战略，低

[①] UNFCCC,2015. China's intended nationally determined contribution: Enhanced Actions on Climate Change[EB/OL]. http://www4.unfccc.int/submissions/INDC/Submission%20Pages/Submissions.aspx.

[②] 国务院. 土壤污染防治行动计划[EB/OL]（2016-05-28）. http://www.gov.cn/zhengce/content/2016-05/31/content_5078377.htm.

碳农业发展较快。其具体措施为:强化低碳农业理念,采用低碳技术,减少化肥农药使用,增加有机肥,加强田间管理和耕作技术改进,收到了显著效果。2014年东滩农业园区的农作物秸秆综合利用率、畜禽粪便资源化利用率、农业灌溉水有效利用系数、生活垃圾资源化利用率分别为82.9%、84%、74.5%、28.8%,2020年进一步提高到90%、95%、80%和80%;化肥、农药使用强度分别下降到342kg/公顷和8.5kg/公顷;可再生能源发电装机容量为19.66万千瓦;环保投入占财政收入的4.33%。2011—2014年该区化肥农药使用分别从111 924吨和1 313吨下降到89 475吨和1 225吨,粮食产量从30.6万吨增长到32.6万吨,农业总产值从55.3亿元增长到64.2亿元。[①]

7.2.4 国际压力

美国国家海洋和大气管理局在《2015年气候变化报告》中披露2015年全球大气中的CO_2、CH_4、N_2O等含量创历史新高。夏威夷冒纳罗亚天文台观测的年平均大气CO_2浓度首次超过400ppm,达到400.8ppm。全球气温比历史上最高年份高0.1摄氏度,在过去100年地球平均温度上升0.85℃,这一趋势还在加强,导致海平面以约3.3毫米/年的速度上升,2015年海平面平均高度比1993年高出70毫米。[②]

当然,造成地球暖化的原因主要是人为温室气体的大量排放。减少温室气体排放,被认为是控制气候暖化的必由之路。

就全球来看,1870—2016年累积CO_2排放中,美国占26%,欧盟占22%,中国占13%,俄罗斯占7%,日本占4%,印度占3%。然而2014年中国温室气体排放占全球总排放量的24%,超过美国(12%)、欧盟(9%)、印度(6%)、巴西(6%)、俄罗斯(5%),跃升为全球第一。从全球前10大排放国的情况来看,目前中国的碳排放占到其排放总量的70%。2016年中国人均CO_2排放为7.2吨,超过欧盟28国人均

---

① 崇明县政府.崇明县"十三五"循环经济发展规划(电子版)[2016-03-21]. http://www.shcm.gov.cn/cm_website/html/DefaultSite/shcm_zwgk_ghjh_zxjhgj/Info/Detail_173797.htm.

② 张朋辉.美国报告称2015年创下多项气候纪录[N].人民日报,2016-08-04.

碳排放的 6.9 吨。① 对中国来说,减少碳排放已刻不容缓。

就国际减排计划看,《巴黎协定》的长期目标是全球气温增长与工业化时期相比严格控制在 2℃以内,到 2050 年达到零排放,实现碳排放与碳吸收平衡,并把全球温度升高控制在 1.5℃内视为理想目标。

在《巴黎协定》中,中国承诺 2030 年碳排放达到顶峰。2013 年中国的碳排放约占全球排放量的 29%。未来 15 年中国需要大幅提高国际减排份额,减排任务和国际压力之大是空前的。减少农业碳排放,发展低碳农业,是我国减排温室气体的重要内容。

7.2.5 国家战略与农业发展规律的要求

党的十八大报告指出,必须把生态文明建设放在突出位置。党的十八届三中全会进一步提出,实行严格的源头保护制度、损害赔偿制度、责任追究制度,完善环境治理和生态修复制度,用制度保护生态环境。在此背景下,我国出台了《全国农业可持续发展规划(2015—2030 年)》,制定了《到 2020 年化肥使用量零增长行动方案》和《到 2020 年农药使用量零增长行动方案》。随着中国进入中等收入国家行列,中国经济发展将转向产业结构逐步高级化、能源逐步清洁化、经济逐步生态化和环境逐步美化的可持续发展战略。其中,低碳化是生态化和可持续发展的重要支持因素,而促进化肥农药减量化或零用量、耕作制度优化、土壤及水环境净化、乡村环境美化则是国家未来发展战略的重要内容。这自然使低碳农业具有巨大的发展潜力和优势。

当前我国国民经济发展的一个重要课题是解决农民收入增加问题,减少贫困人口,发展农村现代化,缩小城乡差距,解决农业持续发展和保护环境问题,提高食品安全等级,同时加强农村居住环境建设,关注村容村貌,改善村居。而低碳农业涵盖了这些领域,具有助力解决农村脱贫、转变农民的发展观念、促进农村现代化和美丽乡村建设的功用。

总之,低碳农业契合了"三农"问题解决、美丽乡村建设及十九大提出的新时代乡村振兴计划,更是遵循了农业发展的基本规律。

---

① https://cdiac.ess-dive.lbl.gov/GCP.

7.3 技术与制度互动支持低碳农业发展的战略构想

7.3.1 低碳农业发展的原则

7.3.1.1 适度低碳化原则

农业发展首要的目的是解决粮食问题。"低碳农业"是纠正农业发展过程中对环境造成的"负作用"的重要手段,也是支持农业、农村长远持续发展的基本方向。但是,低碳农业发展需要适度推进。

适度低碳化可在不危及粮食安全的前提下形成较大的溢出效应,增加总体福利。过度的低碳农业发展会动摇粮食安全的基础,削弱其正外部溢出效应,甚至降低总体福利水平。

一些实证研究表明,适度低碳的现代农业是能够实现"低碳化、高增长"的。米松华对浙江河店村的研究表明,通过激励生产者采用涉及灌溉模式、氮素来源、秸秆管理、水旱轮作等一体化减排技术和田间管理的措施,稻农得到的最大好处是降低了成本,农业企业得到的最大好处是保证了农产品的质量和数量,社会得到的最大好处是获得了缓解气候变化等多种外部效应。[①]

因此,发达大城市的郊区农村、中小城市的外围农村、发达的农村地区以及落后的农村地区都应当因地制宜,选择适合的低碳农业发展模式。

7.3.1.2 集体行动原则

从成本收益来看,低碳农业发展的重要障碍之一是其具有很大的外部性。这一外部性表现为私人成本高于社会成本,私人收益大大低于社会收益,致使农户或农业公司不愿发展低碳农业。因此,解决外部性是发展和推进低碳农业的必要步骤。

根据环境经济学原理,对私人成本低于社会成本的负外部性可以征收庇古税;而私人成本高于社会成本的正外部性通常表现为生产不

---

① 米松华. 我国低碳现代农业发展研究[D]. 浙江大学博士论文,2013:18—121.

足,可以通过补贴来激发生产者的积极性,弥补生产不足。其关键是基于量益补偿原则下的补贴额度和补贴主体问题。

如图7—2所示,低碳农业的福利外溢分为4个层次:农村—地方—国家—全球。对低碳农业溢出明显的农户,可以通过所在农村及更高一级的城乡区域[如乡镇、市县或省(市)级政府]给予补贴,但很难获得全国层级和全球层级的补偿。因此低碳农业只能在私人成本大于社会成本的条件下运行,难以激励和有效推动其迅速发展。

环境经济学的另一手段是构建农业碳交易市场,通过计量和认证低碳农业活动产生的CO_2减排量交市场交易,让减排成本通过销售市场得到补偿,同时激发低成本的低碳农业主体或项目形成增长优势,促进低碳农业的发展。美国、丹麦等实践已证明其具有一定的可行性。[①] 但目前中国推进这一机制的力量不足,支持设施和交易主体都不成熟,而且这一机制无法促使国家、国际层次的受益者自动进入市场完成交易并得到补偿。

从私人谈判的解决机制看,科斯定理告诉我们,只要产权明晰,无论是产权归谁所有,都可以通过买卖双方的谈判达成一个解决方案,解除外部性带来的不利影响。其基本前提是交易主体不多,交易成本很小或为零。但低碳农业的减排量较小、减排点分散,外溢受惠者模糊,致使交易成本很高,私人解决机制很难具有成效,这阻碍了低碳农业的顺利发展。如果采用行政命令的办法,由于行政成本很高,且农户和农业公司等推行低碳农业难以得到足够的经济激励,难以形成有效的推动机制。

为此,Deborah Salon 主张通过碳预算激励构建气候友好社区[②],Timoth 等认为应采取鼓励植树造林、生物质能源家庭利用、热电联产、个人交通节能器具利用、风电发电等综合措施,促进个人或单位对低碳农业发展做出贡献。[③]

---

① 米松华.我国低碳现代农业发展研究[D].浙江大学博士论文,2013:18—121.
② Salon,D.,Sperling,D.,Meier,A.,Murphy,M.,Gorham,R.,Barrett,J.,2010. City carbon budgets: A proposal to align incentives for climate-friendly communities[J]. *Energy Policy*,38,2032—2041.
③ Timothy,M. V.,Timothy,J. F.,Ruth,E. S.,Jason,D. D.,2007. Approaches carbon mitigation strategies roaches for analyzing local carbon mitigation strategies: Tompkins County,New York,USA[J]. *International Journal of Greenhouse Gas Control*,1(3),360—373.

要减少碳排放,仅仅减少能源使用是不够的,还需要改变人的行为,发展全球个人碳减排交易网络。[1] Tina Fawcett 认为,个人碳交易是一个很有希望的政策构想。[2] D. McEvoy 等研究发现,要降低家庭碳排放密度,地方当局之间的协作及与各类企业和社区的合作十分关键。通过能源供给设施改进减量碳排放需要很长时间,中短期可以通过提高能源效率等办法来完成,而家庭具有很大的减排促进力和潜力。[3] Seyfang Gill、Mulugetta Yacob、Middlemiss Lucie、Heiskanen Eva、Moloneya Susie 等的研究也证明,社区层次的行动是降低碳排放的重要途径。[4] 可见,低碳农业发展和温室气体减排最有效的模式是形成政府、私人部门、NGO 和居民等不同主体的合作。[5] 而合作发生的前提是人们对低碳理念的建构。

低碳农业建设需要建立低碳理念,需要实行长远的战略愿景和合理的综合规划。[6] 在个人缺乏行为明显变化的情况下,即使有突破性技术也无法达到预定的低碳目标。[7] 因此,低碳农业推进需要变更行为理念、生产生活方式,需要调动各类组织和力量,需要集体合力行

---

[1] Abramovay, R., 2010. Decarbonizing the Growth Model of Brazil: Addressing Both Carbon and Energy Intensity[J]. *The Journal of Environment & Development*, 19(3), 58−374.

[2] Fawcett, T., 2010. Personal carbon trading: A policy ahead of its time? [J]. *Energy Policy*, 38, 6868−6876.

[3] McEvoy, D., Gibbs, D. C., Longhurst, W. S., 2001. Reducing Residential Carbon Intensity: The NewRole for English Local Authorities[J]. *Urban Studies*, 38(1), 7−21.

[4] Seyfang, G., 2010. Community action for sustainable housing: Building a low-carbon future[J]. *Energy Policy*, 38, pp. 7624−7633. Mulugetta, Y., 2010. Carbon reduction at community scale[J]. *Energy Policy* 38, 7541−7545. Middlemiss, L., Parrish, B. D., 2010. Building capacity for low-carbon communities: The role of grassroots initiatives[J]. *Energy Policy*, 38, 7559−7566. Heiskanen, E., 2010. Low-carbon communities as a context for individual behavioural change[J]. *Energy Policy*, 38, 7586−7595. Moloney, S., 2010. Transitioning to low carbon communities—from behaviour change to system change: Lessons from Australia[J]. *Energy Policy*, 38, 7614−7623.

[5] Liu, D., Chang, Q., 2015. Ecological security research progress in China[J]. *Acta Ecologica Sinica*, 35, 111−121.

[6] Liu, J. Y., Deng, X. Z., 2011. Impacts and mitigation of climate change on Chinese cities[J]. *Current Opinion in Environmental Sustainability*, 3, 1−5.

[7] Abigail L., Bristow, Miles, T., Alison, P., Anthony, D. M., 2008. Developing pathways to low carbon land-based passenger transport in Great Britain by 2050[J]. *Energy Policy*, 36(9), 3427−3435.

动,需要制定与完善低碳农业发展的法律法规和制度。①

　　低碳农业的核心内容之一是减排温室气体。为全球提供公共物品,是全人类共同的福祉,理应成为全人类共同的行动。全球尺度的温室气体减排需要国际契约、低碳税费、低碳产业与生活、碳交易等支持,需要全球利益相关者的集体行动和多中心治理。② Ostrom 认为,应对气候暖化的根本在于社区层次上的行为者的物质和服务的生产与消费,在于多中心的集体行动。传统理论认为,必须具有外在权威、协调行动及有效制裁,才能使控制二氧化碳等温室气体排放取得成功。但 Ostrom 认为,在没有有效条约的情况下,多中心治理也可以取得成效。遵循多中心之道,在竞争性关系中相互重视对方的存在,通过合约框架从事合作性活动,或通过创造机制来解决冲突。③

　　通过集体行动进行碳排放治理,成功与否决定于直接资源成本和组织成本。集团越大,增进集团总收益的份额越小,集体行动得到的报酬越少,小集团获得的收益越小。集团成员的数量越多,组织成本越大,大集团在没有强制或独立外部激励的条件下,一般不会为自己提供少量的集体物品。④ 一般认为,选择性激励是刺激集体行动的重要手段。选择性激励是指给予个人一些公共物品或私人物品以诱导其参与集体行动。⑤ 作为组织配置资源的手段,它提供了不同于集体收益的私人收益,从而为成员参与集体行动提供额外的激励,其目的是使个人成为集体利益的保护者,通过制度变迁的方式将不合作行为转化为合作行为。奥尔森认为选择性激励作为看不见的手,可以在市场中帮助人们实现个人利益和公共利益的兼容,还可以在小集团发挥

---

① Xie, Q., 2009. Low carbon city development of China[J]. *IOP Conference Series: Earth and Environmental Science*, 16, 2320—2323.

② Michele, S., Magdalena Š., 2017. Efficiency of mechanical seed harvesting for grassland restoration[J]. *Agriculture, Ecosystems & Environment*, 247, 195—204.

③ Ostrom, E., 2010. Polycentric system for coping with collective action and global environmental change[J]. *Global Environmental Change*, 20, 550—557.

④ 高春芽. 理性的人与非理性的社会:奥尔森集体行动的理论研究[M]. 北京:中国社会科学出版社,2009:89—129.

⑤ Palmer, K., Oates, W. E., Portney, P. R., 1995. Tightening environmental standards: the benefit cost or the no-cost paradigm[J]. *Journal of Economic Perspectives*, 9(4), 119—132.

作用,促进集体物品的供给。① 可见,从集体行动理论的视角推进低碳农业发展,具有较高的可行性。

7.3.1.3 协同原则

所谓协同,是指系统中子系统的相互协调、合作或同步的集体行为,是系统整体性、相关性的内在表现。协同效应是指复杂开放的系统中的大量子系统相互作用而产生的整体效应或集体效应。低碳农业发展的内在机理在于资源约束下的农业生态系统、经济系统和社会系统的协同发展。根据协同理论,农业生态系统、经济系统和社会系统三者之间是一个动态的协同发展的过程,其整体作用的发挥是由低级逐渐向高级发展的。

协同理论可以成为构筑农业生态系统、经济系统和社会系统同步发展的基础理论。低碳农业的发展就是在三者协调发展的基础上,使农业向更高一级的可持续发展方向演进的一种协同效应。具体而言,低碳农业发展至少在以下三方面体现协同性:

一是利益相关者的协同推进(Co-stakeholders),它涉及政府(政策支持)、农户(技术采纳)、组织利益相关者(组织载体)三者的协同推进。

二是耕作制度、减排技术、管理措施的协同控制(Co-control):低碳农业并不是单一技术问题,只有减排技术、管理措施及政策机制(碳汇行为的激励和碳源行为的抑制)协同,才能降低低碳农业实施中约束条件和经济可行性等制约因素的影响。

三是多目标多利益的协同发展(Co-benefits),包括碳减排和适应、碳减排和粮食安全的协同②。

协同创新思想应体现在低碳农业发展的全过程,尤其要以其为指导,筛选和推广可行性强、减排潜力大、对产量有增产或稳产影响、农户易于采纳的适用性减排技术和管理措施,并倒逼农业相关投入品转型,实现农业全产业链减排增效以及农业低耗低排和高产高效。

目前,我国农业仍处于生态系统、经济系统和社会系统三者整体作用不能充分发挥的初级协同发展阶段,石油农业的发展模式不仅使农业进入高成本时代,而且其化学投入品和农机低效利用所带来的土

---

① 曼瑟·奥尔森(Mancur Olson).集体行动的逻辑[J].陈郁,郭宇峰,李崇新译,上海:上海人民出版社,格致出版社,2017.
② 米松华.我国低碳现代农业发展研究[D].浙江大学博士论文,2013:18—121.

壤、水体、空气立体交叉污染和食品不安全等负外部性,使农业生态系统、经济系统和社会系统三者之间的矛盾日益突出。随着低碳农业等环境友好型发展模式的推广,农业生态系统、经济系统和社会系统的整体作用将得到基本发挥,三者将进入中级协同发展阶段。随着低碳农业的全面推广,三者的整体作用将得到充分发挥,标志着三者进入协同发展的高级阶段。

7.3.1.4 综合效益最大化原则

对于农业生产,国际组织十分关注其综合效益的提升。如联合国粮农组织对食品安全、环境外部性、经济功能和社会功能四个方面的效应格外关注;欧盟十分强调乡村景观和环境保护的功能。世界银行在"以农业促发展"为主题的《2008年世界发展报告》中指出:作为环境功能提供者,农业有正面和负面双重功能。2007年中央"一号文件"强调"农业不仅具有食品保障功能,而且具有原料供给、生态保护、就业增收、观光休闲、文化传承等功能"。有鉴于此,低碳农业发展的模式选择应当因地制宜,选择适合当地的发展模式,以培育和发挥农业的多功能效应。

另外,农业各种废弃物是发展可再生能源的主要原料。通过开发和利用可再生能源,可优化农村生产、生活能源结构,从而体现低碳农业经济的核心内涵。

因此,低碳农业不仅仅是要增加和保障粮食生产与供应,还要充分发挥低碳技术、理念和实践活动所产生的其他生态效应和社会效应,开发农业的多种有益功能,以实现综合效应最大化这一农业发展的最终目标。

7.3.1.5 利于"三农"问题解决、美丽乡村建设与乡村振兴原则

低碳农业首先应当直接促进农业生产的发展,其次应深刻影响农村的建设。低碳农业的首要目标应该是改善农村发展动力,改善农村落后的土地利用方式,改善农村地区的环境破坏和污染,推动农村的可持续发展,缩小城乡差距。低碳农业的发展应当坚持有利于促进"三农"问题解决及美丽乡村建设原则。党的十九大提出乡村振兴战略,其重要内容之一就是生态农业与农村脱贫致富。低碳农业具有发展生态农业和增加农民收入的巨大潜力,还要遵循促进和带动乡村振兴的基本原则。

7.3.2 低碳农业发展的战略目标与重点

低碳农业是一个复杂工程,应当因时因地制宜,逐渐推进,分步实施,依靠低碳技术的装备和低碳理念的培育,发挥其突出的直接效应和广泛的溢出效应,逐步把中国农业建设成低碳化、高产量、高品质和高效率的现代农业,使其在保证食品安全的基础上发挥更大的社会和环境效应。在此,基于低碳农业的特点、发展的制约因素和可行性,特制定如下低碳农业发展的分期步骤和目标:

(1)2019—2025年

注重低碳农业技术创新的同时,全面采用既有低碳技术,优化低碳农业管理,完善低碳农业规制。在东部发达农业区及中西部都市农业区和示范区,积极推进低碳农业发展战略,通过低碳技术和规制互动结合,促进低碳农业发展,力求将农业由净碳源转变为净碳汇,农业碳排放比2005年减排10%以上。

(2)2026—2030年

通过低碳农业研发创新和规制创新,构筑起支持低碳农业发展的新机制,深入推进低碳农业发展战略,将东部发达农业区和部分中西部都市农业区建设成中等水平的低碳农业区,将其余中西部农业区建设成低等水平的低碳农业区,农业碳排放比2005年减排20%~25%。

(3)2031—2035年

通过整合低碳农业创新资源,结合先进的规制设计,形成科学的低碳技术与制度互动升级机制,确立支持低碳农业发展的长效机制。因地制宜,推进低碳农业发展战略升级,将东部及中西部部分发达农业区建成高水平低碳农业区,其余中西部农业区低碳农业发展水平大大提高,将农业转变为大量提供净碳汇的产业部门。

(4)2036—2050年

这是实现我国第二个百年目标的关键时期,也是把我国建设成美丽的现代化强国的关键时期。低碳农业的发展要真正实现质的飞跃,位列世界低碳农业发展的第一方阵,要将低碳农业变为产量高、品质优、效益好、排碳密度低、有机农产品比重大的高技术产业,使之成为重要的碳汇源,并成为减缓全球气候暖化的绝对支持力量。

从战略重点来看,首先要将低碳技术创新作为实施低碳农业发展战略的重中之重。其次要加强低碳农业基础设施和制度建设。再次要构建技术与制度互动发展，合力支持低碳农业发展的激励机制，并因地、因时制宜，采用多样化的灵活模式，推进低碳粮食及农副产品产量提高、农业产值增加、农业碳汇增加和农产品品质提升等多重目标的实现。

7.3.3 技术与制度互动支持低碳农业发展的战略思路与机制

7.3.3.1 战略思路

(1)初步构筑多元的低碳农业支持主体群

低碳农业支持主体主要包括政府、企业、NGO、农户/家庭、低碳农业技术研究机构和生态实体。这个主体群应该是一个以政府为关键主导力量、农户/家庭为核心载体和根本力量、研发机构为引擎和创造性推动力量、相关企业为核心力量、生态实体为重要辅助力量、NGO为监督和随机推动力量的综合体(见图7—2)。

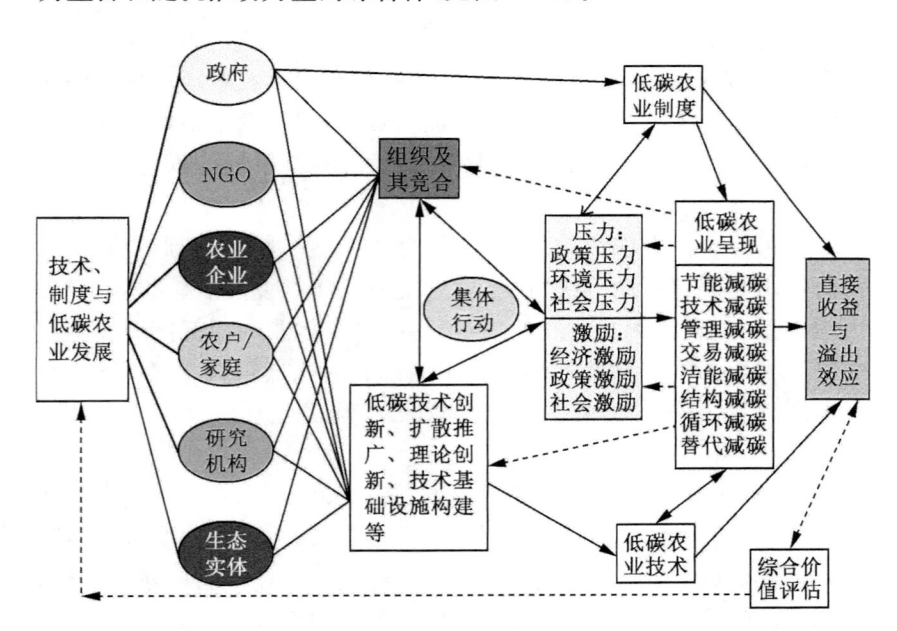

图7—2　制度与技术互动支持下的低碳农业发展战略示意图

政府组织是参与低碳农业活动的关键,一方面提供各种制度化、政策化的安排,制定或调整低碳农业激励性规制框架,培育低碳文化;另一方面直接承担部分农业低碳化生产和技术研发与推广活动,是低碳农业重要的补贴源。

农业企业包括低碳农业公司、低碳农产品批发零售企业、低碳农产品加工企业、低碳农业技术支持企业等。农业企业是低碳农业发展的核心力量,既是农业低碳化的管理者,又是被管理者。农业企业是否通过自身的内部战略安排和生态伦理文化的发展,形成稳定的低碳化治理结构,是低碳农业发展的关键。这种低碳化治理结构既包括农业低碳、节能技术的研发和交易,包括农业生产、运输、销售等系列行为低碳化,也包括其作为合格的企业公民而进行的慈善或公益性的低碳化活动。

作为一种有益的补充力量,NGO近年来在低碳农业发展中的作用不断增大。如非官方的低碳协会、环境保护协会、低碳论坛、低碳农业网、节能协会、节能网(论坛)等,作为松散的组织,其作用首先是及时提供相关低碳农业信息。其次是通过宣传教育、自愿减排等方式促进低碳农业生产生活的深入推进。

农户/家庭主要从生产及吃、穿、住、行等生活的诸多层面产生碳排放,进而影响低碳农业的发展进程。社区层面上的宣传、教育、引导促进了社区农户节量投入,培育了社区家庭低碳产品的消费理念,将家庭/社区变成农业低碳化治理的根本力量。

低碳技术研发中心是低碳技术的研发供给者,也是重要的推广、示范组织者。未来农业的大幅度低碳化还得依靠低碳农业技术和管理技术的巨大进步。因此,各类低碳技术研发组织是实施低碳农业发展的重要创造性推动力量。

低碳农业实体主要是指生态保护区、生态园、有机绿色食品基地等公共资源或纯公共品。这类生态实体往往在大都市制度的构架下,以私人物品或俱乐部产品的方式治理,具有吸纳二氧化碳和若干污染物的功能,也具有明显的教育和示范功能,日益成为低碳农业发展中不可忽视的力量。

(2)形成多种低碳农业发展渠道

从低碳化发展的实践可以看出,低碳农业治理渠道可分为:鼓励清洁能源项目替代化石能源,降低农业的碳密度从而支持减碳农业;

发展有机肥生产、秸秆利用、沼气工程、生态园建设、公益林等,通过替代减碳、延迟碳排放、农林固碳等推进低碳农业发展;通过完善能源和环境交易中心,进而引导碳交易,鼓励企业发展碳汇林、碳汇农业,以碳交易、碳中和的形式减少碳排放,进而形成对低碳农业发展的支持。

7.3.3.2 技术、制度互动推动低碳农业发展的机制

(1)激励与压力机制

低碳农业发展的基本推动力量在于激励和压力的密集作用,表现为:在低碳发展的同时获得补贴、税费减免,避免政府管制带来的高成本。进一步分析这些压力和激励的形成,发现其基本的支持在于将为减排而生产的环境品划分为俱乐部产品、公共资源、私人物品、纯公共物品等,进而形成企业、政府、NGO、家庭、社区、研发机构等不同层次、不同类型的减排中心,为了利己或利它的目标而参与集体行动。

激励与压力机制主要借助以下形式实现:通过生产与减排挂钩、排污权资源化,将减排温室气体进而提供改善气候变化的服务变成私人物品生产性质;通过低碳农户、生态村、低碳园、低碳企业等的认证评比等,将减排温室气体的生产和服务变成俱乐部产品;将需要保护的湿地、林地等建成公园保护区等,保持其吸碳功能,限制其使用方向和力度,将减排温室气体的服务变成具有明晰产权的公共资源;将公益林、生态修复等增强减排温室气体的主要或附带服务变成由政府提供的公共物品,厘清不同等级政府供给服务的任务与结构,提高集体行动效率。

激励包括经济、社会、心理及道德等方面的鼓励、支持与表彰。对传统农业进行多类型的现代化改造,如建设低碳农业园区、生态农业基地、有机食品基地,为此给予农户、农业组织的多种农业补贴即是激励的重要形式。崇明为实现国际生态岛规划、生态农业规划,从促进低碳农业发展的维度对当地农户和农业组织等给予多种补贴,如:绿肥生产和种子补贴(380元/亩,其中,市150元、县180元、乡50元)、绿色产品补贴,秸秆还田机械补贴(45元/亩),种养结合水稻(粮食)补贴(80~86元/亩,其中,市80元、县6元),绿色保险政策(保险额的90%),禽畜养殖改造补贴(额度根据规模和品类确定),机械插秧(50元/亩,其中,市20元、县30元),生态旅游建设项目补贴(额度根据具体位置和品类确定),经济林补贴(900元/亩),绿色标准和检测技术补贴(有机/绿色产品认证补贴为3万元/品),绿色有机农产品展销补贴

为市内 0.5 万元、国内 3 万元、国际 5 万元,风能发电补贴(0.1 元/度),光伏发电(0.4 元/度)①。这些补贴促进了生态农业发展和低碳农业技术的进步和推广,成为崇明低碳农业发展的重要激励因素。

压力是指来自经济、社会、道德等方面的舆论、惩罚与制约。上海在"十二五""十三五"纲要中均提出了低碳化的刚性减排目标和碳密度考核指标,各类环境保护法规、条例也对高碳化发展形成制度压力和政绩压力。通过倡导低碳理念和文化,对高碳或排碳组织与个人在低碳理念、心理和伦理道德方面形成了压力。所有这些均使低碳活动进一步成为当前农业生产和生活的导向。

(2)多中心竞争与合作机制

多中心竞争与合作机制是以各类组织、利益集团为中心,促使其围绕各自的低碳化目标竞合互动,进而形成直接或间接的低碳农业一致行动。这一竞合机制至少表现为如下四个方面:

①以社区/农户为中心的竞合

社区/农户是低碳农业发展的基层组织。可借助低碳农业发展的社区评比、开发区评比、低碳农户评比等,促使其参与不同组织单元间的竞争,实现该组织单元内的齐心协力,进而创造良好的绩效。这一行为的实质,首先是为了荣誉的竞合,其次是为了免除管制成本、增加经济收益的竞合。为此,可以建立有机农(低碳)产品认证系统,避免三方或多方认证的高成本。由此,低成本和声誉力量自然成为低碳农业发展的重要支持力量。

②以政府为中心的竞合

对某一级政府来说,一定时段其辖区的农业低碳化水平及进步是其政绩的重要表征载体。在这个意义上,农业低碳化发展存在地区之间的竞争。但低碳农业的发展很难由某一地区单方面有效推进,因此不同级政府又会在某种程度上选择合作。合作与竞争并存,成为不同级政府在低碳农业发展过程中的主旋律。

③以企业为中心的竞合

划分低碳农业企业与非低碳农业企业,促使企业在竞争中叠加农业低碳化的内容,根据低碳程度进行等级划分,并给予差别待遇,促使企业间竞合互动,促进低碳农业发展。

---

① 相关数据来自上海市农委。

④不同类型中心之间低碳化奖励补贴或投资的竞合

对农业类减排企业及有关组织实行补贴和奖励制度。各单位或利益集团就会自觉进行有效的竞争合作,尽力符合政策的奖励和补贴要求,从而打破某些低碳化限制门槛,减低低碳化成本,赢得竞争力。

(3)低碳农业利益集团培育机制

构造多层面、多种类的利益集团,是推进集体共同治理碳排放进而推动低碳农业发展的关键。应制定各种政策,以降低不同利益集团低碳化经营的盈亏平衡点,吸引、动员各类组织或利益集团参与农业低碳化进程。这主要表现为:以农村社区为中心推动集体行动减少农业排碳,以政府为中心推动集体行动减少农业排碳,以企业为中心推动集体行动减少农业排碳,以NGO为中心推动集体行动减少农业排碳,以创新技术和教育宣传推动集体行动减少农业排碳等。

如上海目前正在形成的以低碳农业企业、低碳农业园区、生态农业园区、有机食品基地、低碳农户等多中心的集体行动体系,其核心是政府的激励政策与惩罚政策。其中,最强的中心是政府,其次是低碳企业/农户,再次是低碳园区,其他还有NGO和个人。

显然这些机制的运行需要专门政策和制度来维持,需要低碳农业技术创新和产业化来支持。良好的制度会激发低碳农业技术的研发创新和产业化。同时,低碳农业发展对低碳农业技术创新的需求反过来诱发低碳农业制度改革和创新。这种互动具有自加强能力,进一步促进集体行动,推动低碳农业发展。

第八章 技术与制度互动支持低碳农业发展的机制与对策

8.1 技术与制度耦合促进低碳农业发展的机制

目前,中国低碳农业制度尚未建立,低碳技术研发缺乏成熟、高效的制度激励。有鉴于此,构建技术与制度互动机制支持低碳农业发展势在必行。

从制度方面看,低碳农业发展需要动用行政手段、经济手段,激发相关行为主体自愿行动,从而构造低碳农业发展的制度系统。

首先,要加强支持低碳农业发展的法律法规建设,加强低碳农业发展的战略规划、产业行业标准,形成顶层设计;

其次,加快出台有关低碳农业发展的投融资政策、农业碳交易市场政策、财政补贴政策、税收政策,促进低碳农业的深入发展;

再次,关注低碳消费习惯、低碳生产意识的培育,形成低碳生产生活秩序,从而构建综合低碳农业制度体系。

从技术创新方面看,激发研发机构、大专院校和大型企业的低碳技术创新,激发农户/企业、NGO、政府、社区对低碳农业生产技术的推广和采用,提高居民对低碳农产品的认知和消费水平,形成低碳农业发展的综合技术支持体系。

从技术制度互动促进低碳农业发展方面看,要通过促进政府、NGO、农户、企业、研发机构等不同主体的互动,形成制度体系与技术体系的融合互动,涌现出推动低碳农业发展的不竭动力(见图8—1)。

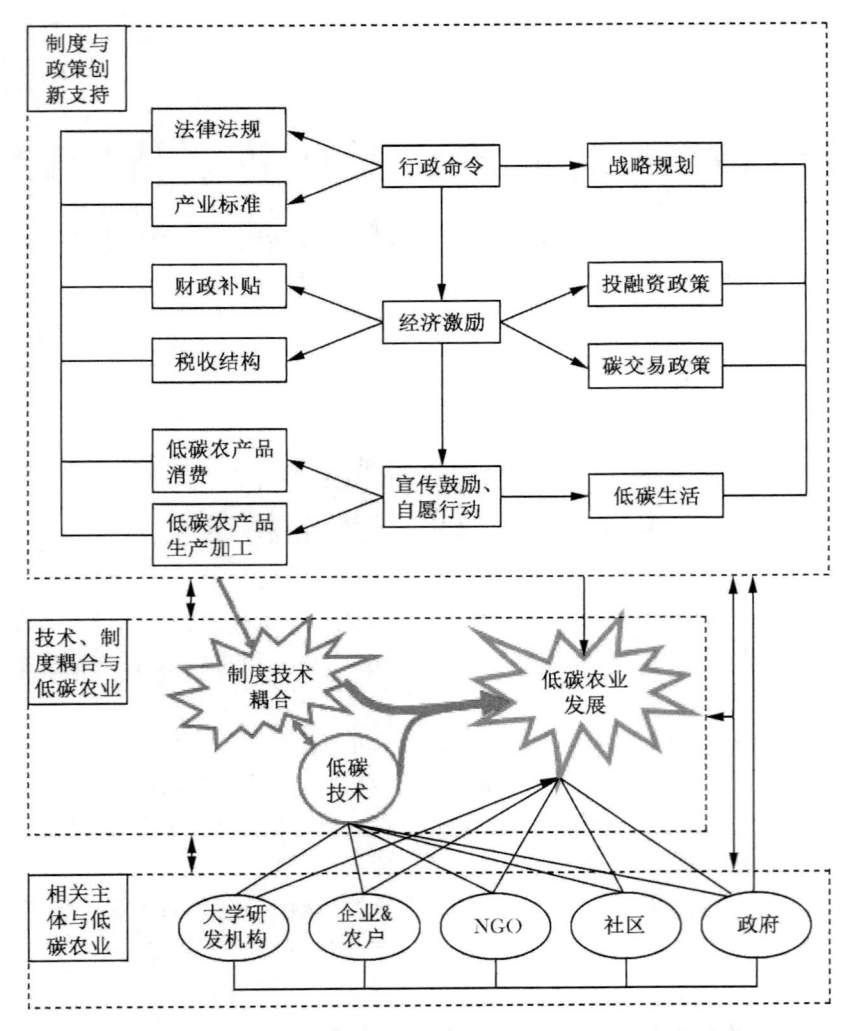

图 8—1　制度与技术互动支持低碳农业发展的政策框架

8.2　促进技术与制度互动共同支持低碳农业发展的政策建议

制度是稳定政策的集结、升华和刚性化表达,并随着政策体系的发展而发展；反之，政策是制度的适应性、实践性和多样性的分解，政策的制定需要遵循制度框架。制度与政策具有很大的交集，但不能完全重合，两者存在相互促进、相互完善的机制。低碳农业发展政策需要先进的制度支持。技术发展需要支持与激励性政策，或至少是非阻碍性的中性政策。以激励型政策促进低碳农业发展所需要的低碳技术研发创新十分必要。而技术进步会改变要素的相对价格，导致既有制度运行成本高涨，进而倒逼制度创新。因此，低碳农业发展需要先进的制度与技术的互动支持。促进低碳农业发展的制度与技术互动，有效支持低碳农业发展的相关制度与政策分述如下。

8.2.1　成立低碳农业发展基金

发展低碳农业的资金需求主要包括低碳农业技术研发投入、低碳农业生态补偿投入、相关低碳基础设施投入及碳汇交易费用的支出等。

目前，我国低碳农业发展存在融资困境。由于低碳农业发展具有投入成本高、资金需求量大、效益周期长、赢利水平低等特点，具有公共产品属性，金融机构对低碳农业技术项目的支持不积极，信贷放款数量有限。低碳农业技术示范项目主要依靠政府临时性拨款、政府贷款或国际机构捐款和贷款，尚未形成稳定的政策性低碳农业投入机制。[①]

金融支农投入是一种市场行为，对效率和效益比较敏感。[②] 由于低碳农业在推进过程中外部性补偿通常不足，而且受制于认知、财力等因素，地方政府对低碳农业的补贴和其他金融支持十分有限。需要成立专门的基金对低碳农业提供资金支持。可以设立低碳农业技术创新基金，给研发机构、大学和相关企业在低碳农业技术方面的研发创新支持，促进低碳农业技术的创新和推广；也可给低碳农户/企业适度的补偿，激发农户/企业采用低碳技术的热情，坚定低碳农业发展的理念，促进低碳农业的发展。

---

① 胡习斌,翁伯琦,程惠香.试论农业循环经济与社会主义新农村环境保护[J].江西农业大学学报,2006,15(4):55—57.
② 刘泉君.低碳农业发展金融困境及对策探究[J]当代经济,2011,12(上):74—75.

8.2.2　加强补贴及投融资支持规制

根据前文分析,未来10～15年我国农业、农村化石能源需求仍将大幅度增长,化肥、农药、农膜等带来的污染排放仍将处于高水平。这将带来巨大的增量碳排放和巨大的增量面源污染。中国低碳农业发展面临现有高碳排放治理和未来增量碳排放治理的双重减排压力,也面临已污染农业—农村环境修复、现有面源污染排放控制和未来增量面源污染抑制三重压力。这充分显示了低碳农业发展的复杂性、艰巨性和长期性,需要加强低碳农业发展的战略规划,通过协同诸多积极力量,分步骤、分阶段逐步推进。

我国目前的农业生产以小规模的农户分散经营为主。农业碳减排及固碳行为与特定环境存在的不确定性以及减排固碳效果的时滞性,都使激发农户碳减排行为、实现个体利润最大化变得十分困难。农业非点源污染的自然属性和农业的基础地位,亦使政府对农业"高碳"行为征税存在困难。因此,低碳农业巨大的正外部性需要财政转移支付来支持。

综合世界各国农业环境政策的实践经验,对农户减排固碳的正外部性给予补贴,从而激发农户"抑源促汇",是促进我国低碳农业发展行之有效的方法,如:通过精准配方施肥、科学选择施肥时间提高化肥使用效率,注重作物轮作与绿肥、有机肥替代,减少化肥投入引致的碳排放;通过发展生物防虫防病技术提高农药的使用效率,减少农药投入引致的碳排放;通过发展少耕免耕技术,减少土壤过度扰动释放的二氧化碳;通过增强秸秆还田能力,减少秸秆燃烧引致的二氧化碳排放;通过恢复泥沼质土壤、退化质土壤,利用农林复合生态系统增加土壤固碳能力。

低碳农业需要较传统农业更多的资金支持。而发展碳金融可以为农户/企业适应低碳农业发展模式和碳减排提供资金来源,可以帮助贫困地区农户降低其对环境和资源的依赖,增强农业生产系统弹性,有效减排温室气体。[①] 因此,应当出台专门的支持低碳农业发展的

[①] Francesco, N., Mirella S., Simone R., Alessandro F., Nuala F., Pete S., 2013. The FAOSTAT database of greenhouse gas emissions from agriculture[M]. IOP Publishing Ltd, 58—77.

绿色金融政策,构建适合低碳农业发展的绿色信贷支持体系。

8.2.3　强化低碳农业基础设施与示范工程建设

目前,我国低碳农业发展所需要的基础设施严重不足,如许多农业地区的清洁能源型低碳农业缺乏良好的发电上网链接,适于小型供电系统的区域缺乏分布式电网;几乎所有的粗放农业区都缺乏系统管理和低碳农业技术供给,对农业污染区缺乏修复支持等。究其原因,主要在于低碳农业具有很大的外部性,承担一定的公共物品的重任,需要政府为主导投建低碳农业基础设施,进而体现农业作为市民休闲旅游、生态保障和环境安全品的特性。具体而言,应尽快采取如下措施:

①按照农业区特点建设一批国家低碳农业技术研发创新和转移孵化技术工程中心;

②建设低碳农产品监测、认证中心和服务网络平台;

③建构全国性低碳农业数据库、低碳农业技术数据库、有机农业数据库;

④扩大国家级有机农业基地、生态农业基地和低碳农业基地建设;

⑤建设全国统一、有效的规范低碳农业发展的法律法规体系和对非规范经营迅速做出反应并予以打击的反应机制,为低碳农业发展创造良好的市场环境;

⑥积极构建低碳农业技术服务系统,努力构建有利于低碳农业发展的水利设施、科技设施和市场交易设施;

⑦加大与低碳农业相关的科学管理理念与方法的普及推广力度,促进创新技术扩散;

⑧注重低碳农业示范区建设,推出一系列低碳农业发展的范式和途径展示,引导农户、涉农企业及基层政府重视并积极参与低碳农业建设;

⑨积极发展大数据+低碳农业,利用大数据技术开发低碳农业数据资源,准确把握低碳农业需求、生产、供给及相关问题。

8.2.4　建立农业碳排放规则和认证体系,显化CO_2减排的间接收益

农产品认证制度是国外农业碳汇交易的形式之一,而其认证标准

制定的科学性以及度量、监测、认证费用的合理性是影响碳补偿或碳交易项目实施的重中之重。

欧盟等的调查显示,消费者愿意为"环境友好型"农产品(指农产品的生产过程对环境有积极影响,如减排温室气体、保护物种多样性等)多支付价格。消费者对低碳等"环境友好型"农产品的需求,在某种程度上是对农户、农产品加工商、零售商采用低碳技术的一种有效激励。这需要统一的低碳农产品认证体系,保障低碳农产品生产的真实性并具有明确标识,从而向消费者清晰表达低碳农产品的信息,形成消费者的支付意愿和对农户的生产激励。从长远角度看,设立统一的农业碳排放及交易规则极其重要。

2007年6月,由美国环保协会和杜克大学等研究机构共同出版的《农业林业低碳经济应用》(简称杜克标准)是一个全面测量和认证农业温室气体减排项目的重要标准和方法。若这一标准得到IPCC认可,将成为全球农林业碳排放交易的统一标准。美国环保协会依据杜克标准对我国新疆、四川等地的多项农业碳减排项目的碳排放额度进行了测量和认证试验,取得了明显的进展。

有鉴于此,我国可以借鉴杜克标准,结合农业生产、农产品市场及消费者特点,制定全国统一的农业碳排放规制,建构低碳农业认证体系,进而保障低碳农业的健康推进。

由于低碳农业的外部性很强,农户获得的直接收益只占总收益的很小部分,需要通过多重补贴来补偿其外部性损失。这需要构建农户的农业碳排放计量、测算系统,建设农业、农户碳排放交易机制,调动各相关利益主体根据受益原则形成对应的补偿机制。为此,应着力培养低碳农产品市场,培育消费者的低碳农产品消费偏好和习惯。

8.2.5 结合乡村振兴与美丽乡村建设发展低碳农业

党的十九大提出乡村振兴战略,在新时代背景下完成乡村居民全部脱贫,综合解决"三农"问题,促进美丽乡村建设。低碳农业显然属于乡村振兴的重要内容,理应将低碳农业发展与乡村振兴和美丽乡村建设结合起来。

首先,应以低碳文化和技术装备农民,提高他们的低碳知识水平,增强他们的节能意识、耕作技术、施肥技术,转变他们的认知与态度,使他们从根本上重视化肥、农药管理及其他生产环节的低碳化管理,进一步探索建立农户关于低碳农业知识和技能培训效果的考评与激励机制,调动农民参与培训的主动性,提高农民素质与综合培训效果。

其次,在农村农业发展中,建立健全低碳技术推广支撑体系,如深化沼气工程、秸秆利用、节能节水节肥减(农)药技术和分布式电网技术的应用,开发农村清洁能源技术(如光热利用技术、风能利用技术)。

再次,要创新化肥、农药施用模式,提高化肥、农药利用率,探索农业补贴的交叉承诺机制(即只有在满足化肥和农药规范使用的基础上才能申请生态补偿、农业综合补贴、土地流转费用补贴及其他农业项目补贴等),规范农户化肥和农药投入,从而在降低碳排放的同时降低农业投入成本,增加农民收入,缩小城乡差距,扩大社会和生态效益,改造并美化农村环境,推进美丽乡村建设,进而推动城乡一体化发展。

只有如此,才能充分发挥低碳农业的正效应,体现其良好的战略价值。

8.2.6　创新清洁生产机制

由于低碳农业的巨大外部性,需要扩大相关利益者集群,因此缩减外部性是低碳农业发展的重要一环。一般而言,地区性低碳农业产生的福利包括农业作业区的低碳农业福利、区外相关人群的低碳福利和国外相关人群的低碳福利。为此,应加强低碳技术研发与制度建设的国际、国内合作,让低碳技术在广阔的范围内推广、扩散,凝聚低碳共识和集体行动,将外部性内部化,减少碳泄露,推动低碳农业发展。

与此同时,还应正视农业低碳化发展的差异化,采取非均衡低碳化发展思路。目前,中国农业低碳化发展存在明显的地区差异和部门差异。从地区差异看,中国的低碳农业发展,在东部要加大研发力度,继续依靠技术进步和精细化的政策与制度管理,通过创新低碳技术与低碳农业互动发展机制提高低碳生产效率,促使农业深度碳减排;在中部要因地制宜,加强低碳管理技术的应用和推广,完善低碳制度建设,强化低碳技术与制度互动支持低碳农业的有效机制,将农业温室气体排放增长转变为负增长;在西部要充分认识农业生产条件不佳、生产技术落后和生产制度缺失的局限性,重点加强低碳管理技术的应用、推广和低碳农业制度建设,形成制度与技术互动支持低碳农业发展的基本机制。

从部门差异看,目前我国种植业的温室气体减排技术和手段及相应政策发展较快,如采取了减肥减药、配方施肥、有机肥和生物农药替代、耕作技术改良、耕作制度改变、良种研发、管理技术推广等,在种植业的投入和产出环节乃至过程管理环节获得良好的碳排放效果。但对畜牧业碳排放的控制技术和能力比较有限,尤其对如何有效加强牲畜肠道发酵和粪便管理以减排温室气体的研究和实践较少,对牲畜饲料的生产和投入、优化牧场结构和牧场—牲畜匹配结构方面的研究和实践不足。

联合国资料显示,畜牧业温室气体排放占全球温室气体人为排放的 14.5%,相当于交通运输业的排放。随着肉类和奶类需求增加引致的肉类产业和奶类产业的不断扩张,畜牧业产生的温室气体排放会很快超过交通运输业的化石能源消费所产生的温室气体排放。[①] 畜牧业碳排放的增速很快,减排潜力很大。因此,低碳农业发展要充分考虑畜牧业发展引致的碳排放,格外重视低碳技术研发和低碳政策与制度对低碳畜牧业发展的支持。

1997 年的《京都议定书》将清洁发展机制视作一种灵活履约机制,其内涵是发达国家与发展中国家进行项目层级的碳减排量抵消额的转让与获取,达到发达国家在发展中国家减排温室气体的目的。这一机制取得了良好效果,但仍有局限性,主要集中在改善终端能源利用效率、改善供应方能源利用效率、可再生能源替代燃料、农业甲烷和氧化亚氮减排项目、工业水泥生产等减排二氧化碳项目、减排氢氟碳化物、全氧化碳或六氟化硫减排项目和碳汇项目(仅适用于造林和再造林项目)等,种植业和畜牧业清洁生产的机制尚未很好地建立起来。应加强低碳技术研发创新,增强清洁生产机制在种植业和畜牧业领域的实践,促使清洁发展机制助力低碳农业发展。

8.2.7　加强低碳农业技术的创新与集成推广

农业碳源具有非点源性,碳排放产生于农业产业链的各个环节,

---

① Angus Mcneice. Researchers combat livestock emissions[N]. *China Daily*, 2018-06-26.

如土壤扰动—灌溉—农产品加工运输—农业废弃物自然释放和燃烧等环节都存在碳溢出。实验证明,采用低碳集成技术,会产生明显的低碳农业协同效应。[①] 目前,中国拥有许多适宜性低碳农业技术,如分布式电网、储能技术、配方施肥、清洁能源、有机肥生产与低碳化肥使用、生物防虫、低残毒农药、高效化肥、氮肥深施、稻田管理、农田(旱田)N_2O减排、降低化肥投入、土壤固碳、使用控释肥和长效肥、秸秆饲料化、秸秆能源化等。[②] 应加强在上述领域的创新支持,形成创新能力和实用技术,将其中的部分或全部集成应用和推广,从而提高低碳农业的综合效应,促进低碳农业发展。

[①] Fan,C. Z. , Wei, T. Y. , 2016. Effectiveness of integrated low-carbon agricultural technologies[J]. *International Journal of Climate Change Strategies and Management*, 8 (5),758—776.

[②] 米松华. 我国低碳现代农业发展研究[D].浙江大学博士论文,2013:18—121.

附录一

1961—2014年各国粮食(不包括水稻)CO_2排放绝对量

单位:万吨 CO_2 eq

年份	澳大利亚	孟加拉国	巴西	加拿大	中国	韩国	丹麦	埃及	芬兰	法国
1961	117.24	1.77	135.78	216.72	751.86	34.39	91.26	155.43	34.34	266.35
1962	138.04	1.93	141.41	311.81	799.92	39.03	99.53	234.13	32.81	308.83
1963	154.24	2.37	152.47	359.13	885.46	40.72	103.27	269.78	40.06	315.13
1964	163.38	2.06	148.09	332.80	978.84	41.34	114.50	271.93	44.81	337.21
1965	142.98	2.38	171.91	373.02	1138.69	41.29	126.20	243.55	51.35	356.60
1966	204.44	2.78	168.09	445.35	1372.81	43.25	135.42	239.50	49.24	353.52
1967	181.06	3.41	190.23	407.85	1236.62	44.57	145.20	300.85	52.85	412.06
1968	257.51	3.81	205.53	401.61	1242.56	44.76	156.64	338.17	56.37	433.11
1969	211.45	4.71	216.89	413.45	1355.84	50.45	167.23	337.06	71.35	432.54
1970	186.41	5.01	261.13	340.10	1570.73	62.17	173.10	325.46	75.57	450.85
1971	203.25	4.49	271.03	452.48	1611.09	65.11	186.66	323.25	81.23	496.41
1972	196.14	5.98	301.64	458.65	1709.19	66.62	196.71	328.02	80.11	533.42
1973	248.72	5.65	282.35	514.51	1857.47	71.98	210.28	288.96	87.72	581.79
1974	240.17	4.47	319.08	483.90	1791.06	74.49	185.30	303.14	94.90	533.82
1975	247.58	6.40	320.51	537.41	2116.92	77.60	196.30	307.83	89.55	520.39
1976	266.51	7.86	367.29	615.57	2092.78	105.29	199.23	314.70	80.78	521.26
1977	257.82	9.90	424.35	655.29	2554.16	118.31	219.34	306.95	75.67	561.80
1978	329.03	10.69	394.18	687.38	3199.01	139.00	223.06	308.51	81.26	623.30
1979	330.62	13.09	434.38	643.70	3577.65	140.57	230.69	312.30	86.76	638.18
1980	283.63	16.52	481.33	729.95	3849.96	143.35	217.99	297.14	87.27	668.25
1981	339.99	18.79	414.94	814.20	3725.38	146.92	220.16	294.65	77.59	661.35
1982	276.98	19.11	425.29	872.82	3962.62	147.40	231.80	316.50	94.26	678.70
1983	425.90	21.73	370.46	918.20	4431.83	151.93	234.15	310.25	93.54	682.31

续表

1984	416.78	23.59	455.75	916.26	4831.06	156.00	243.60	302.55	89.23	764.29
1985	386.86	25.77	485.21	908.55	4431.65	162.11	227.44	291.05	91.62	752.64
1986	372.61	23.69	539.43	938.82	4424.98	158.65	227.35	323.77	93.99	743.39
1987	347.62	25.64	573.64	911.98	5180.78	159.09	215.97	316.63	86.53	753.76
1988	370.23	26.95	520.55	794.76	5548.30	166.37	225.96	278.90	89.51	779.22
1989	394.60	29.53	521.67	899.93	5670.54	169.83	242.01	315.77	101.49	801.57
1990	398.84	28.16	459.55	942.63	5986.91	172.78	245.35	331.06	96.32	765.81
1991	369.66	31.85	491.70	963.15	6071.53	174.13	231.74	350.52	77.85	805.55
1992	428.22	32.36	527.21	960.92	6177.24	170.38	201.20	379.72	74.69	740.98
1993	476.11	34.02	565.42	997.59	5706.26	167.17	205.48	405.39	78.23	713.78
1994	400.62	35.64	629.33	974.27	5904.32	92.42	198.18	422.35	82.67	714.86
1995	527.00	40.62	620.48	1045.32	7034.53	35.16	196.35	446.76	82.42	729.43
1996	659.62	43.45	628.22	1153.56	7531.07	28.85	196.07	450.74	82.04	807.68
1997	628.84	40.53	681.21	1082.03	6978.44	46.56	195.42	483.86	83.79	807.75
1998	709.04	43.68	672.16	1071.06	7000.78	45.68	184.60	405.77	77.17	842.93
1999	767.84	48.73	724.39	1113.54	7292.10	47.19	173.39	492.80	77.92	824.21
2000	707.24	47.21	719.89	1053.68	6606.67	47.97	171.29	502.43	82.40	794.74
2001	774.46	47.82	782.13	989.40	6659.04	55.50	161.39	442.60	79.27	768.06
2002	615.46	48.27	798.30	968.19	6529.40	15.65	134.02	497.28	85.40	802.10
2003	762.41	43.62	1045.18	1067.30	6438.10	16.35	162.66	525.28	79.97	736.21
2004	770.23	42.33	980.14	1025.38	6714.85	16.09	145.97	517.70	82.33	823.59
2005	755.93	41.71	873.49	1125.15	6828.57	16.59	146.84	503.49	91.24	767.64
2006	572.90	43.75	927.74	944.70	7039.94	16.50	147.69	510.20	78.27	751.39
2007	613.38	44.12	1187.20	1219.98	7152.38	15.88	145.90	535.90	88.61	763.46
2008	683.54	54.56	1127.79	1215.46	7248.90	14.99	162.75	595.03	102.32	789.77
2009	684.83	47.02	1242.70	1172.95	7332.75	16.24	155.79	459.10	85.99	757.04
2010	732.76	48.55	1393.67	1189.58	7466.75	16.21	144.20	398.85	89.86	755.06
2011	824.04	53.27	1592.56	1385.63	7616.81	16.60	145.65	480.95	71.10	724.01
2012	858.50	50.38	1618.25	1422.61	7760.46	17.16	146.31	492.23	70.65	764.08
2013	838.60	43.37	1605.86	1687.71	7825.56	17.12	144.51	483.18	76.21	757.98
2014	940.30	42.12	1592.35	1558.43	7842.19	19.83	147.92	501.53	80.40	852.22
年份	柬埔寨	德国	希腊	印度	印度尼西亚	意大利	日本	老挝	马来西亚	墨西哥	荷兰
1961	0.42	438.92	45.33	488.58	42.61	254.08	54.27	0.18	0.18	155.18	31.09
1962	0.46	514.94	50.01	526.90	55.39	270.91	51.96	0.20	0.18	158.85	36.53
1963	0.35	517.52	52.29	516.39	44.87	261.35	46.07	0.17	0.23	194.66	34.91
1964	0.35	559.75	61.70	539.95	60.99	275.75	44.57	0.21	0.24	213.89	36.58
1965	0.34	608.92	62.87	541.65	43.36	302.94	45.35	0.26	0.24	230.68	36.39
1966	0.33	621.97	66.53	567.57	64.68	305.40	43.74	0.23	0.25	242.83	37.55
1967	0.36	658.43	70.10	650.57	45.55	309.53	43.53	0.25	0.24	243.90	39.44

续表

1968	0.37	704.43	72.20	723.13	63.68	323.29	43.02	0.26	0.28	267.01	38.03
1969	0.37	745.18	75.29	771.31	44.07	340.00	38.16	0.26	0.32	276.03	41.56
1970	0.43	761.32	81.57	819.88	59.54	358.71	32.32	0.27	0.34	288.51	41.39
1971	0.49	815.38	83.65	867.45	54.89	369.51	30.64	0.28	0.31	296.02	39.85
1972	0.51	867.66	84.35	880.04	60.86	389.69	29.77	0.27	0.37	307.28	38.94
1973	0.49	846.20	91.61	911.44	80.65	379.90	30.92	0.28	0.45	337.08	41.87
1974	0.38	901.35	97.02	844.82	69.28	386.14	26.92	0.29	0.39	339.15	43.24
1975	0.29	901.47	102.59	1048.45	66.24	406.89	25.63	0.31	0.40	393.13	42.98
1976	0.25	950.42	108.75	1040.58	61.91	395.09	26.97	0.44	0.53	426.97	41.79
1977	0.35	974.44	103.06	1115.13	78.67	421.61	27.42	0.41	0.48	425.74	42.87
1978	0.59	1011.82	123.67	1221.95	94.22	532.99	29.53	0.42	0.47	415.80	44.15
1979	0.59	1031.60	126.18	1249.08	93.72	556.33	33.25	0.43	0.49	403.65	47.11
1980	0.43	1067.31	127.59	1253.41	115.77	520.29	28.28	0.46	0.50	468.99	46.81
1981	0.49	977.79	137.78	1368.10	132.32	514.60	29.39	0.50	0.47	561.68	46.31
1982	0.70	1028.20	141.97	1347.42	124.38	506.86	31.84	0.48	0.51	545.08	45.38
1983	0.66	988.80	143.31	1523.38	139.65	515.98	32.05	0.46	0.69	544.59	46.79
1984	0.77	1045.21	150.52	1638.21	160.79	539.69	32.33	0.45	0.85	580.62	49.52
1985	1.61	1091.86	152.16	1659.12	150.90	535.89	32.57	0.44	0.87	628.71	47.07
1986	1.45	1091.93	150.33	1811.43	170.77	523.11	32.84	0.49	0.83	614.20	48.25
1987	0.85	1110.20	139.92	1647.95	170.30	535.82	32.17	0.42	0.90	638.54	43.60
1988	0.70	1137.33	147.96	1921.18	194.70	479.61	32.67	0.62	1.00	586.90	44.24
1989	0.82	1078.21	146.57	1996.72	178.35	439.13	32.28	0.51	1.12	597.34	42.06
1990	0.68	911.97	144.02	2014.38	194.50	460.69	30.78	0.69	1.10	641.04	40.54
1991	0.89	896.09	150.50	2085.45	185.03	483.68	27.68	0.68	1.08	566.87	39.97
1992	0.72	852.98	138.38	2206.57	212.13	485.44	27.40	0.62	1.21	605.47	39.96
1993	0.77	828.51	119.84	2244.62	186.76	485.17	27.26	0.51	1.22	586.15	39.24
1994	0.69	898.40	127.09	2373.64	197.80	467.37	25.51	0.55	1.19	600.44	40.40
1995	0.79	911.93	116.53	2459.03	225.51	468.08	22.87	0.55	1.23	556.18	41.11
1996	0.76	919.12	122.44	2540.98	250.83	473.79	22.72	0.75	1.18	621.30	42.13
1997	0.81	949.08	114.18	2668.54	213.52	457.64	22.58	0.79	1.45	603.96	39.60
1998	1.35	985.09	108.68	2722.17	258.62	461.14	21.63	1.00	1.68	656.78	37.81
1999	1.24	1025.05	107.85	2794.63	234.42	470.58	22.25	0.89	1.55	629.57	36.46
2000	1.30	970.90	109.28	2729.51	240.16	453.39	23.38	1.06	1.55	646.96	35.32
2001	1.52	974.55	102.58	2747.19	235.58	426.00	23.41	1.01	1.46	678.17	34.66
2002	1.06	934.96	104.54	2591.48	236.72	463.01	25.99	1.02	1.82	504.81	34.68
2003	1.98	928.06	106.38	2712.86	256.79	444.39	26.51	1.17	1.78	529.13	35.14
2004	1.93	981.52	93.49	2836.17	273.79	482.78	27.10	1.60	2.16	541.88	36.05
2005	2.05	955.53	88.05	2974.34	290.77	445.46	26.84	2.55	2.38	604.80	34.08
2006	2.07	875.81	76.95	3148.44	285.73	436.93	25.71	3.18	2.27	575.49	34.24

续表

2007	1.78	931.65	66.73	3338.98	301.69	442.47	25.84	4.69	2.15	613.31	29.63
2008	2.05	899.22	80.42	3423.04	335.16	398.44	24.27	7.30	2.75	560.42	31.81
2009	2.45	902.26	62.34	3516.99	361.90	310.08	21.47	7.19	2.91	557.22	31.44
2010	2.80	950.00	72.92	3716.50	352.32	308.57	21.12	6.74	2.16	593.28	29.80
2011	1.98	879.95	99.84	3907.62	358.73	319.68	22.12	7.07	0.96	560.61	28.00
2012	1.83	900.17	79.23	3863.52	368.53	383.20	22.66	7.04	1.81	653.32	35.42
2013	1.49	926.33	96.97	3843.01	350.46	347.61	22.55	7.59	1.73	651.92	28.26
2014	1.55	1005.56	100.49	3885.66	362.52	351.79	21.58	8.80	1.92	691.89	31.29

年份	巴基斯坦	葡萄牙	南非	西班牙	泰国	英国	美国	越南
1961	79.61	44.84	108.80	200.98	6.37	206.02	2818.85	4.53
1962	82.50	42.25	118.93	221.80	6.97	233.11	3033.68	4.69
1963	91.81	53.89	129.52	217.92	8.79	241.76	3303.29	4.30
1964	97.87	60.77	125.44	221.30	10.62	255.69	3366.89	4.51
1965	98.29	53.56	126.19	233.68	11.64	288.29	3784.50	4.79
1966	103.71	43.67	125.34	268.33	13.60	305.30	4113.14	4.41
1967	130.00	58.32	172.20	280.37	14.25	353.20	4615.85	6.08
1968	153.71	59.64	157.59	319.21	14.90	328.91	4646.14	6.85
1969	176.49	60.87	157.90	331.09	17.33	285.73	4860.90	10.39
1970	176.68	47.62	177.26	312.55	18.76	314.47	5081.84	10.23
1971	195.88	54.02	207.47	367.74	23.88	361.31	5315.83	8.43
1972	209.81	67.59	232.73	365.80	18.97	326.75	5349.63	9.80
1973	203.19	64.95	188.36	375.14	25.03	348.85	5841.15	8.95
1974	209.37	64.91	227.44	380.99	27.91	371.26	5471.99	8.66
1975	232.32	71.25	242.06	387.83	30.72	386.16	6548.07	11.48
1976	260.29	70.45	253.37	419.51	30.95	400.41	6714.63	12.80
1977	278.61	71.14	269.97	410.33	26.09	440.43	6428.48	16.32
1978	310.26	66.33	284.41	457.22	34.63	457.93	6768.77	13.08
1979	350.08	72.17	289.47	453.69	35.50	484.80	7233.08	9.22
1980	377.65	66.18	324.45	483.42	35.58	479.00	7357.55	9.34
1981	379.75	67.47	374.48	405.62	39.96	519.91	7254.00	12.40
1982	415.39	66.19	327.01	409.27	37.18	583.13	6405.90	14.16
1983	413.29	60.46	255.13	418.15	45.98	590.65	6603.85	18.25
1984	408.09	60.64	282.84	502.76	51.05	622.07	7381.56	17.88
1985	469.12	65.10	278.86	517.01	57.01	591.47	7033.66	19.90
1986	545.54	71.38	284.03	526.29	55.26	626.96	6727.00	21.40
1987	517.83	71.70	270.13	585.24	44.86	573.86	6650.01	18.59
1988	534.62	72.39	291.60	613.11	60.69	566.22	6301.20	25.41
1989	590.87	70.15	294.75	565.27	61.32	596.99	6946.82	25.32
1990	591.52	68.48	274.04	539.11	60.19	577.19	7234.23	23.83

续表

1991	590.50	67.79	260.93	520.77	56.83	536.40	7095.65	31.45
1992	649.42	59.33	233.50	420.63	57.79	493.39	7435.54	29.11
1993	661.22	60.71	294.80	481.06	63.22	478.58	7559.53	30.81
1994	677.95	60.86	295.44	484.98	66.40	509.95	7588.33	44.29
1995	765.63	58.93	252.39	436.76	65.47	520.24	7468.21	42.32
1996	763.66	62.28	291.84	590.82	71.54	572.72	7799.71	51.51
1997	790.90	57.56	292.40	529.39	65.62	542.19	7789.69	49.72
1998	808.87	60.52	269.54	607.00	76.16	516.48	7895.59	59.54
1999	838.03	57.38	270.84	573.08	80.11	505.67	7730.00	62.08
2000	875.28	54.25	299.69	590.13	74.58	478.32	7410.30	67.60
2001	867.31	48.13	264.38	543.80	76.88	463.41	7497.73	58.10
2002	888.06	73.14	314.63	538.85	76.94	489.15	7368.77	63.90
2003	917.27	50.13	282.84	599.80	86.61	462.31	7977.61	70.80
2004	956.65	57.37	282.94	574.01	82.27	449.79	8068.61	84.51
2005	1046.24	44.91	258.03	452.10	76.18	426.40	7772.29	68.05
2006	1059.09	40.94	260.20	499.19	75.39	426.09	7912.95	65.45
2007	1031.90	48.88	269.36	538.86	80.80	413.78	8331.21	73.78
2008	1077.33	48.23	292.34	446.52	83.27	425.59	8035.37	74.08
2009	1251.07	43.83	297.05	418.24	98.74	433.20	7835.54	90.74
2010	1196.25	44.16	273.53	491.25	105.48	433.23	7969.06	77.63
2011	1187.62	42.69	274.10	468.67	101.04	429.47	8405.11	70.29
2012	1073.97	36.19	291.95	433.40	104.28	415.74	8767.67	78.90
2013	1196.68	41.88	289.86	531.58	106.43	433.35	8902.99	97.04
2014	1180.44	43.64	309.65	552.89	101.38	492.91	8848.29	88.96

资料来源：http://faostat3.fao.org/brouse/G1/*/E.

附录二

1961—2014 年各国水稻 CO_2 排放绝对量　　单位：万吨 CO_2 eq

年份	澳大利亚	孟加拉国	巴西	中国	韩国	丹麦	法国	柬埔寨
1961	14.11	1981.48	510.43	10406.92	184.88	98.36	88.47	13.37
1962	14.42	2025.76	537.70	10743.53	196.15	103.80	91.29	13.81
1963	15.73	2114.72	595.70	11115.57	201.47	112.69	98.59	14.04
1964	16.98	2162.41	668.02	11923.76	213.94	124.30	104.99	14.72
1965	17.65	2196.67	741.09	12115.75	213.46	130.04	105.39	14.84
1966	18.55	2133.33	639.48	12545.41	223.20	120.13	113.59	14.89
1967	21.29	2334.99	689.31	12394.93	223.88	117.97	124.80	9.91
1968	21.93	2305.90	716.02	12217.15	223.89	133.86	130.98	16.05
1969	24.11	2446.48	740.41	12502.49	240.64	141.00	129.19	14.73
1970	28.40	2354.36	805.79	13423.78	248.70	150.14	145.44	15.64
1971	29.02	2197.42	768.61	14427.83	250.85	149.25	149.97	15.66
1972	28.63	2300.38	740.66	14578.48	251.68	161.22	152.64	12.88
1973	32.05	2367.54	779.26	14675.21	271.52	163.42	171.18	10.40
1974	47.68	2320.33	759.67	14758.08	284.94	164.86	146.24	12.10
1975	53.04	2485.31	862.76	15027.57	297.01	185.75	154.42	12.30
1976	52.71	2389.08	1081.73	15172.21	317.84	191.00	160.78	12.53
1977	64.88	2460.86	986.87	15265.98	335.33	196.96	165.70	12.23
1978	64.28	2479.50	923.04	15229.34	351.73	212.32	178.25	12.73
1979	77.96	2507.66	902.03	15235.73	354.14	213.91	186.64	9.62
1980	81.74	2553.14	1038.55	15439.74	349.87	232.78	187.28	12.09
1981	75.41	2576.83	998.45	15147.91	361.66	245.45	189.76	15.37
1982	90.09	2637.34	992.45	15258.13	345.19	262.10	190.15	15.06
1983	54.69	2470.57	840.25	15543.50	350.26	255.32	202.32	8.31
1984	83.70	2601.44	894.99	15825.32	353.04	248.94	206.10	6.01

续表

1985	86.63	2634.52	805.21	15152.36	356.66	264.82	214.33	7.04
1986	75.18	2713.90	945.88	15197.92	355.16	317.88	228.31	8.74
1987	67.65	2677.13	1007.10	15665.87	353.92	320.64	227.63	8.86
1988	75.08	2684.88	1000.65	15816.16	358.42	326.98	234.28	10.64
1989	69.61	2811.94	888.94	16191.29	354.17	318.17	242.47	7.83
1990	75.58	2791.28	673.08	16477.59	342.65	324.99	231.53	8.08
1991	64.12	2802.09	710.88	16327.02	349.25	339.28	238.92	7.46
1992	91.42	2791.97	799.80	16206.08	351.57	329.83	206.85	6.23
1993	89.33	2739.50	770.09	15146.00	349.19	367.04	214.60	4.58
1994	95.13	2771.61	779.15	15240.48	287.85	320.44	223.46	7.29
1995	93.06	2859.25	772.15	16197.23	248.95	413.68	228.28	8.52
1996	106.15	2951.56	595.21	16722.13	243.66	425.31	235.84	9.39
1997	119.69	2901.77	573.11	16545.86	268.01	400.71	233.41	7.01
1998	102.22	2879.98	575.97	16310.16	256.31	439.89	229.01	7.97
1999	109.65	3105.52	714.24	16529.98	260.12	430.02	235.67	8.21
2000	95.80	3130.04	687.69	15683.08	241.56	463.87	216.20	8.62
2001	127.94	3123.48	604.17	15232.52	260.97	468.36	222.17	7.85
2002	103.48	3167.54	615.30	14890.75	237.18	462.54	205.18	5.54
2003	33.50	3092.57	647.66	14164.07	237.89	646.88	220.22	6.72
2004	48.01	2977.14	739.19	15076.73	238.08	571.88	217.15	9.00
2005	36.69	3076.51	756.52	15275.00	239.23	614.92	204.63	10.01
2006	72.07	3149.73	610.88	15502.06	238.74	464.44	203.79	10.33
2007	14.69	3133.05	632.99	15429.66	235.93	480.30	220.47	9.27
2008	1.96	3434.92	609.78	15588.85	235.44	648.54	197.40	18.80
2009	6.11	3388.21	646.96	15792.93	232.47	531.66	186.07	40.30
2010	14.16	3442.15	642.86	15926.45	233.28	591.72	194.69	47.61
2011	55.17	3508.24	693.96	16062.88	233.91	576.25	187.13	23.43
2012	74.59	3402.12	625.34	16197.88	232.56	556.08	183.45	35.02
2013	82.89	3299.48	602.94	16192.11	226.51	588.55	190.35	36.50
2014	55.22	3282.40	598.95	16314.38	206.93	562.51	223.87	36.43
年份	希腊	印度	印度尼西亚	意大利	日本	老挝	马来西亚	墨西哥
1961	31.13	8493.92	3240.08	164.80	1693.61	140.16	209.63	46.35
1962	28.34	8718.20	3445.38	161.90	1694.46	133.36	220.74	43.41
1963	30.37	8773.36	3184.14	157.68	1689.87	135.65	224.19	47.64
1964	38.01	8952.11	3295.38	165.22	1679.41	206.81	225.62	47.44
1965	37.20	8657.03	3459.93	176.90	1680.15	206.86	237.28	51.11
1966	30.66	8611.05	3640.21	185.06	1692.47	210.20	234.03	55.59
1967	32.77	8955.26	3556.01	198.03	1712.57	217.05	243.38	60.85
1968	38.29	9103.25	3841.39	213.13	1720.11	149.69	269.10	55.81

续表

1969	39.23	9283.75	3807.06	231.67	1708.42	151.97	280.03	62.12
1970	34.17	9280.49	3905.30	239.42	1531.47	151.82	289.76	61.77
1971	33.59	9339.57	3994.22	244.60	1414.73	151.41	302.09	64.09
1972	34.22	9060.84	3851.45	258.44	1406.75	151.44	315.88	67.57
1973	39.25	9472.88	4094.71	265.11	1415.60	151.75	313.75	70.25
1974	44.14	9346.29	4145.63	262.63	1437.70	156.53	305.72	78.01
1975	45.03	9828.88	4137.64	252.35	1453.82	155.25	310.12	107.88
1976	45.17	9539.75	4087.51	258.71	1461.32	119.58	304.47	86.92
1977	44.75	10053.74	4126.56	271.25	1462.26	127.84	301.22	90.90
1978	48.83	10130.46	4431.26	297.16	1363.19	131.82	245.26	72.73
1979	50.03	9801.17	4402.85	295.04	1346.79	157.10	311.28	84.74
1980	47.45	10061.77	4598.11	278.01	1248.65	169.61	302.92	82.54
1981	48.68	10208.89	4840.93	268.50	1212.34	172.96	299.48	106.86
1982	49.25	9584.93	4696.06	275.49	1210.54	168.73	288.44	104.99
1983	51.58	10407.62	4771.44	284.33	1221.77	159.54	283.61	93.63
1984	52.34	10405.99	5150.25	284.51	1248.78	151.56	271.50	97.58
1985	57.04	10457.09	5223.10	292.91	1256.46	154.54	284.34	125.99
1986	56.10	10474.51	5291.34	295.87	1241.21	149.16	281.12	112.90
1987	54.73	9853.30	5300.90	296.40	1159.73	126.09	284.76	115.25
1988	59.07	10708.87	5451.95	295.70	1133.91	121.22	292.73	101.67
1989	51.69	10829.14	5602.81	296.50	1130.60	138.91	293.29	109.59
1990	54.04	10976.03	5644.81	309.70	1115.54	151.89	299.39	99.98
1991	52.07	10990.26	5519.05	301.96	1092.19	130.22	300.07	84.37
1992	48.93	10785.27	5968.12	314.67	1122.81	134.27	299.93	89.99
1993	49.90	11034.55	5873.70	331.95	1127.26	129.32	309.01	79.45
1994	54.62	11141.71	5772.74	333.48	1180.49	143.32	309.91	86.70
1995	55.44	11118.77	6184.79	336.50	1120.75	132.02	299.65	77.23
1996	60.60	11315.17	6341.91	343.23	1051.63	130.58	302.21	87.86
1997	61.13	11362.65	5994.14	328.48	1035.78	143.93	312.10	94.52
1998	53.24	11723.27	6421.00	316.54	957.21	146.42	311.55	98.74
1999	49.23	11843.39	6461.85	316.57	953.24	171.53	313.97	91.67
2000	46.04	11675.72	6403.07	311.82	948.43	171.67	315.64	94.07
2001	45.25	11794.69	6257.61	304.49	916.33	180.02	304.06	87.27
2002	47.75	10725.62	6280.09	312.11	916.20	175.05	317.42	60.79
2003	49.66	11204.01	6317.75	312.40	901.89	178.91	313.12	64.86
2004	45.20	11031.29	6603.13	326.48	926.93	182.73	329.28	67.08
2005	42.69	11551.26	6603.67	314.32	929.70	175.29	334.11	80.50
2006	40.26	11638.48	6589.78	316.40	913.75	177.26	316.92	75.50
2007	39.84	11715.75	6793.91	325.01	905.24	174.14	338.37	79.87

续表

2008	48.95	12137.40	6956.76	303.46	876.29	188.30	351.44	63.56
2009	41.67	11251.20	7329.03	306.82	866.47	196.28	363.83	69.99
2010	52.44	11552.25	7451.53	314.89	871.15	204.06	337.88	68.47
2011	58.56	11928.76	7481.71	314.99	845.30	195.63	300.57	67.66
2012	49.41	11607.21	7613.14	317.35	846.88	223.46	324.23	77.16
2013	53.27	11893.03	7743.69	288.99	856.39	213.66	315.78	77.47
2014	56.61	11762.00	7768.92	292.51	837.62	231.17	329.25	83.40
年份	南非	西班牙	泰国	美国	云南	荷兰	巴基斯坦	葡萄牙
1961	3.23	95.75	2203.26	0.00	1881.05	14.84	385.57	47.29
1962	3.84	98.51	2356.55	598.91	1940.95	16.01	376.43	44.78
1963	4.30	97.13	2349.31	604.84	1785.97	16.10	409.22	47.29
1964	4.64	101.22	2278.95	613.36	1977.06	16.70	432.51	50.57
1965	4.86	97.26	2263.60	624.06	1914.09	17.47	443.36	45.95
1966	4.84	104.95	2662.34	687.25	1853.88	16.80	450.20	43.89
1967	6.21	106.02	2324.05	698.10	1926.75	18.42	456.98	43.86
1968	6.74	114.29	2519.00	819.67	1968.61	19.90	503.55	44.55
1969	6.99	121.11	2634.92	754.72	2026.99	20.53	529.61	50.61
1970	8.25	119.16	2491.80	665.55	1953.73	21.88	490.66	52.14
1971	9.40	123.25	2584.69	665.64	1921.34	22.78	480.16	53.67
1972	11.25	122.91	2467.44	668.82	2018.51	21.91	489.42	58.40
1973	10.34	128.85	2816.74	787.70	2057.42	23.83	498.59	53.57
1974	10.31	127.31	2673.96	895.01	2082.92	27.30	527.00	46.68
1975	12.58	129.04	3042.39	1007.05	2014.83	25.70	564.93	44.91
1976	13.85	140.28	2998.97	904.50	2194.05	25.61	580.68	35.84
1977	14.97	140.80	3208.77	822.76	2288.23	28.27	630.19	50.24
1978	16.45	148.24	3287.40	1057.85	2242.17	30.07	676.68	47.63
1979	17.33	151.84	3175.00	1035.16	2216.87	30.88	682.61	50.94
1980	20.06	151.13	3371.49	1178.85	2259.00	30.50	653.20	49.44
1981	22.63	144.82	3347.58	1321.17	2320.48	29.62	668.18	39.76
1982	20.46	141.49	3296.86	1131.94	2374.13	30.57	673.67	48.47
1983	16.00	112.68	3574.00	811.97	2385.80	30.21	677.71	39.49
1984	17.70	157.36	3582.95	1017.31	2404.76	32.24	678.32	43.07
1985	16.45	162.91	3663.60	909.56	2443.49	30.75	641.21	44.73
1986	16.20	175.72	3466.82	866.50	2457.05	30.45	715.79	48.53
1987	14.36	180.55	3461.39	861.13	2379.77	31.83	680.33	48.42
1988	16.53	186.18	3768.11	1040.74	2498.02	30.28	706.09	49.88
1989	16.30	157.48	3780.40	980.35	2570.82	30.99	732.00	48.99
1990	16.33	188.91	3415.86	1024.79	2623.37	33.40	734.23	49.65
1991	15.47	187.14	3500.88	1014.62	2816.58	33.00	728.87	48.56

续表

1992	15.63	163.20	3567.83	1124.48	2855.90	29.93	696.50	33.84
1993	17.70	131.49	3581.75	1044.02	2905.25	31.94	769.67	25.32
1994	16.22	155.95	3568.00	1188.47	3069.17	31.65	749.58	37.18
1995	16.57	136.64	3615.50	1122.68	3111.58	31.81	774.55	34.40
1996	17.38	213.02	3706.41	1034.98	3295.54	32.46	804.32	42.24
1997	17.42	212.97	3927.77	1127.74	3303.79	32.12	829.01	41.56
1998	17.32	225.32	3837.59	1176.29	3536.55	31.27	864.47	40.76
1999	17.61	223.39	4072.33	1256.76	3677.23	30.38	901.15	37.95
2000	17.81	222.97	3990.23	1100.68	3736.14	30.11	857.53	35.77
2001	17.09	221.39	4105.31	1195.00	3542.73	29.37	770.93	36.10
2002	20.62	211.78	3956.97	1162.25	3598.93	28.66	813.02	41.51
2003	18.29	230.71	4243.16	1103.90	3617.50	30.28	891.31	37.48
2004	18.51	225.81	4133.02	1208.53	3763.56	31.44	915.26	38.73
2005	15.18	209.29	4178.65	1213.34	3489.27	31.04	960.08	32.74
2006	18.29	199.13	4163.43	1050.48	3454.67	29.72	948.83	35.29
2007	18.82	195.14	4405.00	1028.57	3479.12	30.57	923.29	38.88
2008	18.26	168.36	4410.57	1092.38	3511.93	31.98	1079.75	37.77
2009	19.39	197.89	4700.47	1128.31	3785.96	26.76	1075.09	39.52
2010	17.01	214.48	5037.22	1294.40	3633.52	26.15	893.34	40.45
2011	17.93	206.75	4898.99	992.00	3607.30	27.27	948.90	42.35
2012	18.44	196.85	5047.81	1025.60	3747.61	27.14	851.48	41.11
2013	17.91	206.19	4968.77	954.11	4011.57	26.57	1021.22	42.00
2014	18.77	214.58	4607.36	1096.34	3882.22	29.61	1049.79	39.21

资料来源：http://faostat3.fao.org/browse/G1/*/E.

参考文献

英文文献

[1]Abigail, L., Bristow, Miles, T., Alison, P., Anthony, D. M., 2008. Developing pathways to low carbon land-based passenger transport in Great Britain by 2050[J]. *Energy Policy*, 36(9), 3427—3435.

[2]Abramovay, R., 2010. Decarbonizing the Growth Model of Brazil: Addressing Both Carbon and Energy Intensity[J]. *The Journal of Environment & Development*, 19(3), 58—374.

[3]Aertsens, J., Nocker, L. D., Gobin, A., 2013. Valuing the carbon sequestration potential for European agriculture[J]. *Land Use Policy*, 31, 584—594.

[4]Ang, B. W., 2004. Decomposition analysis for policymaking in energy: which is the preferredmethod? [J]. *Energy Policy*, 32(9), 1131—1139.

[5]Ang, B. W., 2005. The LMDI approach to decomposition analysis: a practical guide[J]. *Energy Policy*, 33(7), 867—871.

[6]Ang, B. W., Liu, F. L., 2001. A new energy decomposition method: perfect in decomposition andconsistent in aggregation[J]. *Energy*, 26(6), 537—548.

[7]Ang, B. W., Zhang F. Q., 2000. A survey of index decomposition analysis in energy and environmental studies[J]. *Energy*, 25(12), 1149—1176.

[8]Auld, G., Mallett, A., Burlica, B., Nolan—Poupart, F. and Slater, R., 2014. Evaluating the effects of policy innovations: Lessons from a systematic review of policies promoting low-carbon technology[J]. *Global Environmental Change*, 29, 444—458.

[9]Baptiste, A. K., Foley, C., Smardon, R., 2015. Understanding urban neighborhood differences in willingness to implement green infrastructure measures: a case study of Syracuse, NY. Landscape and Urban Planning, 136, 1—12.

[10]Banerjee, S. B., 2001. Managerial perceptions of corporate environmental-

ism: Interpretations from industry and strategic implications for organizations[J]. *Journal of Management Studies*, 38(4), 489—513.

[11] Bansal, P. , Clelland, I. , 2004. Talking trash: Legitimacy, impression management, and unsystematic risk in the context of the natural environment[J]. *Academy of Management Journal*, 47(1), 93—103.

[12] Beach, R. H. , DeAngelo, B. J. , Rose, S. , Li, C. , Salas, W. , DelGrosso, S. J. , 2008. Mitigation potential and costs for global agricultural greenhouse gas emissions[1][J]. *Agricultural Economics*, 38(2), 109—115.

[13] Benbi, D. K. , 2013. Greenhouse Gas Emissions from Agricultural Soils: Sources and Mitigation Potential[J]. *Journal of Crop Improvement*, 27(6), 752—772.

[14] Bigelow, J. , Elements of technology[M]. Hilliard, Gray, Little and Wilkins, 1831, 70—90.

[15] Blanco, E. , Rey-Maquieira, J. , Lozano, J. , 2009. The economic impacts of voluntary environmental performance of firms: a critical review[J]. *Journal of Economic Surveys*, 23(3), 462—502.

[16] Brink, C. , van Ierland, E. , Hordijk, L. , Kroeze, C. , 2005. Cost effective emission abatement in agriculture in the presence of interrelations: cases for the Netherlands and Europe[J]. *Ecological Economics*, 53(1), 59—74.

[17] Bristow, A. L. , Tight, M. , Pridmorec A. , May A. D. , 2008. Developing pathways to low carbon land-based passenger transport in Great Britain by 2050 [J]. *Energy Policy*, 36, 3427—3435.

[18] Brunnermeier, S. B. , Cohen, M. A. , 2003. Determinants of environmental innovation in US manufacturing industries[J]. *Journal of Environmental Economics and Management*, 45(2), 278—293.

[19] Callan, S. J. , Thomas, J. M. Environmental economics and environmental management(3rd edition)[M]. Tsinghua University express, Peking, 2010, 288—304.

[20] Carlet, F. , 2015. Understanding attitudes toward adoption of green infrastructure: A case study of US municipal officials[J]. *Environmental Science and Policy*, 51, 65—76.

[21] Cerri, C. C. , Bernoux, M. , Cerri, C. E. P. , Feller, C. , 2004. Carbon cycling and sequestration opportunities in South America: the case of Brazil[J]. *Soil Use and Management*, 20(2), 248—254.

[22] Chakrabarti, S. , 2009. Public-community participation in household waste management in India: An operational approach[J]. *Habitat International*, 33, 125—130.

［23］Chan, R. Y. K. , 2005. Does the natural-resource-based view of the firm apply in an emerging economy? A survey of foreign invested enterprises in China[J]. *Journal of Management Studies* ,42(3) ,625—672.

［24］Charnes, A. , Cooper, W. W. , Rhodes, E. , 1978. Measuring the efficiency of decision making units[J]. *European Journal of Operational Research* ,2(6), 429—444.

［25］Chen, W. Y. , 2015. The role of urban green infrastructure in offsetting carbon emissions in 35 major Chinese cities: A nationwide estimate[J]. *Cities* ,44, 112—120.

［26］Chen, M. P. , Chen, J. N. , Lai, S. Y. , 2007. Inventory analysis and spatial distribution of Chinese agricultural and rural pollution[J]. *China Environmental Science* ,26(6) ,751—755.

［27］Chen, Z. , Huffman, W. E. , Rozelle, S. , 2011. Inverse relationship between productivity and farm size: the case of China[J]. *Contemporary Economic Policy* ,29(4) ,580—592.

［28］Chung, Y. H. , Färe, R. , Grosskopf, S. , 1997. Productivity and undesirable outputs: a directional distance function approach[J]. *Journal of Environmental Management* ,51(3) ,229—240.

［29］Cole, C. V. , Duxbury, J. , Freney, J. , Heinemeyer, O. , Minami, K. , Mosier, A. , Paustian, K. , Rosenberg, N. , Sampson, N. , Sauerbeck, D. , Zhao, Q. , 1997. Global estimates of potential mitigation of greenhouse gas emissions by agriculture[J]. *Nutrient cycling in Agroecosystems* ,49(1—3) ,221—228.

［30］Cooper, W. W. , Seiford, L. M. , Tone, K. , Data Envelopment Analysis [M]. Boston: Kluwer Academic Publishers, Second Edition, 89—120.

［31］David, A. K. , Christopher, B. F. , 2006. Carbon sequestration in California agriculture, 1980—2000[J]. *Ecological Applications* ,16(5) ,1975—1985.

［32］Damanpour, F. , 1987. The adoption of technological, administrative, and ancillary innovations: Impact of organizational factors[J]. *Manage* ,13(4) ,675—688.

［33］Dixon-Foeler, H. R. , Slater,. Z. J. , Johnson, J. L. , et al. , 2013. Beyond "Does it pay to be green?" A meta-analysis of moderators of the CEP and CFP relationship[J]. *Journal of Business Ethics* ,112(2) ,353—366.

［34］Eiadat, Y. , Kelly, A. , Roche, F. , et al. , 2008. Green and competitive? An empirical test of the mediating role of environmental innovation strategy[J]. *Journal of World Business* ,43(2) ,131—145

［35］Endrikat, J. , Guenther, E. , Hoppe, H. , 2014. Making sense of conflicting empirical findings: a meta-analytic review of the relationship between corporate environmental and financial performance[J]. *European Management Journal*, 32 (5),735—751.

[36]Falloon, P. , Smith, P. , Powlson, D. S. , 2004. Carbon sequestration in arable land—the case for field margins[J]. *Soil Use Management*, 20, 240—247.

[37]Fan, S. G. and Ramirez, A. , 2012. Achieving food security while switching to low carbon agriculture[J]. *Journal of Renewable Sustainable Energy*, 4 (4),1405—1413.

[38]Fan, C. Z. , Gu, H. Y. , Jiang, H. Energy-Related Carbon Emissions in Shanghai:Driving Forces and Reducing Strategies[C]. Low-Carbon City and New-Type Urbanization, Springer-Verlag Berlin Heidelberg, 2015, 25—41.

[39]Fan, C. Z. , 2001. Sustainable Development and Environment Protection of Marine Ranch in Shandong Province[R]. NCRD Research Report Series, No. 42,68—78.

[40]Fan, C. Z. , Wei, T. Y. , 2016. Effectiveness of integrated low-carbon agriculturaltechnologies[J]. *International Journal of Climate Change Strategies and Management*, 8(5),758—776.

[41] Fare, R. , Grosskopf, S. , Norris, M. , Zhang, Z. , 1994. Productivity growth, technical progress, and efficiency change in industrialized countries[J]. A-merican *Economic Review*, 84, 66—83.

[42]Fawcett, T. , 2010. Personal carbon trading: A policy ahead of its time? [J]. *Energy Policy*, 38, 6868—6876.

[43] Feeny, D. , 1989, The Decline of Property Rights in Man in Thailand, 1800—1913[J]. *The Journal of Economic History*, 49(2), 285—296.

[44]Fitton, N. , Ejerenwa, C. P. , Bhogal, A. , Edgington, P. , Black, H. , Lilly, A. , Barraclough, D. , Worrall, F. , Hillier, J. and Smith, P. , 2011. Greenhouse gas mitigation potential of agricultural land in Great Britain[J]. *Soil Use and Management*, 27(4), 491—501.

[45]Gilley, K. M. , Worrell, D. L. , Davidson, W. N. , 2000. Corporate environmental initiatives and anticipated firm performance[J]. *Journal of Management*, 26(6),1199—1216.

[46]Ghoshj, S. , 2010. Examining carbon emissions economic growth nexus for India:A multivariate cointegration approach[J]. *Energy Policy*, (38), 3008—3014.

[47]Gray, W. B. , Shadbegian, R. J. , 1995. Pollution abatement costs, regulation and plant level productivity[EB/OL] (1994 — 10 — 12). Washington D C: NBER Working Paper, 1995.

[48]Greification, A. , 1994. Cultural Beliefs and organizations of society:a his-

toric and theoretical reflection on collectivist and individual societies[J]. *Journal of Political Economy*,102(5),912—950.

[49]Hall,B. H. ,Helmers,C. ,2013. Innovation and Diffusion of Clean/Green Technology:Can Patent Commons Help? [J]. *Journal of Environmental Economics and Management*,66 (1),33—51.

[50]HART,S. L. ,1995. A natural-resource-based view of the firm[J]. *Academy of Management Review*,20(4),986—1014.

[51]Heiskanen,E. ,2010. Low-carbon communities as a context for individual behavioural change[J]. *Energy Policy*,38,7586—7595.

[52] IPCC (Intergovernmental Panel on Climate Change). Climate Change 2007:Synthesis Report. Contribution of Working Groups I,II and III to the Fourth Assessment Report of the Intergovernmental Panel on Climate Change[Core Writing Team,Pachauri,R. K. and Reisinger, A. (Eds.)][M]. IPCC,Geneva,Switzerland,104.

[53]Klein,M. ,2007. The Genesis of Industrial America[M]. Cambridge University Press,1870—1920.

[54]Kong,A. Y. ,Six,J. ,Bryant,D. C. ,Denison,R. F. and Van Kessel,C. ,2005. The relationship between carbon input,aggregation,and soil organic carbon stabilization in sustainable cropping systems[J]. *Soil Science society of America Journal*,69(4),1078—1085.

[55] Konyar, K. , 2001. Assessing the role of US agriculture in reducing greenhouse gas emissions and generating additional environmental benefits[J]. *Ecological Economics*,38,85—103.

[56]Kroodsma,D. A. ,Field,C. B. ,2006. Carbon sequestration in California agriculture1980—2000[J]. *Ecological Applications*,16(5),1975—1985.

[57]Kukal,S. S. ,Benbi,D. K. ,2009. Soil organic carbon sequestration in relation to organic and inorganic fertilization in rice—wheat and maize—wheat systems[J]. *Soil and Tillage Research*,102(1),87—92.

[58]Kulak,M. ,Graves,A. ,Chatterton,J. ,2013. Reducing greenhouse gas emissions with urban agriculture:a life cycle assessment perspective[J]. *Landscape and Urban Planning*,111,68—78.

[59]Lal,R. ,2004. Soil carbon sequestration to mitigate climate change[J]. *Geoderma*,123,1—22.

[60]Lal R. ,2011. Sequestering carbon in soils of agro-ecosystems[J]. *Food Policy*,36,S33—S39.

[61]Li,G. C. ,Feng,Z. C. ,Fan,L. X. ,2009. Is the small sized rural household more efficient? The empirical evidence from Hubei province[J]. *China Eco-*

nomic Quarterly, 9(1), 95—124.

[62]Liang, L. T. , 2009. Study on the evolution temporal and spatial of rural ecological environment[M]. Nanjing, Nanjing Agricultural University, 34—41.

[63]Liebig, M. A. , Morgan, J. A. , Reeder, J. D. , Ellert, B. H. , Gollany, H. T. and Schuman, G. E. , 2005. Greenhouse gas contributions and mitigation potential of agricultural practices in northwestern USA and western Canada[J]. *Soil and Tillage Research*, 83(1), 25—52.

[64]Liu, D. , Chang, Q. , 2015. Ecological security research progress in China [J]. *Acta Ecologica Sinica*, 35, 111—121.

[65]Liu, J. Y. , Deng, X. Z. , 2011. Impacts and mitigation of climate change on Chinese cities[J]. *Current Opinion in Environmental Sustainability*, 3, 1—5.

[66]Liu, Z. L. , Dai, Y. X. , Dong, C. G. , Qi, Y. , 2009. Low-carbon city: concepts, international practice and implications for China[J]. *Urban Study*, 16, 1—12.

[67]MacLeod, M. , Moran, D. , Eory, V. , Rees, R. M. , Barnes, A. , Topp, C. F. , Ball, B. , Hoad, S. , Wall, E. , McVittie, A. , Pajot, G. , 2010. Developing greenhouse gas marginal abatement cost curves for agricultural emissions from crops and soils in the UK[J]. *Agricultural Systems*, 103(4), 198—209.

[68]McCarl, B. A. , Schneider, U. A. , 2000. US agriculture's role in a greenhouse gas emission mitigation world: An economic perspective[J]. *Review of Agricultural Economics*, 22(1), 134—159.

[69]McEvoy, D. , Gibbs, D. C. , Longhurst, W. S. , 2001. Reducing Residential Carbon Intensity: The New Role for English Local Authorities[J]. *Urban Studies*, 38(1), 7—21.

[70] Mell, I. C. , 2014. Aligning fragmented planning structures through a green infrastructure approach to urban development in the UK and USA[J]. *Urban Forestry & Urban Greening*, 13. 612—620.

[71]Michael, H. , Adam, M. W. , 2012. Policy Work in Multi—Level States: Institutional Autonomy and Task Allocation among Canadian Policy Analysts[J]. *Canadian Journal of Political Science*, 45(4), 757—780.

[72]Middlemiss, L. , Parrish, B. D. , 2010. Building capacity for low-carbon communities: The role of grassroots initiatives[J]. *Energy Policy*, 38, 7559—7566.

[73]Moran, D. , Macleod, M. , Wall, E. , Eory, V. , McVittie, A. , Barnes, A. , Rees, R. , Topp, C. F. and Moxey, A. , 2011. Marginal abatement cost curves for UK agricultural greenhouse gas emissions[J]. *Journal of Agricultural Economics*, 62(1), 93—118.

[74]Moloney, S. , 2010. Transitioning to low carbon communities—from behaviour change to system change: Lessons from Australia[J]. *Energy Policy*, 38, 7614—7623.

[75]Mulugetta, Y. , 2010. Carbon reduction at community scale[J]. *Energy Policy*, 38, 7541—7545.

[76]NCCCO(National Climate Change Coordination Office). The People's Republic of China initial national communication on climate change[M]. China Planning Press, Beijing, China(in Chinese), 2007, 35—55.

[77]Norse, D. , 2012. Low carbon agriculture: Objectives and policy pathways [J]. *Environmental Development*, 1(1), 25—39.

[78]Oliver, P. E. , 1980. Selective incentives in an apex game: an experiment in coalition formation[J]. *The Journal of Conflict Resolution*, 24(1), 113—141.

[79]Ostrom, E. , 2010. Polvcentric system for coping with collective action and global environmental change[J]. *Global Environmental Change*, 20, 550—557.

[80]Palmer, K. , Oates, W. E. , Portney, P. R. , 1995. Tightening environmental standards: the benefit cost or the no-cost paradigm[J]. *Journal of Economic Perspectives*, 9(4), 119—132.

[81]Pathak, H. , Byjesh, K. , Chakrabarti, B. , Aggarwal, P. K. , 2011. Potential and cost of carbon sequestration in Indian agriculture: estimates from long-term field experiments[J]. *Field Crops Research*, 120(1), 102—111.

[82]Poeplau, C. , Don, A. , 2015. Carbon sequestration in agricultural soils via cultivation of cover crops-A meta-analysis[J]. *Agriculture, Ecosystems & Environment*, 200, 33—41.

[83]Porter, M. E. , 1995. Green and competitive: ending the stalemate[J]. *Long Range Planning*, 28(5), 128—129.

[84]Powlson, D. S. , Stirling, C. M. , Thierfelder, C. , White, R. P. , Jat, M. L. , 2016. Does conservation agriculture deliver climate change mitigation through soil carbon sequestration in tropical agro-ecosystems? [J]. *Agriculture, Ecosystems & Environment*, 220, 164—174.

[85]Prescott, M. , Taylor, M. , 2008. Every Citizen a Carbon Trader? [J]. *World Policy Journal*, 25, 19—28.

[86]Ruttan, V. W. , 1997. Induced Innovation, Evolutionary Theory and Path Dependence: Sources of Technical Change[J]. *The Economic Journal*, 107(444), 1520—1529.

[87]Saaty, T. L. , 1980. The Analytic Hierarchy Process[M]. McGraw—Hill International, New York .

[88]Saaty, T. L. ,2007. Time dependent decision-making: dynamic priorities in the AHP/ANP:Generalizing from points to functions and from real to complex variables[J]. *Mathematical and Computer Modelling*,46,860—891.

[89]Salon, D. , Sperling, D. , Meier, A. , Murphy, M. , Gorham, R. , Barrett, J. ,2010. City carbon budgets:A proposal to align incentives for climate—friendly communities[J]. *Energy Policy*,38,2032—2041.

[90]Schäffler, A. , Swilling, M. ,2013. Valuing green infrastructure in an urban environment under pressure — The Johannesburg case[J]. *Ecological Economics*,86,246—257.

[91]Schneider, U. A. , McCarl, B. A. , Schmid, E. ,2007. Agricultural sector analysis on greenhouse gas mitigation in US agriculture and forestry[J]. *Agricultural Systems*,94(2),128—140.

[92]Searle, J. R. , The construction of social reality[M]. NewYork, the Free Press,1995.

[93]Seyfang, G. ,2010. Community action for sustainable housing:Building a low-carbon future[J]. *Energy Policy*,38,7624—7633.

[94]Sharma, S. , Vredenburg, H. ,1998. Proactive environmental strategy and the of competitively valuable organizational capabilities[J]. *Strategic Management Journal*,19(8),729—753.

[95]Smith, P. , Goulding, K. W. , Smith, K. A. , Powlson, D. S. , Smith, J. U. , Falloon, P. , Coleman, K. ,2001. Enhancing the carbon sink in European agricultural soils:including trace gas fluxes in estimates of carbon mitigation potential[J]. *Nutrient Cycling in Agroecosystem*,60(1—3),237—252.

[96]Tone, K. ,2001. A slacks-based measure of efficiency in data envelopment analysis[J]. *European Journal of Operational Research*,130(3),498—509.

[97]UNFCCC,2010. Information provided by Parties to the Convention relating to the Copenhagen Accord[EB/OL] http://unfccc. int/home/items/5262. php.

[98]UNFCCC,2015. China's intended nationally determined contribution:Enhanced Actions on Climate Change[EB/OL]. Available from:http://www4. unfccc. int/submissions/INDC/Submission%20Pages/Submissions. aspx.

[99]Vadas, T. M. , Fahey, T. J. , Sherman, R. E. , Demers, J. D,2007. Approaches for analyzing local carbon mitigation strategies:Tompkins County, New York, USA[J]. *International Journal of Greenhouse Gas Control*,1,360—373.

[100]Veblen, T. , The instinct of workmanship and the state of the industrial arts[M]. Read Books Ltd. ,2011.

[101]Walley, N. , Whitehead, B. ,1994. It's not easy being green[J]. *Har-*

vard Business Review, 72(3), 46—51.

[102]Wan, N. F., Ji, X. Y., Jiang J. X., Qiao, H. X., Huang, K. H., 2013. A methodological approach to assess the combined reduction of chemical pesticides and chemical fertilizers for low-carbon agriculture[J]. *Ecological Indicators*, 24, 344—352.

[103]WBGU(German Advisory Council on Climate Change), 1995. Scenario for derivation of global CO_2 reduction targets and implementation strategies. In: statement on occasion of the first conference of the parties to the framework convention on climate change in Berlin[R]. Special report 1995. WBGU, Bremerhaven, 18—40.

[104]WBGU(German Advisory Council on Climate Change), 2006. The future oceans—warming up. rising high, turning sour. Special report, WBGU, Berlin, 89—162.

[105]WBGU(German Advisory Council on Climate Change), 2008. World in transition: Future Bioenergy and sustainable land use[M]. Earthcan, London, 123—154.

[106]World Bank, 2012. State and Trends of the Carbon Market Report 2012 [EB/OL]. Retrieved from http://www.worldbank.org/en/topic/environment.

[107]World Bank, 2014. State and Trends of the Carbon Market Report 2014 [EB/OL]. Retrieved from http://www.worldbank.org/en/topic/environment.

[108]World Bank, 2009. World in transition—Future Bioenergy and sustainable land use[M]. London, Management of Environmental Quality, 34—76.

[109]Xie, Q., 2009. Low carbon city development of China[J]. *IOP Conference Series: Earth and Environmental Science*, 16, 2320—2323.

[110]Yan, H. et al., 2007. Potential and sustainability for carbon sequestration with improved soil management in agricultural soils of China[J]. *Agriculture, Ecosystems and Environment*, 121, 325—335.

[111]Ying, R. Y., Pan D., 2012. Agricultural total factor productivity in China: a meta-regression analysis[J]. *Journal of Agrotechnical Economics*, (3), 47—52.

中文文献

[1]布朗. 社会人类学方法[M]. 北京:华夏出版社, 2002:15—16.

[2]蔡祖聪, 谢德体, 徐华, 等. 冬灌田影响水稻生长期甲烷排放量的因素分析[J]. 应用生态学报, 2003, 14(5):705—709.

[3]陈琳, 闫明, 潘根兴. 南京地区大棚蔬菜生产的碳足迹调查分析[J]. 农业环境科学学报, 2011, 30(9):1791—1796.

[4]陈罗烨,薛领,雪燕.中国农业净碳汇空间集聚与分异[J].生态环境学报,2015,24(11):1777—1784.

[5]陈罗烨,薛领,雪燕.中国农业净碳汇时空演化特征分析[J].自然资源学报,2016(4):576—607.

[6]陈晓华.去年休闲农业和乡村旅游接待游客超 22 亿人次[EB/OL](2016-05-06).http://www.zgxcfx.com/zhuantilanmu/xiandainongye/85077.html.

[7]程秀梅.中国农业支持政策体系构建研究[D].吉林大学博士论文,2011:23—111.

[8]程琨.农田减缓气候变化潜力的统计计量与模型模拟[D].南京农业大学博士论文,2013:33—123.

[9]曹广喜,杨灵娟.基于间接碳排放的中国经济增长、能源消耗与碳排放的关系研究——1995—2007 年细分行业面板数据[J].软科学,2012,26(9):1—6.

[10]董玉红,欧阳竹.有机肥对农田土壤二氧化碳和甲烷通量的影响[J].应用生态学学报,2015,16(7):1303—1307.

[11]董红敏,李玉娥,陶秀萍,等．中国农业源温室气体排放与减排技术对策[J].农业工程学报,2008,24(10):269—273.

[12]段华平,张悦,赵建波,等.中国农田生态系统的碳足迹分析[J].水土保持学报,2011,25(1):203—208.

[13]范纯增,顾海英,姜虹.长江流域工业环境绩效评价研究[J].生态经济,2015(3):31—35.

[14]范纯增,顾海英,姜虹.城市工业大气污染治理效率研究[J].生态经济,2015(11):128—132.

[15]范纯增,顾海英,姜虹.中国工业大气污染治理效率及区域差异[J].生态经济,2016(4):170—174.

[16]范纯增,顾海英,许源.低碳农业园区建设研究——以东滩低碳农业示范园区为例[J].生态经济,2013,(3):117—121.

[17]范纯增,姜虹.中国工业大气污染治理效率及产业差异[J].生态经济,2016(8):153—157.

[18]范纯增,刘玉宝,等.山东海洋牧场可持续发展与环境保护[J].水产学杂志,2001,14(2):7—11.

[19]范纯增,许源,顾海英.崇明东滩低碳农业园区建设绩效评估研究[J].长江流域资源与环境,2011,20(12):1454—1461.

[20]范纯增,于守悦,郑新奇.山东农业土地资源的可持续利用水平评估研究[J].农业系统科学与综合研究,2001,17(2):90—93.

[21]范纯增,郑新奇.山东省农村工业结构优化研究[J].地理学与国土研究,1997(1):44—48.

[22]富立友.知识视角的组织文化[M].上海:上海财经大学出版社,2010:18

—21.

[23]哈耶克.法律、立法与自由[M].北京:中国大百科全书出版社,2000:81—80.

[24]夏征农.辞海[M].上海:上海辞书出版社,1989:210.

[25]高春芽.理性的人与非理性的社会:奥尔森集体行动的理论研究[M].北京:中国社会科学出版社,2009:89—129.

[26]高云才.创新体制机制推进农业绿色发展中国农业发展方式的战略选择[N].人民日报,2017-10-01.

[27]顾海英,等."低碳+农业"适度发展的效应及其对策建议[J].经济研究参考,2016(62):14—19.

[28]郭沛,张曙霄.中国碳排放量与外商直接投资的互动机制——基于1994—2009年数据的实证研究[J].国际经贸探索,2012,28(5):59—68.

[29]郭少云.我国低碳农业技术创新的主要障碍及其克服[J].农业经济,2014(9):22—24.

[30]韩晓燕,翟印礼.中国农业技术进步、技术效率与趋同研究[M].北京:中国农业技术出版社,2009:34—98.

[31]韩召迎,孟亚利,徐娇,等.区域农田生态系统碳足迹时空差异分析——以江苏省为案例[J].农业环境科学学报,2012,31(5):1034—1041.

[32]何有世,王玉龙.产业发展与碳排放的协整性与因果关系分析[J].统计与决策,2012(20):106—108.

[33]黄季焜,刘莹.农村环境污染情况及影响因素分析——来自全国百村的实证分析[J].管理学报,2010,7(11):1725—1729.

[34]霍桃.土壤重金属污染:化肥农药滥用成罪魁祸首[N].中国环境报,2013-06-26.

[35]江长胜,王跃思,郑循华,等.川中丘陵区冬灌田甲烷和氧化亚氮排放研究[J].应用生态学报,2005,16(3):539—544.

[36]贾广林.徐州新农村低碳建设生态模式研究[J].中西部科技,2010,9(5):41—43,45.

[37]蒋琳莉,张露,张俊飚,等.稻农低碳生产行为的影响机理研究——基于湖北省102户稻农的深度访谈[J].中国农村经济中国农村观察,2018(4):1—16.

[38]康芒思.制度经济学[M].北京:商务印书馆,1981.

[39]柯武刚.制度经济学[M].北京:商务印书馆,2000.

[40]李波.经济增长与农业碳排放关系的实证研究[J].生态环境学报,2012,21(2):220—224.

[41]李红莉,张卫峰,张福锁,等.中国主要粮食作物化肥施用量与效率变化分析[J].植物营养与肥料学报,2010,16(5):1136—1143.

[42]李静,李红,谢丽君.中国农业污染减排潜力、减排效率与影响因素[J].

农业技术经济,2012(6):118-126.

[43]李平,张俊飚.中国财政科技投入与林业经济增长互动关系的实证研究[J].中国科技论坛,2011(9):134-138.

[44]李胜利,金鑫,范学山,等.反刍动物生产与碳减排措施[J].动物营养学报,2010,22(1):2-9.

[45]李秀峰.农业共性技术导论[M].北京:中国农业科学技术出版社,2006.

[46]李迎春,林而达,甄晓林.农业温室气体清单方法研究最新进展[J].地球科学进展,2007,22(10):1076-1080.

[47]梁立赫,孙东临.美国现代农业技术[M].北京:中国社会科学出版社,2009.

[48]刘海涛,李静,李霄,等.以有机肥替代化肥可减少温带农田温室气体排放量[J].科学通报,2015,60(6):598-606.

[49]刘华军,闫庆悦.贸易开放、FDI与中国CO_2排放[J].数量经济技术经济研究,2011(3):21-35.

[50]刘硕,李玉娥,等.中国森林、农田和草地温室气体计量方法[M].北京:科学出版社,2015:65.

[51]刘月仙,刘娟,吴文良.北京地区畜禽温室气体排放的时空变化特征[J].中国生态农业学报,2013,21(7):891-897.

[52]罗顺元.论低碳文化与文明前景[J].未来与发展,2010(5):11-15.

[53]骆世明.生态农业的模式与技术[M].北京:化学工业出版社,2009:18.

[54]马凌诺斯基著,费孝通译.文化论[M].北京:华夏出版社,2002:28.

[55]曼昆.经济学原理(微观分册)(第六版)[M].北京:北京大学出版社,2012:120-186.

[56]孟飞,刘敏,崔健.上海农田土壤重金属含量的空间分析[J].土壤学报,2008,45(4):725-728.

[57]米国芳,赵涛.中国经济增长、电力消费与碳排放量关系研究[J].科学管理研究,2012,30(1):89-91.

[58]米松华.农业源温室气体减排技术和管理措施适用性筛选[J].中国农业科学,2012,45(21):4517-4527.

[59]米松华.我国低碳现代农业发展研究[D].浙江大学博士论文,2013.

[60]闵继胜,胡浩.中国农业生产温室气体排放量的测算[J].中国人口、资源与环境,2012,22(7):21-27.

[61]诺斯.制度、制度变迁与经济绩效[M].上海:上海三联出版社,1994:10-18.

[62]庞军柱,王效科,牟玉静,等.黄土高原冬小麦地N_2O排放[J].生态学报,2011,31(7):1896-1903.

[63]潘丹,应瑞瑶.中国农业生态效率评价方法与实证——基于非期望产出

的 SBM 模型分析[J].生态学报,2013,33(12):3837-3845.

[64]裴小军.互联网＋农业打造全新的农业生态圈[M].北京:中国经济出版社,2015:49-51.

[65]齐春玉,董云社.土壤氧化亚氮产生、排放及其影响因素[J].地理学报,1999,54(6):534-542.

[66]邱炜红,刘金山,胡承孝,等.种植蔬菜地与裸地氧化亚氮排放差异比较研究[J].生态环境学报,2010,19(12):2982-2985.

[67]青木昌彦.比较制度分析[M].上海:上海远东出版社,2001:53-58.

[68]尚杰,杨果,于法稳.中国农业温室气体排放量测算及影响因素研究[J].2015,23(3):354-364.

[69]史清华,彭小辉,张锐.中国农村能源消费的田野调查——以晋黔浙三省2253个农户调查为例[J].管理世界,2014,(5):80-92.

[70]宋德勇,卢忠宝.中国碳排放影响因素分解及其周期性波动研究[J].中国人口、资源与环境,2009,19(3):18-24.

[71]宋敏.日本环境友好型农业研究[M].北京:中国农业出版社,2010:18-19.

[72]孙善侠,范纯增,史清华.我国科技投入产出效率的测度与评价[J].上海管理科学,2008,(2):65-68.

[73]谭崇台.发展经济学的新发展[M].武汉:武汉大学出版社,1999:8-10.

[74]唐红侠,韩丹,赵由才,等.农林业温室气体减排与控制技术[M].北京:化学工业出版社,2009:77-87.

[75]田云.中国农业生产净碳效应分异研究[J].自然资源学报,2013(8):1298-1309.

[76]田云.中国低碳农业发展、生产效率、空间差异与影响因素研究[D].华中农业大学博士论文,2015:10-122.

[77]田云,李波,张俊飚.我国农地利用碳排放的阶段特征及因素分解研究[J].中国地质大学学报(社会科学版),2011,11(1):59-63.

[78]田云,张俊飚.碳排放与经济增长互动关系的实证研究——以武汉市为例[J].华中农业大学学报(社会科学版),2013(1):118-121.

[79]田云,张俊飚,李波.基于投入角度的农业碳排放时空特征及因素分解研究——以湖北省为例[J].农业现代化研究,2011,32(6):752-755.

[80]王克.农资市场期待"大户时代"[J].中国经济周刊,2017,34:70-71.

[81]王明星,李晶,郑循华.稻田甲烷排放及产生、转化、输送机理[J].大气科学,1998,22(4):600-610.

[82]徐明岗,卢昌艾,李菊梅.农田土壤培肥[M].北京:科学出版社,2009:34-125.

[83]王少彬,苏维翰.中国地区氧化亚氮排放量及其变化的估算[J].环境科

学,1993,14(3):42—46.

[84]王智平.中国农田 N_2O 排放量的估算[J].农村生态环境,1997,13(2):51—55.

[85]魏下海,余玲铮.空间依赖、碳排放与经济增长——重新解读中国的EKC假说[J].探索,2011,(1):100—105.

[86]习近平.决胜全面建成小康社会,夺取新时代中国特色社会主义伟大胜利——在中国共产党第十九次全国代表大会上的报告[R].北京:人民出版社,2017.

[87]向东梅,周洪文.现有农业环境政策对农户采用环境友好技术行为的影响分析[J].生态经济,2007(2):88—91.

[88]肖特.社会制度的经济理论[M].上海:上海财经大学出版社,2003:11.

[89]解卫华,肖兴基,罗羽.国外有机蔬菜发展现状与启示[J].中国蔬菜,2009(15):1—5.

[90]兴连娥.WTO框架下中国农业科技推广的障碍与对策[J].农业科技管理,2003,22(2):26—28.

[91]熊正琴,邢光熹,鹤田治雄,等.种植夏季豆科作物对旱地氧化亚氮排放贡献的研究[J].中国农业科学,2002,35(9):1104—1108.

[92]许广月,宋德勇.我国出口贸易、经济增长与碳排放关系的实证研究[J].国际贸易问题,2010(1):74—79.

[93]展小云,于贵瑞,郑泽梅,等.中国区域陆地生态系统土壤呼吸碳排放及其空间格局——基于通量观测的地学统计评估[J].地理科学进展,2012,31(1):97—108.

[94]章道忠,孙国强.上海农业科研志[M].上海:上海科学院出版社,1996:33—37.

[95]张福锁.测土配方施肥技术要览[M].北京:中国农业大学出版社,2006:7—10.

[96]张令玉.超有机食品拯救人类生命的食品革命[M].北京:中国经济出版社,2010:11—212.

[97]张朋辉.美国报告称2015年创下多项气候纪录[N].人民日报,2016-08-04.

[98]赵爱文,李东.中国碳排放与经济增长的协整与因果关系分析[J].长江流域资源与环境,2011,20(11):1297—1303.

[99]赵其国.生态高值农业:理论与实践[M].北京:科学出版社,2013:66—234.

[100]赵文晋,李都峰,王宪恩.低碳农业的发展思路[J].环境保护,2010,24(12):38—39.

[101]张秀梅,李升峰,黄贤金,等.江苏省1996年至2007年碳排放效应及

时空格局分析[J]. 资源科学,2010,32(4):768—775.

[102]赵永志,王维瑞. 智慧土肥建设方法研究与实践探索[M]. 北京:中国农业科学出版社,2014:42—44.

[103]杨树旺,杨书林,魏娜. 湖北省碳排放与经济增长关系研究[J]. 统计与决策,2012(18):104—107.

[104]张敬一,范纯增. 生态经济效益呼唤激励型税收政策[J]. 生态经济,2008,(11):90—92.

[105]赵可,张安录,马爱慧,等. 中国1981—2007年经济增长与城市建设用地关系分析[J]. 资源科学,2010,32(12):2229—2335.

[106]于可伟,陈冠雄,杨思河,等. 几种旱地农作物在农田N_2O释放中的作物及环境因素的影响[J]. 应用生态学报,1995,6(4):387—391.

[107]中华人民共和国环保部. 2014中国环境统计年报[M]. 北京:中国环境出版社,2014:393.

[108]中华人民共和国国务院. 关于印发土壤污染防治行动计划的通知(国发〔2016〕31号)[EB/OL]. (2016-05-31). http://www.gov.cn/zhengce/content/2016-05/31/content_5078377.html.

[109]仲云云,仲伟周. 我国碳排放区域差异及驱动因素分析——基于脱钩和三层完全分解模型的实证研究[J]. 财经研究,2012,38(2):123—133.

后　记

本书是在国家自然科学基金重点课题(No:71333010)、上海市政府重点课题(No:2016-A-77)、上海市科委重点课题(No:066921082、086921037和08DZ1206200)及上海市政府咨询课题(No:2016-GR-08和2009-A-14-B)等支持下完成的。

随着世界经济的发展,人类对化石能源的消费不断增长,对地球既有生态资源的开发不断加强,伴随而来的则是大量CO_2的人为排放。近年来,地球平均温度不断上升,世界不同区域内的极端天气增多,气候灾害损失不断加剧,这些都与人为CO_2的大量排放有着密切关联。控制和减少人为CO_2排放事关全球人类发展和未来命运。而在人类经济活动引致的CO_2排放中,有30%来自农业经济活动。要控制和减少人为CO_2排放,农业减排必不可少。低碳农业是未来控制和减少农业碳排放的必然选择,是未来农业发展的制高点。

本书在阐释技术对低碳农业的作用机理、制度与低碳农业发展的关系、技术与制度互动耦合动态支持低碳农业发展等相关问题的基础上,分析了我国农业碳排放的动力机制;基于区域技术差异和DEA模型,测算了我国低碳农业发展中的技术效率和减排潜力、低碳农业发展的成本—收益效应,以及集成技术支持下的低碳农业发展绩效,最后提出了技术—制度互动范式下未来低碳农业发展的战略机制与对策建议。

本书在写作过程中,得到了上海交通大学安泰经济与管理学院顾海英教授、史清华教授和奥斯陆国际气候与环境研究中心(CICERO)资深研究员魏涛远博士的大力帮助,在此深表谢意!

本书能够出版，离不开上海财经大学出版社刘光本博士的鼎力支持和上海交通大学安泰经济与管理学院出版基金的资助，在此深表感谢！

　　由于水平有限，本书中的缺点和错误在所难免，敬请广大读者批评指正。

范纯增
2021 年 10 月